# 依法执教

## 从理念到行动

万 华◎著

*YIFA ZHIJIAO*
*CONG LINIAN*
*DAO XINGDONG*

北京师范大学出版集团
BEIJING NORMAL UNIVERSITY PUBLISHING GROUP
北京师范大学出版社

**图书在版编目(CIP)数据**

依法执教：从理念到行动 / 万华著. —北京：北京师范
大学出版社，2021.11
 ISBN 978-7-303-27255-6

Ⅰ.①依… Ⅱ.①万… Ⅲ.①教师—职业道德—研究
Ⅳ.①G451.6

中国版本图书馆 CIP 数据核字(2021)第 185266 号

营 销 中 心 电 话　010-58807651
北师大出版社高等教育分社微信公众号　新外大街拾玖号

YIFA ZHIJIAO CONG LINIAN DAO XINGDONG

出版发行：北京师范大学出版社　www.bnup.com
　　　　　北京市西城区新街口外大街 12-3 号
　　　　　邮政编码：100088
印　　刷：三河市兴达印务有限公司
经　　销：全国新华书店
开　　本：710 mm×1000 mm　1/16
印　　张：21.25
字　　数：260 千字
版　　次：2021 年 11 月第 1 版
印　　次：2021 年 11 月第 1 次印刷
定　　价：48.00 元

策划编辑：周雪梅　　　　　责任编辑：康　悦
美术编辑：李向昕　　　　　装帧设计：李向昕
责任校对：段立超　　　　　责任印制：马　洁

# 前　言

我们正处在中国特色社会主义新时代，全面依法治国是新时代的重要内容。全面依法治国的提出，标志着我国社会主义法治建设从理论到实践，都上升到了一个新的历史高度。自党的十八大以来，党中央把全面依法治国放在党和国家事业发展全局中来谋划、推进，对全面推进依法治国进行了顶层设计。党的十九大对新时代全面推进依法治国提出了新任务，描绘了到 2035 年基本建成法治国家、法治政府、法治社会的宏伟蓝图，我国社会主义法治国家建设取得历史性成就。

教育法治是依法治国的重要组成部分，全面依法治国离不开教育法治，教育法治离不开依法执教，依法执教是法律赋予教师的最基本职责。依法执教的永恒主题，是对师生权利的保护。权利和义务是法律科学的核心范畴，当前我国教育法学研究的一个显著特征，就是从偏重于教育法学法理意义上的学术探讨，转向关注教育法律关系相关主体权利和义务的实现，这是我国教育法学研究价值取向的重大转变，也是全面依法治国在教育领域的现实体现。

习近平指出，新时代中国特色社会主义要推进全面依法治国，发挥法治在国家治理体系和治理能力现代化中的积极作用。① 解决新时代社会转型期教育领域内部与外部出现的各种矛盾，必须全面实施依法治教、依法治校与依法执教。近些年来，从幼儿园、小学、中学到大学，教育纠纷时有发生。如何处理好政府、社会、学校、家长及学生等教育法律关系主体带来的各种错综复杂的问题，如何使各教育法律主体的权利得以保障、义务得以履行，特别是如何使教育法律关系的两大主体，即学生和教师的权利、义务得以贯彻落实，成为衡量现代教育法治水平的关键性指标。教育作为一项关涉人的发展的事业，必须关注学生和教师的权利实现问题。离开了对学生和教师权利的关注，教育很难真正发挥其促进人的全面发展的功能。教育治理的最终目的，是实现人的全面、健康、和谐发展。

基于新时代背景下教师依法执教的实际需要，本书从对我国教育法治的理念阐述入手，比较系统地介绍了我国教育法治40多年来的发展历程、新时代社会主义法治精神的内涵、新时代全面依法治国对依法治教和依法治校的要求，以及依法执教对教师法治素养的时代诉求，系统阐述了依法执教所依据的主要教育法律法规内容等。在此基础上，以权利、义务为主线，结合典型案例和常见案例，较为系统、全面地介绍我国法律规定的学生的权利、义务以及教师的权利、义务。本书通过对教育法律纠纷中出现的热点与难点问题，如教育惩戒、学生伤害事故处理、校园欺凌、教师权益保护等问题的解析，为广大中小学教师和学校管理人员提供解决这些问题的方法和思路。本书在写作过程中力求做到理论联系实际，特别是结合典型案例对多部最新修订或颁布实施的教育法律法规，如《中华人民共和国民法典》（2020年）、《中华人民共和国未成年人保护法》（2020年修正）、《中华人民共和国预防未成年人犯罪法》（2020年修正）、《中华人民共和国刑法》（2020年修正）、《中华人民共

---

① 习近平. 推进全面依法治国，发挥法治在国家治理体系和治理能力现代化中的积极作用[J]. 求是，2020(22).

和国义务教育法》(2018 年修正)、《中小学教育惩戒规则(试行)》(2020 年)、《中小学教师违反职业道德行为处理办法(2018 年修订)》等进行了法律知识层面的普及与分析，以帮助一线教师与学校管理人员更好地理解相关法律法规，学会运用教育法律知识，从而更好地推进全面依法治校、依法执教的实施。

本书在撰写的过程中，得到了许多人的支持与帮助。我所在单位广州市教育研究院的领导与同事们给予了我多方面的支持和关心，使我能够腾出时间和精力来完成此书；我的师长们多年来一直关心我在此领域的研究工作；我的家人给予了我默默关心和支持；我的好友们不断地鼓励与督促我……这些支持与帮助成了我不断前行的动力。值此书付梓之际，谨向关心和支持我的人们致以衷心的感谢！

本书在撰写过程中参阅了许多学者的成果，在此一并表示感谢！对北京师范大学出版社的编辑们在本书编辑和出版过程中付出的辛勤劳动表示由衷谢意！由于本人的水平有限，书中尚存在诸多不足之处，真诚希望得到读者的批评、指正。

万华

2021 年 2 月 26 日

# 目 录

# 第一章
## 教育法治理念概述

依法执教是现代教育的重要特征。新时代全面依法治国对教育领域的依法治教、学校的依法治校，以及教师的依法执教都提出了更高、更具体的要求。全面了解我国教育法治发展历程、现代法治精神以及教育法治理念，对提升教师依法执教理论水平具有重要意义。

## 一、我国教育法治 40 多年来的发展历程简述

教育法治，简言之，即教育治理的法治化。改革开放 40 多年来，我国法治建设取得了巨大进展，与之相应，教育法治也在理念层面上实现了从教育法制到教育法治的转变；在实践层面，从教育领域的依法治教、学校层面的依法治校到教师的依法执教，逐步由无到有、由浅入深，成为教育法治建设的重要一环。

### (一)从教育法制到教育法治

法制与法治，一字之差，体现的是法律从写在字面上到理念、观念与行为的转

变，从有法可依到有法必依、执法必严、违法必究的现代国家治理方式的转变。两者区别在于：法制是法律制度的简称，与国家政权相伴而生，有国家就有法制，构成法制基本要素的是具体的规则；法治要求政治民主和公民普遍守法，与民主政治相伴而生，体现现代政治文明属性，如程序正当、私法自治、法律面前人人平等、公平正义等，承载着文明、自由、民主等现代价值观念。有国家、有法制不一定有法治，但完善的"良法"是法治的基础。

改革开放40多年来，我国通过教育立法初步形成了教育法律体系。首先，1978年到1994年，我国通过出台《中华人民共和国学位条例》（简称《学位条例》，1980年）、《中华人民共和国义务教育法》（简称《义务教育法》，1986年）和《中华人民共和国教师法》（简称《教师法》，1993年），从法律层面上初步建立了我国的学位制度、义务教育制度和教师制度，开启了教育立法的良好开端。其次，1995年到2009年，我国教育立法进入蓬勃发展时期，先后通过了《中华人民共和国教育法》（简称《教育法》，1995年）、《中华人民共和国职业教育法》（简称《职业教育法》，1996年）、《中华人民共和国高等教育法》（简称《高等教育法》，1998年）、《中华人民共和国国家通用语言文字法》（2000年）、《中华人民共和国民办教育促进法》（简称《民办教育促进法》，2002年）等6部教育法律和《中华人民共和国中外合作办学条例》（2003年），教育立法取得了巨大成绩，特别是《教育法》作为基本法的出台，为我国教育立法确立了基本依据，具有里程碑意义。再次，自2010年起至今，我国教育立法的重心开始从快速立法向完善法律体系转变，修法成为重要工作内容。2010年，党中央、国务院颁布了《国家中长期教育改革和发展规划纲要（2010—2020年）》（简称《教育规划纲要》）对新时期教育法治建设做出了全面部署，明确提出了"六修五立"的立法任务以及"一揽子"修订有关教育法的立法模式。2012年，国务院颁布了《校车安全管理条例》和《教育督导条例》；2015年，全国人大常委会审议通过了《教育法修正案》和《高等教育法修正案》；2016 年，全国人大常委会审议通过了《民办教育促进法修正案》；2018 年，全国人大常委会审议通过了《义务教育法修正案》；2020 年，全国人大常委会审议通过了《中华人民共和国未成年人保护法修正案》和《中华人民共和国预防未成年人犯罪法修正案》。除国家立法外，教育部及地方立法机关也开展了教育部门规章和地方法规、规章的制定工作。经过 40 多年教育立法实践，我国已经基本形成了一个以宪法教育条款为核心，以《教育法》为母法，以 8 部教育法律为统领，包括 16 部教育行政法规以及大量教育部门规章和地方性教育法规规章的，涵盖教育法律、教育法规、教育规章以及教育规范性文件的具有中国特色的社会主义教育法制体系，初步实现了我国教育领域的有法可依。

## (二)从强调义务履行到关注权利保障

权利和义务是法律科学的核心范畴。伴随依法治国基本方略的贯彻落实，我国立法加强了对公民权利的切实保障，我国教育立法也加大了对教育主体的权利保障，教育司法实现了从不可诉到逐步可诉的跨越。

我国教育法治对权利的保障是时代发展的迫切需要。当前，我国正处于社会转型期，来自社会的矛盾不断地影响着教育领域，与教育领域内部的固有矛盾交织在一起，使得政府、学校、学生及家长之间的关系开始变得错综复杂。而这种关系的实质就是使各法律相关主体权利如何得以保障、义务如何履行。现实生活中，各教育相关主体在权利保障和义务履行过程中遇到了一些问题，特别是在教育法律关系中学生和教师权益的保护问题。例如，学生平等的受教育权得不到保障；侵犯教师、学生、教育管理人员的生命权和健康权；故意殴打教师和教育管理人员，体罚或变相体罚学生；侵犯未成年学生的受教育权；乱摊派、乱收费；教师职务违法行为问题；聘任制度下的教师权益保护问题；学生伤害事故的处理问题；校园暴力与欺凌问题等。我国教育法治面临着现实矛盾的冲击与挑战。

面对挑战，在权利本位与程序正义的法治理念指导下，我国教育法治开始注重对基本权利的保障，强化对管理权力的制约，强调程序正义与公平，并逐步发挥司法的力量，从单纯立法走向法的治理。从我国对现有主要的教育法律的修改来看，例如，2004 年《学位条例》修改，取消了学位评定委员会组成人员名单须"报主管部门批准"的规定，体现了"扩大高等学校办学自主权"的要求。2006 年和 2015 年对《义务教育法》实现了全面修改，对原条文进行补充完善，切实保障学生的受教育权，要求实施素质教育，免费范围从免收"学费"延伸到免收"杂费"，并将义务教育全面纳入财政保障范围，禁止乱收费；管理体制上从"地方负责，分级管理"到"省级统筹，以县为主"，从依户籍"就近入学"到允许随监护人工作或居住地入学；在办学行为上，要求促进教育均衡发展，不得设立重点学校和重点班，并规定教科书按微利原则定价。2006 年、2012 年、2020 年三次修改《未成年人保护法》，2012年、2020 年两次修改《预防未成年人犯罪法》，均要求尊重未成年人受教育权，实施素质教育，保障人身安全，完善专门学校制度等。2015 年，全国人大常委会对《教育法》进行了较大幅度的修改，强调教育应"为人民服务"，"坚持立德树人"；促进教育公平，实现"均衡发展"；少数民族学生为主的学校，实施双语教育；加快普及学前教育；公办学校不得营利；教育信息化；完善了违规招生及颁发证书、作弊及组织作弊的法律责任。国务院除了对已有的行政法规进行修订以外，新制定了 3 部相关行政法规，分别是《全民健身条例》(2009 年)、《校车安全管理条例》(2012 年)、《教育督导条例》(2012 年)。此外，学前教育法、终身学习法、家庭教育法等保障公民受教育权的法律，目前也提上了立法日程。

这一时期，教育司法也实现了从不可诉到可诉的跨越，教育权利逐步得到保障。长期以来，教育法的可诉性较低，教育纠纷往往通过内部渠道解决。2014 年

《行政诉讼法》的修改，在人身权、财产权基础上增加了"等合法权益"，删去了具体行政行为的"具体"字样，辅以"立案登记制"的实施，打开了对被行政机关侵犯受教育权的行为予以司法救济的方便之门。近几年，教育诉讼的范围不断扩宽，从最初的学生与学校之间的教育诉讼，到教师与学校的诉讼、学生与教育行政部门的诉讼；教育诉讼类型从学生伤害事故到受教育权、名誉权和财产权的诉讼，再到就近入学、试卷评阅等诉讼，诉讼类型与数量都在不断扩展与增加。教育诉讼通过一个个案例，让权利得到救济，让当事人感受到公平正义，让法律的尊严和权威得以维护。教育诉讼为教育法的适用打开了一条通道，不断推进教育法治向前发展，教育日益步入法治化的轨道。①

### (三)新时代我国教育法治的任务

新时代给我国教育法治建设提出了新要求。党的十九大集中阐述了习近平新时代中国特色社会主义思想，创造性地提出了新时代中国特色社会主义的基本方略，包括坚持党对一切工作的领导、以人民为中心、全面深化改革、新发展理念、人民当家做主、全面依法治国、社会主义核心价值体系、在发展中保障和改善民生、人与自然和谐共生等十四个方面，明确指出新时代我国社会主要矛盾，是人民日益增长的美好生活需要和不平衡不充分的发展之间的矛盾。我国社会主要矛盾发生了转化，从需要方面讲，人民不仅在物质、文化方面有更高层次的需要，还有对民主法治、权利保障、生态保护等更多方面的需要。十九大报告指出，"明确全面推进依法治国总目标是建设中国特色社会主义法治体系、建设社会主义法治国家"②。全面

---

① 申素平，周航，郝盼盼. 改革开放 40 年我国教育法治建设的回顾与展望[J]. 教育研究，2018(8).
② 习近平. 决胜全面建成小康社会 夺取新时代中国特色社会主义伟大胜利——在中国共产党第十九次全国代表大会上的报告[M]. 北京：人民出版社，2017：19-26.

依法治国为全面建成小康社会及实现中华民族伟大复兴的新征程营造良好的法治环境，提供有力的法治保障。因此，必须全面推进依法治国，坚持厉行法治，推进科学立法、严格执法、公正司法、全民守法；要加强宪法实施和监督，推进合宪性审查工作，维护宪法权威；健全党和国家监督体系，实现对所有行使公权力的公职人员监察全覆盖等；要不断提升全民族的法治素养和道德素质，坚持以德治国和依法治国相辅相成。

根据新时代的要求，我国教育法治建设将在以往教育法治建设的基础上，建立适应和推动新时代发展的、具有深刻内涵和丰富外延的教育法治新体系，实现全面依法治教。为此，要更加重视和自觉运用法治思维和法治方式推动教育改革发展，构建政府依法行政、学校依法治校、教师依法执教、学生依法受教、社会依法支持和参与教育治理的新格局，建立具有现代化水平的治理体系和治理能力的教育法治新体系，以解决"人民日益增长的对依法治教的需要和教育法治建设中的不完善不充分之间的矛盾"。

## 二、新时代社会主义法治精神的内涵

何谓法治精神？法治精神是"意识领域内对法治的一种自觉认同并产生信仰的状态，是一个融人权、民主、公正、理性、和谐等诸多精神内涵的统一体，它是现代法治的内在驱动力"[1]。关于法治精神的内容，我国法学界已有论述。李步云教授提出，法治国家应有十条标准：法制完备、主权在民、人权保障、权力制约、法律平等、法律至上、依法行政、司法独立、程序公正、党要守法。[2] 张文显教授认为，

---

[1] 钱弘道. 法治精神形成六论[J]. 法治现代化研究，2017(1) .
[2] 李步云. 法治国家的十条标准[J]. 中共中央党校学报，2008(1).

"法治"是一个涵盖民主、自由、平等、人权、理性、文明、秩序、正义、效益与合法性等社会价值的综合观念，其基本标志有五个方面：法律之治、人民主体、有限政府、社会自治、程序中立。① 李林将法治精神概括为人民主权、宪法法律至上、尊重和保障人权、权力机关优位、依法行政、公正司法、监督和制约公权力。② 郝耀武、沈长春认为，法治精神的核心为维护法律尊严、保障公民权利、维护社会公正。③总的来说，学者关于法治精神的说法，主要包括如下内容：法律至上、依法治国、依法行政、自由平等、和谐民主、追求福祉、保障权利、制约公权、公平公正等。一般来说，现代社会法治的基本要素，即法律制度、司法实践和相应的法治理论的有机结合，构成了一定社会的法治文化或者法治文明，其核心内容则构成了具有时代特点的法治精神。

法律是治国之重器，良法是善治之前提。党的十八大以来，以习近平同志为核心的党中央对全面依法治国高度重视，把全面依法治国放在党和国家事业发展全局中来谋划、来推进，科学回答了新时代为什么实行全面依法治国、怎样实行全面依法治国等一系列重大问题。对这些问题的回答成为新时代社会主义法治精神的集中体现，是全面依法治国的根本遵循和行动指南。自 2014 年以来，习近平在中央政治局集体学习会议、中央全面依法治国工作会议等会议上阐述了全面依法治国的治国方略，集中表现为如下十一个方面的要求，即"十一个坚持"④。

坚持党对全面依法治国的领导。2018 年 8 月 24 日，习近平在中央全面依法治国委员会第一次会议上的讲话指出："全面依法治国决不是要削弱党的领导，而是要加强和改善党的领导，不断提高党领导依法治国的能力和水平，巩固党的执政地

---

① 张文显. 论中国特色社会主义法治道路[J]. 中国法学，2009 (6).
② 李林. 大力弘扬"良法善治"的法治精神[N]. 法制日报，2007-08-31.
③ 郝耀武，孙长春. 论现代法治精神[J]. 行政与法，2009(9).
④ 资料来源：《推进全面依法治国，习近平提出"十一个坚持"》，党建网微平台，2020-11-30.

位。必须坚持实现党领导立法、保证执法、支持司法、带头守法，健全党领导全面依法治国的制度和工作机制，通过法定程序使党的主张成为国家意志、形成法律，通过法律保障党的政策有效实施，确保全面依法治国正确方向。"2020 年 11 月 16 日至 17 日，习近平在中央全面依法治国工作会议上强调："党的领导是推进全面依法治国的根本保证。国际国内环境越是复杂，改革开放和社会主义现代化建设任务越是繁重，越要运用法治思维和法治手段巩固执政地位、改善执政方式、提高执政能力，保证党和国家长治久安。"

坚持以人民为中心。2015 年 3 月 24 日，习近平在中央政治局第二十一次集体学习时强调："司法体制改革必须为了人民、依靠人民、造福人民。司法体制改革成效如何，说一千道一万，要由人民来评判，归根到底要看司法公信力是不是提高了。司法是维护社会公平正义的最后一道防线。公正是司法的灵魂和生命。深化司法体制改革，要广泛听取人民群众意见，深入了解一线司法实际情况、了解人民群众到底在期待什么，把解决了多少问题、人民群众对问题解决的满意度作为评判改革成效的标准。"2020 年 11 月 16 日至 17 日，习近平在中央全面依法治国工作会议上强调："要把体现人民利益、反映人民愿望、维护人民权益、增进人民福祉落实到全面依法治国各领域全过程。推进全面依法治国，根本目的是依法保障人民权益。要积极回应人民群众新要求新期待，系统研究谋划和解决法治领域人民群众反映强烈的突出问题，不断增强人民群众获得感、幸福感、安全感，用法治保障人民安居乐业。"

坚持中国特色社会主义法治道路。2018 年 8 月 24 日，习近平在中央全面依法治国委员会第一次会议上的讲话指出："全面推进依法治国必须走对路。要从中国国情和实际出发，走适合自己的法治道路，决不能照搬别国模式和做法，决不能走西方'宪政'、'三权鼎立'、'司法独立'的路子。"2020 年 11 月 16 日至 17 日，习近平在中央全面依法治国工作会议上强调："中国特色社会主义法治道路本质上是中国特色社会主义道路在法治领域的具体体现。既要立足当前，运用法治思维和法治方式解决经济社会发展面临的深层次问题；又要着眼长远，筑法治之基、行法治之力、积法治之势，促进各方面制度更加成熟更加定型，为党和国家事业发展提供长期性的制度保障。"

坚持依宪治国、依宪执政。2018年12月，习近平在第五个国家宪法日之际作出重要指示强调："坚持依法治国首先要坚持依宪治国，坚持依法执政首先要坚持依宪执政。我国现行宪法是在党的领导下，在深刻总结我国社会主义革命、建设、改革实践经验基础上制定和不断完善的，实现了党的主张和人民意志的高度统一，具有强大生命力，为改革开放和社会主义现代化建设提供了根本法治保障。"2020年11月16日至17日，习近平在中央全面依法治国工作会议上强调："全国各族人民、一切国家机关和武装力量、各政党和各社会团体、各企业事业组织，都必须以宪法为根本的活动准则，都负有维护宪法尊严、保证宪法实施的职责。坚持依宪治国、依宪执政，就包括坚持宪法确定的中国共产党领导地位不动摇，坚持宪法确定的人民民主专政的国体和人民代表大会制度的政体不动摇。"

坚持在法治轨道上推进国家治理体系和治理能力现代化。2020年2月5日，习近平在中央全面依法治国委员会第三次会议上的讲话指出，"随着时代发展和改革推进，国家治理现代化对科学完备的法律规范体系的要求越来越迫切。我们要在坚持好、完善好已经建立起来并经过实践检验有效的根本制度、基本制度、重要制度的前提下，聚焦法律制度的空白点和冲突点，统筹谋划和整体推进立改废释各项工作，加快建立健全国家治理急需、满足人民日益增长的美好生活需要必备的法律制度。"2020年11月16日至17日，习近平在中央全面依法治国工作会议上强调："法治是国家治理体系和治理能力的重要依托。只有全面依法治国才能有效保障国家治理体系的系统性、规范性、协调性，才能最大限度凝聚社会共识。在统筹推进伟大斗争、伟大工程、伟大事业、伟大梦想的实践中，在全面建设社会主义现代化国家新征程上，我们要更加重视法治、厉行法治，更好发挥法治固根本、稳预期、利长远的重要作用，坚持依法应对重大挑战、抵御重大风险、克服重大阻力、解决重大矛盾。"

坚持建设中国特色社会主义法治体系。2014 年 10 月，习近平关于《中共中央关于全面推进依法治国若干重大问题的决定》的说明指出："全面推进依法治国涉及很多方面，在实际工作中必须有一个总揽全局、牵引各方的总抓手，这个总抓手就是建设中国特色社会主义法治体系。依法治国各项工作都要围绕这个总抓手来谋划、来推进。"2020 年 11 月 16 日至 17 日，习近平在中央全面依法治国工作会议上强调："中国特色社会主义法治体系是推进全面依法治国的总抓手。要加快形成完备的法律规范体系、高效的法治实施体系、严密的法治监督体系、有力的法治保障体系，形成完善的党内法规体系。要坚持依法治国和以德治国相结合，实现法治和德治相辅相成、相得益彰。要积极推进国家安全、科技创新、公共卫生、生物安全、生态文明、防范风险、涉外法治等重要领域立法，健全国家治理急需的法律制度、满足人民日益增长的美好生活需要必备的法律制度，以良法善治保障新业态新模式健康发展。"

坚持依法治国、依法执政、依法行政共同推进，法治国家、法治政府、法治社会一体建设。2019 年 9 月 24 日，习近平在中央政治局第十七次集体学习时强调："坚持依法治国，坚持法治国家、法治政府、法治社会一体建设，为解放和增强社会活力、促进社会公平正义、维护社会和谐稳定、确保党和国家长治久安发挥了重要作用。"2020 年 11 月 16 日至 17 日，习近平在中央全面依法治国工作会议上强调："全面依法治国是一个系统工程，要整体谋划，更加注重系统性、整体性、协同性。

法治政府建设是重点任务和主体工程，要率先突破，用法治给行政权力定规矩、划界限，规范行政决策程序，加快转变政府职能。要推进严格规范公正文明执法，提高司法公信力。普法工作要在针对性和实效性上下功夫，特别是要加强青少年法治教育，不断提升全体公民法治意识和法治素养。"

坚持全面推进科学立法、严格执法、公正司法、全民守法。2017 年 10 月 18 日，习近平在中国共产党第十九次全国代表大会上的报告中指出："推进科学立法、民主立法、依法立法，以良法促进发展、保障善治。建设法治政府，推进依法行政，严格规范公正文明执法。深化司法体制综合配套改革，全面落实司法责任制，努力让人民群众在每一个司法案件中感受到公平正义。"2020 年 11 月 16 日至 17 日，习近平在中央全面依法治国工作会议上强调："要继续推进法治领域改革，解决好立法、执法、司法、守法等领域的突出矛盾和问题。公平正义是司法的灵魂和生命。要深化司法责任制综合配套改革，加强司法制约监督，健全社会公平正义法治保障制度，努力让人民群众在每一个司法案件中感受到公平正义。要加快构建规范高效的制约监督体系。要推动扫黑除恶常态化，坚决打击黑恶势力及其'保护伞'，让城乡更安宁、群众更安乐。"

坚持统筹推进国内法治和涉外法治。2020 年 11 月，习近平致信中国法治国际论坛时指出："共建'一带一路'需要良好法治营商环境。中国坚持开放包容、互利互赢，愿同各方一道，积极开展国际法治合作，为建设开放型经济、促进世界经济复苏提供法治支持。"2020 年 11 月 16 日至 17 日，习近平在中央全面依法治国工作会议上强调："要加快涉外法治工作战略布局，协调推进国内治理和国际治理，更好维护国家主权、安全、发展利益。要强化法治思维，运用法治方式，有效应对挑战、防范风险，综合利用立法、执法、司法等手段开展斗争，坚决维护国家主权、尊严和核心利益。要推动全球治理变革，推动构建人类命运共同体。"

坚持建设德才兼备的高素质法治工作队伍。2020年2月5日，习近平在中央全面依法治国委员会第三次会议上的讲话指出："研究谋划新时代法治人才培养和法治队伍建设长远规划，创新法治人才培养机制，推动东中西部法治工作队伍均衡布局，提高法治工作队伍思想政治素质、业务工作能力、职业道德水准，着力建设一支忠于党、忠于国家、忠于人民、忠于法律的社会主义法治工作队伍，为加快建设社会主义法治国家提供有力人才保障。"2020年11月16日至17日，习近平在中央全面依法治国工作会议上强调："要加强理想信念教育，深入开展社会主义核心价值观和社会主义法治理念教育，推进法治专门队伍革命化、正规化、专业化、职业化，确保做到忠于党、忠于国家、忠于人民、忠于法律。"

坚持抓住领导干部这个"关键少数"。2015年2月2日，习近平在省部级主要领导干部学习贯彻党的十八届四中全会精神全面推进依法治国专题研讨班开班式上发表重要讲话时强调："领导干部要做尊法的模范，带头尊崇法治、敬畏法律；做学法的模范，带头了解法律、掌握法律；做守法的模范，带头遵纪守法、捍卫法治；做用法的模范，带头厉行法治、依法办事。"2020年11月16日至17日，习近平在中央全面依法治国工作会议上强调："各级领导干部要坚决贯彻落实党中央关于全面依法治国的重大决策部署，带头尊崇法治、敬畏法律，了解法律、掌握法律，不断提高运用法治思维和法治方式深化改革、推动发展、化解矛盾、维护稳定、应对风险的能力，做尊法学法守法用法的模范。"

## 三、新时代全面依法治国下的依法治教

新时代全面依法治国的思想理论与要求，在教育领域体现为，教育治理要更加重视和自觉运用法治思维和法治方式，构建政府依法治教、学校依法治校、教师依

法执教、学生依法受教、社会依法支持和参与教育治理的新格局。

**(一)新时代依法治教的基本要求**

依法治教，就是依据法律来治理教育、规范教育行为，在社会主义民主的基础上，使教育工作逐步走上法治化、规范化轨道。具体来说，就是用法律来规范教育管理活动，协调教育关系，指导教育活动，解决教育矛盾，保护学校和师生的合法权益，促进教育事业的健康快速发展。依法治教的内容主要包括教育立法、教育普法、教育执法、教育司法、教育守法、教育法律监督、教育法律救济等方面。依法行政、依法治校是依法治教的核心体现。

依法治教的主体，就是教育法律关系的主体，包括：①各级权力机关，负责制定教育方面的法律法规，听取政府有关教育工作的报告，审议有关教育经费的预算和决算；对政府的教育工作质询；检察、监督教育法律的实施情况。②各级行政机关，即各级人民政府及其职能部门。各级教育行政部门及其他有关行政部门，在其各自的职责范围内依法行使教育管理职能。③各级审判机关、检察机关。各级人民法院依法审理有关教育的案件，各级人民检察院依法进行检察、监督。④各级各类学校及其他有关机构。学校及其他教育机构依法进行学校管理。⑤企事业单位、社会团体、公民个人等。企事业单位、社会团体及公民，依法参与教育事业的管理和监督。

全面实现依法治教，必须具备这些条件：①完备的教育法律体系，这是依法治教的基础。②严格依法行政，健全严格、公正的教育执法制度，依法行政是依法治教的重要组成部分。③教育司法作用得到充分发挥，有法必依、执法必严、违法必究得到充分体现。④健全的教育法律监督制度，充分发挥国家权力机关监督、行政监督、司法监督、社会监督的作用。⑤社会成员具有较强的教育法律意识，不仅包括人们对教育法律的本质和作用的理解与评价，也包括对教育执法和司法的信任程度，以及守法、用法的自觉性等。公民良好的教育法律意识应该是能够对教育法律进行正确的认识和评价，具有较强的守法、用法的自觉性。⑥全面实现依法治校，依法治校是依法治教的重要组成部分和标志之一，也是依法治教在学校管理工作中的具体体现。

### (二)"十三五"期间依法治教的进展

"十三五"期间，为全面实现依法治教，2016 年教育部专门制定并印发了《依法治教实施纲要(2016—2020 年)》，围绕全面实现依法治教的必备条件，从"构建完善的教育法律及制度体系""深入推进教育部门依法行政""大力增强教育系统法治观念""深入推进各级各类学校依法治校""健全组织保障和落实机制"等方面进行了规划，在教育立法、教育司法、教育执法、依法行政、依法治校、法治教育等方面展开了具体行动，朝着全面实现依法治教的目标而努力。

"十三五"期间，我国依法治教工作取得了重要进展，在教育改革发展过程中发挥了重要的引领、规范、促进和保障作用，体现在：①教育立法方面，完成了《教育法》《民办教育促进法》《未成年人保护法》《预防未成年人犯罪法》等法律的修订和《中小学教师违反职业道德行为处理办法》《中小学教育惩戒规则(试行)》等教育规章的修订与制定工作，加快了我国依法治教的进程。②依法行政方面，加快法治政府建设，教育依法行政不断加强。加快办评分离改革，深化教育领域放管服改革，推动下放高校职称评审权和直属高校外事审批权，积极扩大高校科研相关自主权，改变传统的政府既在办学又在管理学校，而且还在评估学校"既当领队又当教练又当运动员"的教育管理模式。③教育督导方面，深化新时代教育督导体制机制改革，全面推进政务公开，加强教育督导，推动构建符合我国实际、具有世界水平的评价体系，支持和规范社会力量兴办教育；稳步推进考试招生制度改革。④教育权利保障与服务方面，各级教育普及程度均达到或超过中高收入国家平均水平，教育脱贫攻坚战全面打响，教育普及水平实现新提升，教育公平发展迈上新台阶，教育服务国家发展取得新突破。

全面依法治教是一项长期任务，涉及教育行政管理和学校内部治理的全过程和各环节，在全面推进依法治国和推进国家治理体系和治理能力现代化的背景下，需要进一步完善教育法律法规体系，强调教育法治的引领作用，完善法治政府建设，深入开展法治教育实践活动，加强法治队伍建设，构建高效的教育法治实施机制等，对实现教育领域的良法善治，推进社会主义现代化教育强国建设意义重大。

## 四、全面依法治教背景下的依法治校

依法治校是依法治教的重要组成部分和标志之一，也是依法治教在学校管理工作中的具体体现。依法治校顺应了国家治理体系和治理能力现代化的现实需要，通过学校章程的制定，推动以依法办学、自主管理、民主监督、社会参与等为核心内容的现代学校制度的建立，以实现学校治理的民主化、法治化与现代化。近年来，依法治校虽然有一定程度的推进，获得了一些好的经验和工作思路，但从总体上看，当前部分中小学的法治观念还比较薄弱，依法治理的能力还比较欠缺，存在着依法治校的主体错位、内容不清、对学校章程重要性理解不够、片面强调义务忽视权利保护等误区。澄清这些误区、探索消除这些误区的策略，对推进依法治校的贯彻落实和学校民主法治建设的进程，实现学校治理民主化、法治化与现代化具有重要意义。

## (一)依法治校存在的主要误区

### 1. 将依法治校狭隘地理解为"以法治校"

这一错误观点的实质是混淆了学校治理的理念与手段。"依法治校"的"依",主要是指依照、依据;而"以法治校"的"以",通常被理解为使用,即使用法律来治理学校。两者虽然只有一字之差,但是其含义和实质却不同。依法治校要求学校管理者必须严格依据法律、法规以及规章等规范性法律文件治理学校,其实质是学校治理要以宪法为最高权威,体现法律在学校治理中的权威性和至上性,任何人包括领导干部、教师、学生、家长以及任何社会组织和团体等都要遵守和执行法律,都不能凌驾于法律之上。作为学校治理的基本理念和方略,依法治校强调的是依法办事,法律是学校治理中的一种手段而不是唯一手段,不能将其误解为"以法治校",从而排斥学校治理的经济手段、行政手段等。由于"徒法不能以自行","法律只是社会规范之一种,它的功能和作用只能局限在自己的范围内。法与规章、道德、纪律并存"①。因此,依法治校一方面要强调法律的权威性、至上性,另一方面还必须重视依法制定的政策措施、校规校纪等制约机制的规范作用。无论是法律手段,还是经济手段、行政手段等,都必须在依法治校基本理念指导下,体现法治要求对学校具体办学活动、管理行为的系统规范,对学校工作全程的统摄与指导。"以法治校"的观点,还可能导致中小学在学校治理过程中片面强调法律的作用,而忽略道德在学校治理中的重要作用。我们强调依法治校,并不意味着法律的作用是万能的,因为法律调整社会关系是以国家意志的形式、靠国家强制力保证实现的,而在涉及思想、心理、情感等领域的问题时,用道德手段来调节可能比用法律手段更有

---

① 葛洪义. 法理学[M]. 北京:中国政法大学出版社,2015:8.

依法执教:从理念到行动 |

效。由于道德在提高人的精神境界、促进人的自我完善、推动人的全面发展方面，在处理个人与他人、个人与社会之间的关系方面，在调整社会关系、维护社会秩序等方面，可能起到法律无法起到的作用。道德教育的过程其实就是教人求真、劝人向善、促人尚美的过程。因此，依法治校要充分发挥道德的作用，将"法治"与"德治"有机结合，以道德滋养法治精神，让德治成为落实依法治校基本方略的有力助推器。

2. 将依法治校错误地理解为依法管治师生

将依法治校理解为依法管治师生，实际上是在传统的人治思维指导下的治校之策。说起治校，人们往往将其与管治和处罚联系在一起甚至等同起来，将教师和学生当作学校管理的客体而非主体来对待。一方面，这一误区是对"法治"之"治"的理解存在偏差。"法治"之"治"并非单纯地管制、惩治、制约，因为法律除了具有惩罚、警戒、预防违法行为的功能外，还具有指引、评价、预测、教育、保护等基本功能。"法治"之"治"是依法治理，是通过对权力的规范和权利的保障，实现学校各种利益主体的权利平衡，实现"善治"。另一方面，这一误区错误地理解了依法治校的主体、内容与客体。从管理学角度看，依法治校是现代学校治理的理念与基本方式；从法律角度看，依法治校体现的是一种法律关系，法律关系则包含了主体、内容和客体三大要素。依法治校的主体，从广义上讲，包含了所有与教育活动相关联的部门与个人，如立法机关(各级人大及其常委会)、行政机关(各级政府部门尤其是教育行政部门)、企事业单位、社会团体、各级各类学校、其他教育机构以及公民等。从狭义上讲，依法治校的主体主要是指学校内部工作所涉及的主体，即学校领导、教师、学生及其监护人等。通常依法治校的主体更多采用狭义的定义。依法治校的客体，也就是各级各类学校，具体是指各级各类学校的管理权利和公共事务，如人事任免权、经费支配权、教学组织权、招生权、违纪惩处权等。

依法治校首先就要依法治权，依法规范学校的行政管理权利。依法治校内容体现的是法律主体的权利与义务，具体是指当事人（依法治校的主体）依法应享有的权利和应履行的义务，既包括法律规定的学校的权利义务，也包括教师的权利义务、学生及其监护人的权利义务等。可见，广大师生是依法治校的主体之一，而非依法治校的客体，依法保障广大师生的合法权益是依法治校内容的重要组成部分，不可混淆。

3. 将学校章程视为可有可无的摆设

推进学校依法治校的重要举措是制定和实施学校章程。调研发现，83.4%的中学教师、92.7%的小学教师不知学校章程是什么，72.8%的中小学没有制定学校章程。① 即使有一些中小学制定了学校章程，但由于对学校章程的地位和作用缺乏充分的认识、理解和指导，不少学校章程的内容空泛笼统。有些内容甚至违法，制定程序不规范。有些学校为了制定章程而制定章程，章程内容高度雷同，将学校章程视为可有可无、应付上级检查的摆设的现象比较常见。这种对章程建设不重视的现状直接影响学校依法治校工作的顺利开展，影响现代学校制度的建立。学校必须具有章程并按照章程自主管理，这在 1995 年施行的《教育法》第二十六条、第二十八条中就有明确规定。2015 年 12 月 27 日修正的《教育法》第二十七条、第二十九条中保留了原条款的规定，其中第二十七条规定了设立学校及其他教育机构，必须具备下列基本条件：有组织机构和章程……第二十九条规定了学校及其他教育机构行使下列权利：按照章程自主管理……这两条法律规定奠定了学校章程作为学校成立基本要件的法律地位，从法律上要求所有学校都必须有学校章程，同时也确立了学校章程在学校内部结构治理中的地位，是学校自主办学的基本依据。此后，为推动依

---

① 万华. 中小学依法治校的误区及其消解策略[J]. 中国教育学刊，2016(8).

法治校工作，《教育部关于加强依法治校工作的若干意见》《全面推进依法治校实施纲要》等文件陆续出台并实施。其中，2012年的《全面推进依法治校实施纲要》更是突出强调"学校要牢固树立依法办事、尊重章程、法律规则面前人人平等的理念"，指出"到2015年，全面形成一校一章程的格局"，使经过核准的章程"成为学校改革发展、实现依法治校的基本依据"。学校章程作为学校内部治理的"根本大法"，主要对学校性质（如学校名称、地址、办学层次、类型等），学校定位（如办学宗旨、培养目标、办学规模等），学校内部管理体制及其运行机制（如学校决策机构、执行机构、监督机构的权利与职责，学校重大事项决策、执行、监督的程序与方式，学校经费的来源、管理和使用，重大会议制度等），学校及其他教育关系主体权利和义务的规定等基本的重大问题作出全面的自我规范。学校通过章程的制定与落实，一方面，有利于推动教育行政管理部门依法依章程管理学校、监督学校，促进政府转变职能，使学校的自主管理权与教育行政部门的管理权实现相对分离，从而使学校真正成为相对独立的法人；另一方面，有利于学校依法规范内部治理结构和权力运行规则，保障"按照章程自主管理"的权利，形成学校自主发展、自我约束的运行机制，提升学校办学质量与水平。

一部好的学校章程，首先是一部反映广大师生意愿、凝练共同价值理念、体现学校发展目标和办学特色、具有学校鲜明特质的章程。学校章程制定与实施的过程，同时也是学校实现自主发展、特色发展的过程，是全面提高广大师生章程意识和法律素养、推动学校依法治校工作的过程。针对有些中小学学校章程内容千篇一律的现状，《全面推进依法治校实施纲要》专门要求学校"加强章程建设，健全学校依法办学自主管理的制度体系"以及"依法制定具有自身特色的学校章程"。可见，学校章程建设在推动学校依法治校、实现学校治理法治化的过程中，发挥着举足轻重的作用。

4. 片面强调师生义务而忽视师生权益保护

权利和义务是法律科学的核心内容，其中，权利是民主的逻辑出发点和法治的历史落脚点。教育作为一项促进人的全面发展的事业，要实现"以人为本""依法治校"，就必须在强调履行义务的同时，关注教育过程中的两大主体即学生和教师的权利实现问题。从对某地中小学依法治校状况调研的结果来看，师生权益保护状况不容乐观。

首先，师生的法律意识和维权意识比较淡薄，尤其是教师的法律意识和维权意识淡薄。调研发现，有89.2%的中学教师和92.1%的小学教师不清楚学生享有法律规定的哪些具体的合法权利，但大多数教师对学生应该履行什么义务、遵守哪些规定的内容比较清楚。同时，大多数教师对自己应该履行什么义务比较清楚，但对我国《教师法》规定的教师权利的具体内容，85.4%的中学教师、90.6%的小学教师也是不清楚的。对小学五、六年级学生和中学生的抽样调查结果显示：15.6%的小学生、50.7%的中学生基本了解自己在学校的权利，95.4%的小学生、96.9%的中学生知道自己在学校应该遵守的纪律与学校规范，年龄越大学生法律意识与维权意识越高。①

其次，师生在权利受到侵害时缺乏自觉的维权行为。在维权行为方面，教师表现出比学生更多的无奈。调研发现，中小学教师在履行公职过程中权利受到侵害时，82.6%的中学教师、89.7%的小学教师不知如何维权，65.4%的中学教师、78.3%的小学教师选择自认倒霉。而在对学生的调查中发现，在权利受到侵害时，93.8%的小学生、84.2%的中学生会通过各种途径维权，包括向老师、家长、朋友求助，报警等。学生的维权意识与维权行为明显高于教师。

---

① 万华.中小学依法治校的误区及其消解策略[J].中国教育学刊，2016(8).

可见，在学生维权意识觉醒的时代，如果不提升教师的法律意识，只强调义务履行而忽略权益保护，不仅容易引发教师与学生在教育管理中的冲突，导致教师或学生权益受到侵害，也可能因部分教育行政管理人员依法行政的意识和能力欠缺，学生和教师的合法权益得不到维护，从而在一定程度上影响国家教育方针的贯彻落实。试想，如果教育工作者本身缺乏民主法治的现代教育理念，连自身所享有的合法权利都不知道是什么、怎么维护，又怎能在其教育生活中身体力行、言传身教，培养具有民主、自由、平等、公正、法治意识的现代公民呢？

### (二)造成依法治校误区的主要原因

上述误区集中反映了当前我国中小学依法治校的理念与能力比较薄弱，其原因是多方面的，既有教育法制不完善的原因，也有教育行政执法与教育管理不到位以及相关主体法律素养不高等方面的原因。

1. 依法治校所依之法不够科学与完善

"科学"与"完善"是良法的必备条件，依法治校所依之法不够科学与完善，会导致依法治校过程中可能出现法律空白、无法可依。造成"片面强调师生义务而忽视师生权益保护"这一误区的重要原因之一，就是涉及师生权益保护的法律法规还不够科学与完善。就师生权益保护的法律法规来看，从立法层面上我国制定了一系列相关法律法规，从宪法到《教育法》《未成年人保护法》《义务教育法》《预防未成年人犯罪法》《教师法》等，形成了一套比较完善的师生权益保护法律体系，这在一定程度上为依法治校提供了法律依据。但从落实到学校层面来看，法律对师生权益的保护现状并不乐观。尽管国家对师生权益保护的法律实体内容进行了原则规定，但是缺乏如何落实实体内容的细则和程序，从而使实体内容得不到很好的贯彻落实。比如，我国法律规定学生和教师对学校或者其他教育机构给予的处分不服时，具有向有关部门提出申诉的权利，但对申诉机关、申诉程序、申诉相应期限、申诉的结果告知以及执行等一系列内容缺乏具体明确的规定，使学校在具体操作时，不知所措，从而导致师生的申诉权受损；或者学校根据自己的理解与需要制定了申诉制度，但申诉制度的有些具体内容不具有合法性，反而侵犯了师生的合法权益。

可见，提高国家层面的教育立法能力与水平，重视细则和程序法的制定与完善，是学校在贯彻落实依法治校过程中真正做到有法可依的必备条件之一。

2. 管理者依法治校的理念与能力比较薄弱

无论是将依法治校狭隘地理解为"以法治校"，或理解为依法管治师生，还是将学校章程视为可有可无的摆设，都与管理者依法治校的理念与能力比较薄弱不无关系。

管理者依法治校理念与能力薄弱的主要原因在于"权力至上"所带来的思想阻碍和惯性思维依然影响着管理者的治校理念。从学校的上级主管部门来看，教育行政管理部门自身的法律观念还比较淡薄，单纯以行政手段管理教育的惯性依然存在，自觉运用法律手段调处纠纷、维护权益、治理教育的法律思维和习惯还没有形成；教育行政执法与监督不力，行政权力大于法、有法不依的现象还比较普遍；整个社会崇尚法律权威的氛围仍在营造中，学校管理者实施依法治校的外部环境条件不够理想。

学校管理者的个人经历和学习经历，也直接影响其依法治校的理念与行动。对某地中小学校级领导的调研结果发现，96.8％的公办学校的校级领导是从教学第一线逐步提拔上任的，在受访的 42 位中小学校长、书记、副校长中，只有 1 位副校长受过系统的法律教育，其他校级领导都是其他学科专业出身，其法律知识主要来源于干部培训、媒体、生活见闻等，所参加的干部培训法律讲座也主要是针对校园安全管理方面的。另外，大多数受访者表示，当地教育行政部门推进的依法治校评估，虽然也在一定程度上使他们了解了依法治校的指标和要求，但是真正落实到学校依法治理实践中，可能更多的是应付和走过场，远不能帮助学校管理者形成依法治校理念，依法治校还没有完全成为学校一致认可并践行的办学方略，依法治校从理念到行动，还有一段漫长的路要走。

3. 师生的法律素养不高且主体参与意识不强

师生的法律素养不高且主体参与意识不强，也是当前中小学依法治校存在误区的一个重要原因。作为依法治校的主体，广大师生是推动依法治校前进的力量，其法律素养与主体参与意识状况直接影响依法治校的进程。科学而完善的教育立法仅仅是教育法治建设迈出的第一步，从立法到学法、知法、执法、守法、护法，则是一个从法律制定到全面贯彻落实、从国家意志到公民自觉意识、从权利赋予到权利实现的漫长过程，学校教育在这个漫长过程中承担了法律素养教化的重要责任，而作为教育者的教师，其法律素养、权利与主体意识会直接影响到学生的法律素养、权利与主体意识，是实现教化的关键所在。

当前，师生的法律意识与主体参与意识缺失，即使是在肩负文化传承之责的学校中也不例外。民主意识的觉醒有赖于主体意识的培养，公平正义、自由平等、权利义务意识、法律至上等法治精神的培植，需要培养法律关系主体独立的人格和法治理性，使法律关系主体具备应有的行为操守、法律信仰和对法律精神的崇尚之情。因此，贯彻落实依法治校的一个重要前提，就是要培养依法治校法律关系主体的主体意识和法治精神，学校的每一个成员都是作为一个具有独立人格、独立意识的权利主体参与学校事务和学校生活的，对学校事务和学校生活的参与既是自己的权利，也是自己作为学校主人的义务，依法治校要靠主体依法行使权利和履行义务来实现。也正因为此，2012 年教育部在颁发的《全面推进依法治校实施纲要》中，特别将"全面提高校长、教职工和学生的法律素质，加强公民意识教育，培养社会主义合格公民""坚持以人为本，依法办学，积极落实教师、学生的主体地位，依法保障师生的合法权利""切实转变管理理念与方式"等内容写进全面推进依法治校的指导思想中。可见，师生的法律素养与主体参与在依法治校过程中贯彻实施民主意识与法治精神具有重要作用。

### (三)消除中小学依法治校误区的策略

1. 提升学校管理理念，坚持依法治校和依法治教

依法治校作为现代学校管理的基本理念，是依法治国基本方略在教育治理上的具体体现，是现代法治思想和法治原则在学校治理上的具体运用。走出依法治校过程中出现的种种误区，最根本的是树立依法治校的理念，形成法律至上、以人为本、依法办学、依法执教等思想观念。

法律至上是法治社会的首要原则，是维护社会公平正义的必要条件。它强调法律在整个社会规范体系中具有至高无上的地位，强调所有社会成员都必须遵守法律，任何组织或个人都不能享有超越法律的特权，任何权力的拥有和行使都必须具有法律上的依据并服从法律的规则。反映到学校治理上，就要求学校必须按照国家的法律法规和规章制定各项规章制度。在此基础上，学校的一切教育教学行为要依章而治，任何人包括领导都不能违反学校和部门的规章制度，不能架空甚至践踏学校的各项规章制度，不能唯领导意志是瞻，切实维护学校规章制度的权威性，做到学校治理的规范化。

主权在民、公平正义、自由平等、权力制约、尊重和保障人权等法治理念均蕴含着丰富的"以人为本"的思想。因此，在观念层面，要以人为本，对师生个体发展给予真正的关注。以人为本体现在学校治理上，要求学校管理者始终秉持以人为本的思想，以广大师生的利益为本，从学校决策、学校制度的制定与执行，到学校教

育教学管理机构的设置与运行、各项具体教学管理要求与措施的提出等，都要坚持把师生员工作为利益关系主体，在学校治理中充分发挥师生员工的积极性和创造性，摒弃人治思维模式下"权力至上""管理者高高在上"的心态，切实维护好师生的合法权益，实现学校治理的人性化。

依法办学是现代学校办学的基本原则，它意味着要以法律的要求作为学校办学行为取舍的评判标准，具体而言，政府要依法行政，学校要依法治校，社会要依法参与、依法监督学校事务，从而将学校的一切办学行为都纳入法治轨道。当前，实现依法办学的关键是教育行政部门要依法行政，履行现有法律法规对教育行政部门的职责规定，依法保障学校办学条件，主动为学校发展提供服务，对学校办学行为实施有效监督等，为学校依法办学创造良好的外部环境。

教师要树立依法执教的理念，这是法律规定的教师的基本义务。它要求教师要依据法律法规履行教书育人的职责，一方面，要使自己的教育教学在法律法规所允许的范围内进行；另一方面，要善于利用法律手段来维护自身的合法权益。依法执教将教师的教育教学行为纳入法治轨道，不仅有利于保护学生合法权益不受侵害，也有利于维护教师自身的合法权益，是依法治校的重要组成部分。

提高学校管理者的法治意识，转变学校管理理念是依法治校的基础。要实现学校管理理念的提升，将法治精神和法治思维贯穿于学校治理过程中，是实施法治教育的重要途径。首先，学校管理者自身要树立法律的"人本精神"，自觉加强法治学习，不断增强法治意识和法治思维，逐步养成依法治校的习惯，从而提高运用法治解决问题的能力。其次，学校要深入地、系统地开展多层次、多形式的法制宣传教育活动，加强有关法治教育的各种教师培训，使法治教育内容贯穿于教师入职、岗位培训和履行职责的全过程，以提高教师依法执教的意识和能力。最后，通过课堂教学、社团活动、校园法治文化建设等多种形式加强和改善学生法治教育，全面落实教育部、司法部、中央综治办、共青团中央、全国普法办《关于进一步加强青少年学生法制教育的若干意见》。依法治校不仅仅是一种治理模式，更是一种理性精神和文化意识，要通过校园法治文化建设促进学校师生对法治理念的认同与自觉维护，为依法治校提供理念支撑、制度保障和文化滋养，使法律法规制度内化为师生心中的法。

2. 转变学校管理方式，强化民主与法治

当前，随着社会转型的加快，我国基础教育学校正面临着从传统的科层制管理、依附管理向现代的民主管理、自主管理的转变，学校管理正向着更加开放、民主、公开和透明的方向发展，"民主管理已成为政府、教育行政部门以及学校内部管理部门管理学校具体事务的准则"①，成为学校管理的基本形式。民主管理，既是现代学校制度建设的基本内容，也是贯彻落实依法治校方针的根本要求，其本质内容包含了"民主参与""民主决策"和"民主监督"三方面内容。要顺利推进学校民主管理工作，必须建立全面、完备的民主管理制度，将民主管理纳入法治轨道，实现依法民主管理。

首先，建立健全民主决策机制，通过完善学校民主决策机构，即完善校长负责制、校务委员会、校长办公会等各自职责、权限、规则和程序，实现决策民主化、科学化。校长负责制是在学校党委领导下的、校长统一领导和全面负责、教职工代表大会民主参与管理的学校内部民主管理与决策制度。② 该制度通过民主决策、民主管理、民主监督等程序运行。校务委员会作为学校的最高决策机构，是学校民主决策的基本形式，其组成人员包括校级领导、中层领导代表、教师代表、家长代表、社区代表和学生代表等，其群众基础使学校所做出的重大决策具有广泛的民主

---

① 冯晓敏. 现代学校治理体系的理念框架与内容建构[J]. 现代教育管理，2015(8).
② 李庆伟. 论中小学校长负责制的内涵、问题及改善对策[J]. 教学研究，2011(1).

依法执教：从理念到行动

性。校长办公会是学校的日常决策机构，主要对学校日常重要事项进行决策，通常由校长或副校长召集，由有关的校级领导和中层管理人员参加，从而进一步确保决策的民主化。

其次，通过建立健全工会、教职工代表大会、学生代表大会和家长委员会等制度，完善学校民主管理和监督机制。学校利益主体的民主参与权不仅体现在民主决策中，还需要体现在民主管理与监督中。教职工代表大会、学生代表大会、家长委员会等分别是学校教师、学生以及家长等主体行使学校民主管理权的基本形式和权力机构。工会、教职工代表大会、学生代表大会、家长委员会等制度的健全与完善，能有效保障广大教师、学生、家长的实际参与，确保其知情权、参与权、建议权、评价权、选举权与被选举权等民主权利落到实处。

最后，进一步完善校务公开制度。实行校务公开是学校民主管理的需要，"校务公开的关键是真实，核心是公开，实质是监督"[①]。由于校务公开的内容主要是社会普遍关注的问题，特别是涉及学校和师生切身利益的问题，如经费使用、干部选拔任用、培养目标与课程设置、教育教学质量、招生就业、基本建设招投标、收费等，因此需要发挥工会、教职工代表大会、学生代表大会、家长委员会等组织的作用。通过健全校务公开的机构与制度，明确公开的内容、程序、形式，健全监督机制，确保公开的效果，保证广大师生员工及社会公众对学校重大事项、重要制度的知情权，防止形式主义和主观片面化，让每一项工作均在师生监督下公开开展，发挥校务公开在依法治校中的作用。

3. 改善学校内部管理，推行学校章程自主管理

解决当前某些学校依法治校过程中出现的政府宏观管理能力不足、学校办学自

---

① 林清群. 浅谈如何发挥校务公开在依法治校中的作用[J]. 经营管理者, 2013(7).

主权不够、民主参与不够、学校内部治理结构不完善等问题，要在依法理顺政府与学校的关系、落实学校办学自主权、提高政府宏观管理能力的基础上，通过推动学校章程的制定与实施，完善学校内部治理结构，实现学校管理与运行的制度化、规范化、程序化，从而实现学校依法办学、自主管理，使师生合法权益得到有效保障。

学校章程是学校自主管理、依法治校的制度基础，是完善学校内部治理结构的基本依据。在理顺政府与学校的关系、学校办学自主权得到落实的情况下，学校进行自主管理的直接依据是学校章程，通过学校章程界定各相关主体的权限。学校章程一旦通过教育行政部门的核准，就具有了法律效力，对学校的办学行为和教育行政部门的管理行为就有了约束力。[①] 行政部门不得随意干预学校章程规定的属于学校自主管理权限的事务，学校自主管理的权力也必须以法律和学校章程为依据，依法接受各方监督，防止权力被滥用，使管理权力在规范、制约和监督中运行。

学校章程是针对学校重大原则性问题而作出的全面规范的自律性文件，必须对学校性质、学校的权利和义务、学校的组织机构、教师及其他职工的权利和义务、学生的权利和义务、学校的课程与教学、人事管理、后勤管理、民主管理与监督、学校与家庭、学校与社区等基本问题予以规定。[②]通过依法建立健全学校章程，对学校的重大组织原则和治理结构进行规范，增强各相关主体的权利义务意识，做到依法按照学校章程自主管理，保证学校稳定可持续发展。

学校章程是学校治理的纲领性文件。学校需要以学校章程为核心，通过建立和完善一系列配套制度，从而形成一个完整的学校依法自主管理的体系。这些配套制度主要包括以下方面：一是民主管理制度，包括校务委员会制度、教职工代表大会

---

① 黄爱成，谭杰. 论大学章程在依法治校中的作用[J]. 法制与社会，2008(3).
② 沈益. 中小学校章程建设研究[D]. 上海：上海师范大学，2007.

　　　　　　　　　　　　　　　　　依法执教：从理念到行动　|

制度、学生代表大会制度、家长委员会制度、教职工评议制度、公示制度等；二是常规管理制度，包括行政管理制度、教育教学管理制度、学生管理制度、学校物资管理制度、学校安全管理制度、对外合作与交流制度等①；三是岗位责任制度，包括决策责任制度、教师责任制度、工作质量考核制度等，全面规范学校内部各个岗位的工作范围、职责与权利；四是校内法律救济制度，包括教师校内申诉制度、学生校内申诉制度等。这些制度构成了协调配套的学校内部管理体系，为依法治校提供了制度保证。

良好的、依法制定的学校章程及其配套制度的贯彻落实，还需要加大宣传力度。学校应该将其加以汇编并公布，通过学校网站、教师手册和学生手册等载体加以宣传和学习，提高公开度和透明度，使学校相关主体了解并熟识学校章程和制度，在依法享受权利的同时，自觉履行相应义务，做自觉守法、护法的学校主人。

## 五、依法执教对教师法治素养的时代诉求

在建设社会主义法治国家的新时代背景下，2018 年 1 月 20 日，中共中央、国务院印发了《关于全面深化新时代教师队伍建设改革的意见》，强化了教师承担的国家使命和公共教育服务的职责，确立了公办中小学教师作为国家公职人员特殊的法律地位，要求"明确中小学教师的权利和义务""公办中小学教师要切实履行作为国家公职人员的义务"。这一方面从法律上为进一步保障中小学教师权利提供了制度基础；另一方面也强化了依法治教、依法执教，强化了公办中小学教师作为国家公职人员必须履行的义务。然而，与近年来我国关于师德的研究广度和深度相比，对

---

① 孙艳. 谈如何加强依法治校[J]. 吉林商业高等专科学校学报，2003(1).

教师法治素养的讨论显得比较薄弱。为了解决新时代背景下教师教育教学管理过程中出现的法律纠纷，帮助教师更好地贯彻实施依法执教，对教师法治素养问题进行研究与探讨十分必要。

### (一)教师法治素养的内涵解析

关于"教师法治素养"一词，在中国知网上所查到的文献十分有限。文献基本都使用"教师法律素质"一词，个别文章使用"教师法律素养"一词，很少有人使用"教师法治素养"这一概念。因此，有必要先对"素养"与"素质"、"法律"与"法治"、教师法律素质、教师法律素养等概念进行解析。

其一，"素养"与"素质"不同。素质通常是指人与生俱来的生理特征，它是人的能力发展的自然前提和基础，如身体素质、心理素质等。而素养更强调后天的学习与习得，强调的是人在先天生理的基础上通过后天的学习和实践而获得的修养，是人从事某项工作应具备的素质与修养，如学生发展核心素养。一个人只有将其所学的知识通过实践真正融合到思想意识、思维方式、处事原则、行为习惯中，才能将知识上升为某种素养。法律作为由国家强制力保证实施的具有普遍约束力的社会规范，需要学习，更需要运用于实践。我们需要在具备法律知识的基础上形成法治思维与法律信仰，自觉规范自身行为。故而，"素养"具有社会性、习得性特征，比"素质"能更准确地体现法治要求。

其二，"法律"与"法治"也是有区别的。"法律"强调的是一个国家的法及其法律制度，是静态的法律规则与体系；而"法治"比"法律"的内涵要丰富许多，"法治"除了包括静态的法的规则及其体系之外，还包括了动态的立法、司法、执法、守法等活动，强调依据法律治理国家与社会，主张宪法至上，一切权力机关和个人都必须依法行事。因此，从这个角度看，"法治素养"更符合现代法治社会对公民的要求。

依法执教：从理念到行动

其三，关于"法律素质"，有学者从不同角度进行了界定。有学者认为法律素质是人们通过对法律知识的较为系统的学习，在头脑中内化形成的法律情感、法律信仰和法律意志等各种心理因素的内在表现[①]；有学者将法律素质视为公民在法律知识、法治意识和依法办事能力等方面的综合状态[②]；也有学者将法律素质通俗地表达为一个人以知法、懂法为前提，以守法、护法为目的，以人具有良好的内在法律意识和外在法律行为为表征的能力和素养[③]；等等。应该说，这些界定比较科学地阐述了法律素质所呈现的静态样式和内在要求。

其四，关于"教师法律素养"。有学者采用"教师法律素养"这一概念，并将其界定为"一个人为了从事教师职业，经过一定后天的学习和培养，所获得的关于教师职业法规知识、能力以及在此过程中形成的相应思想观念、意识、态度等，也可以称为法律素质"[④]。此界定强调了教师职业的特殊性以及后天的学习培养，强调了教师应具备的法律知识、法律能力、法律观念、法律意识和法律态度等，符合静态的法律要求，但未能体现动态的法治需要。

在解析上述概念的基础上，"教师法治素养"是指教师在教育教学与管理工作过程中所必须具备的法律知识、法治观念与能力，以及在教育教学管理行为中表现出的对法律的敬畏、尊崇与信仰等法治情感与行为的总和。这一界定强调了教师教书育人、言传身教的特殊使命，不仅具备普通公民应有的法治素养，履行作为普通公民的学法、守法义务，而且必须具备教育者这一国家公职人员所应具备的专业法治素养，在知法、懂法基础上依法执教，并通过言传身教传递法治精神，为社会培养合格的现代公民。

---

① 李玉华，李景平. 大学生素质论[M]. 西安：西安交通大学出版社，2001：28.
② 苗连营. 公民法律素质研究[M]. 郑州：郑州大学出版社，2005：9.
③ 陈仲. 提高高校中青年教师法律素质的路径探析[J]. 福建论坛(社科教育版)，2009(12).
④ 李晓燕. 中小学教师法律素养在法治教育中的师表作用及其实现[J]. 中国教育学刊，2018(3).

### (二)新时代提升教师法治素养的迫切性

自党的十五大确立依法治国为基本方略,到十八大阐述全面推进依法治国重要思想,再到十八届三中全会提出法治中国建设目标任务,2018 年 3 月宪法修订通过,以及十九大提出全面依法治国的要求,新时代进一步要求教师依法执教,教师法治素养的提升显得尤为迫切。

1. 学校教育管理需要回应法治社会的时代诉求

2014 年党的十八届四中全会审议通过了《中共中央关于全面推进依法治国若干重大问题的决定》,开启了我国全面推进依法治国的新征程。顺应时代要求,教育部在 2012 年颁发的《全面推进依法治校实施纲要》的基础上,于 2016 年又先后颁发了《依法治教实施纲要(2016—2020 年)》(教政法〔2016〕1 号)、《青少年法治教育大纲》(教政法〔2016〕13 号)、《全国教育系统开展法治宣传教育的第七个五年规划(2016—2020 年)》(教政法〔2016〕15 号)等一系列政策性文件,从政策制定上全面推进依法治国在教育领域的贯彻实施。在这些政策性文件的指引下,依法治教、依法治校的法治意识得到一定程度的加强,以学校章程为核心的学校现代教育制度在学校制定并逐步完善,青少年法治教育得到重视,但这并不意味着学校实现了依法治校,也不意味着教师已能够做到依法执教,其中的关键在于教育主体法治素养的培育是否真正落地生根。当前,教育法治开始从教育法规、政策、制度制定与完善的法制文本状态,向教育法治理念内化于心、外显于行的依法治理新阶段迈进。在这个新阶段中,人们对权益保护、民主法治、公平正义的要求将会更加强烈,对知情权、民主参与权、维权的诉求也会更加突出。面对新挑战,学校教育管理在教育法治理念、法治思维与方式、法治能力与水平等方面还存在一些现实问题亟须解决。

首先,对教育法治理念的认知、理解还不到位。教育法治理念是社会主义法治理念在教育领域的体现。《全面推进依法治校实施纲要》要求"学校要牢固树立依法办事、尊重章程、法律规则面前人人平等的理念""保证学校的办学宗旨、教育活动与制度规范符合民主法治、自由平等、公平正义的社会主义法治理念要求",民主法治、自由平等、公平正义、尊重和保障人权、维护法律权威等理当成为教育法治理念的应有之义。目前,教育法治理念尚在普及之中,学校在教育管理过程中侵犯师生权益的事件还时有发生。例如,一些学校没有依法成立教职工代表大会,或者教职工代表大会形同虚设,学校重大问题的决策不经过教职工代表大会民主讨论就实施,教师的知情权、参与权、表达权和监督权等很难得到落实。再如,近年来,学生手机管理冲突事件在学校时有发生,如2017年9月发生在某中学的手机销毁大会,几十部从学生那里没收来的手机被扔进水桶,或用锤子砸烂。这种过激的学校管理行为面临着合法性的质疑。因此,是否能深入理解法治理念,直接影响到学校管理行为包括学校制度的制定到执行是否合法、依法,是否真正做到了教书育人。

其次,教育管理的法治思维还没有形成。法治思维是指主体"运用法律规范、法律原则、法律精神和法律逻辑对所遇到或所要处理的问题进行分析、综合、判断、推理和形成结论、决定的思想认识活动与过程"①。法治思维的形成是建立在具备法治知识和法治理念基础上的,它从本质上区别于人治思维和权力思维,主张法律规则至上而不是关系、人情伦理等至上,要求主体根据法律规则去思考、解决问题。在自媒体时代,学校教育管理所处的环境不再像从前那样相对单纯与封闭了,在过去看来一件很普通的小纠纷经过网络媒介的传播,就可能成为公共事件。在自媒体时代,随着公民权利保护意识的增强,法治思维成为学校教育管理必不可少的

---

① 姜明安. 法治、法治思维与法律手段——辩证关系及运用规则[J]. 人民论坛, 2012(14).

思维方式。

最后，教育管理的法治方式尚未引起足够重视。法治方式是主体"基于法治思维所衍生的、平和、理性地解决纠纷、处理问题的行为方式"①。习近平在首都各界纪念现行宪法公布施行 30 周年大会上的讲话中指出："各级领导干部要提高运用法治思维和法治方式深化改革、推动发展、化解矛盾、维护稳定能力，努力推动形成办事依法、遇事找法、解决问题用法、化解矛盾靠法的良好法治环境，在法治轨道上推动各项工作。"②教育管理的法治方式需要充分发挥民主的力量，依法制定具有自身特色的学校章程，依法健全科学决策、民主管理机制，运用法治思维和法律手段解决学校发展中的突出矛盾和问题。目前，虽然部分学校按照上级要求完成了学校章程的制定，但由于缺乏相应的法律知识和法治思维，部分学校对学校章程的核心作用缺乏深入理解，运用法治方式解决问题的意识与能力均需要加强。

总之，学校教育教学管理的法治缺位，会导致学校以及教职工在应对不断增多的学生维权诉求时处于被动的境地，直接影响到学校教学管理工作实效，所以提升教师包括学校管理人员的法治素养势在必行。

2. 教师正确地切实履行作为国家公职人员的义务诉求

现实中一些教师不正确地行使了教育教学管理权，侵害了学生合法权益。"雷梦佳案件"就是一例典型的教师错误地使用"投票"方式来处理学生打架的案件。此案警醒教师正确行使教育惩戒权。教师行使教育惩戒权首先必须依法行使，不能侵犯学生的合法权益。教师采取的管理学生的方式，如本案中的自主管理方式，也必须在保护学生的受教育权、生命健康权、人格尊严等合法权益的前提下使用。其次是教育惩戒的"度"应该因人而异，不可一刀切，因为教育面对的是鲜活的生命，教

① 陈金钊. 诠释"法治方式"[J]. 新疆师范大学学报(哲学社会科学版)，2013(2).
② 习近平. 在首都各界纪念现行宪法公布施行 30 周年大会上的讲话[N]. 人民日报，2012-12-05.

育惩戒的目的是帮助学生认识到自身行为的不足、促进学生改进行为获得良好发展，而不是使其因惩戒而受到身心伤害。此案也反映出个别教师对管理民主只是达到了字面上的肤浅理解，错以为班级民主就是学生民主投票决定班级事务这么简单，殊不知班级投票决定学生去留的规定与做法侵犯了学生的受教育权。可见，教师法治素养状况直接关系到学生身心健康发展。

教师不正确履行法定义务还表现在教师教育教学管理中的不作为。面对社会变化带来的学生问题的复杂多样性，有些教师陷入了"不想管""不敢管""干脆不管"的困境。"杨不管"事件就是一个典型案例。虽然已时隔十多年，但这种"不想管""不敢管""干脆不管"的想法依然存在。笔者曾就这一现象对广州市某区的386名中小学班主任做过问卷调查。结果显示，遇到学生打架斗殴，64.70%的班主任选择"必须管"，12.40%的班主任选择"睁一只眼闭一只眼，不想管"，5.60%的班主任选择"不管"，17.30%的班主任选择"其他"，可见有约三分之一的班主任面对学生打架斗殴，倾向于"不作为"或"不敢作为"。我国《未成年人保护法》等法律法规都明确规定了教师对学生教育、管理、保护的义务，"不作为"的做法会导致学校和教师承担由此而带来的法律责任。

针对这些新问题、新挑战，2018年1月20日，中共中央、国务院印发的《关于全面深化新时代教师队伍建设改革的意见》特别强调"公办中小学教师要切实履行作为国家公职人员的义务"，教师必须如同国家公务员依法行政一样"依法执教"，切实履行作为国家公职人员的义务，这不仅是道德义务，而且是法律义务，是法治中国对教师的职业要求。

3. 教师应对教育纠纷、维护自身权利的保障诉求

近年来，随着我国公民法治意识的提高，教师因教育教学工作与活动而与学校或相关部门发生的法律纠纷开始增多，如教师因人事管理、岗位聘任、绩效工资、

职务评聘等问题与学校或相关部门发生的纠纷，因校园伤害事故发生的纠纷等。在这些纠纷中，一方面，教师要遵纪守法，依法执教，用合法的手段教育和保护学生；另一方面，教师依法享有法律规定的公民权利以及作为教师特有的法定权利，在自身合法权利受到不法侵害时，应采取法律手段维权。

当下，受传统文化、教育经历、教师救济制度不完善等影响，教师的维权意识和能力并不乐观。首先，一些教师不清楚自己享有的具体权利内容；其次，一些教师在权利受到侵害时缺乏自觉的维权行为。教师的法律知识、法律意识、法治理念欠缺，是导致教师维权意识与能力不强的重要原因。

教师的合法权利在履职过程中受到侵害如果得不到法律保护，会直接影响教师正确地切实履行作为国家公职人员的义务，会导致"不作为"。离开权利片面地强调义务是违背"权利义务一致性"的法治原则的。试想，如果教师连自身权益都不会捍卫、不能捍卫，又怎能真正培养出合格的公民呢？

### (三)教师法治素养的提升策略

提升教师法治素养是提升教师素养的重要内容，需要结合依法治教、依法治校，通过教师法治教育的整体规划、教师法治教育课程开发与实施、学校法治文化建设等方法与策略，从法律知识与观念、法治思维与能力、法治行为与信仰等方面全面提升教师的法治素养。

1. 制订教师法治素养提升的整体规划

教师法治素养提升的关键一环是法治教育。目前，我国教师法律知识培育的常见途径主要是职前教育与职后培训。职前教育主要是通过在大学教育课程里开设公共课法学基础课程进行法治教育，但真正树立了依法治教观念、具备依法执教能力的毕业生较少。教师入职后的培训，多是学科专业知识与能力培训，专门的师德培训比较少，师德培训内容中会涉及法治教育内容，多是针对学生安全问题，更多强调教师责任而忽略权利维护，缺乏整体规划与设计。尽管党和政府越来越重视法治宣传教育，中央宣传部、司法部会定期制订并发布面向全体公民的法治宣传教育五年规划，教育系统也会相应地制订和发布教育系统法治宣传教育五年规划，对法治宣传教育进行总体部署与规划，但其中所涉及的针对教师的法治教育内容更多是全局性、方向性、原则性的指导，缺乏专门的面向中小学教师队伍的完整的、科学系统的法治教育规划与设计。

针对这一实际，有学者主张改革师范教育课程，把教师职业法律知识的课程教学纳入教师培养计划；改革在职教师继续教育系统，把师德建设与教师法律素质的培养结合起来。[1] 这的确能在较大程度上提升教师的法律知识与观念，解决知法、懂法问题，但要从整体上提升教师法治素养，离不开整体规划与设计。

根据规划制订的一般要求，教师法治素养提升的整体规划可以从教师法治素养提升的必要性与紧迫性、指导思想、目标、内容结构、实施途径、保障措施等方面具体设计与谋划，把法治教育纳入师范教育课程体系和在职教师继续教育课程体系，对教师法治教育内容结构进行科学设置，对课程进行科学安排，对实施途径进行科学指引，对实施效果进行考核评价，通过组织保障、经费保障、人员与基地保障、机制保障等措施加以落实，从而全面有效地提升教师法治素养。

2. 加强教师法治教育课程的开发与实施

教师法治教育课程体系的建构、课程内容的开发与实施，是提升教师法律知识与法治理念、法治思维与能力的关键。教师法律知识结构应包含两大板块：一是教师作为普通公民应了解和掌握的法律常识；二是教师作为国家公职人员所应具备的

---

[1] 李晓燕. 教师职业法律素质的培养途径研究[J]. 教师教育论坛，2015(9).

教育职业法律知识。

　　教师作为普通公民应了解和掌握的法律常识，主要包括以根本大法——宪法为首的一系列国家法律，涵盖《民法典》《刑法》《行政法》《著作权法》等。通过学习，掌握社会主义法律基本常识，明确公民权利与义务的内容和要求，树立宪法至上、民主法治、自由平等、公平正义、尊重和保障人权、维护法律权威等基本的社会主义法治理念，成为遵纪守法、懂法护法的公民。教师的特殊身份与地位，决定了社会公众对教师有着高于一般公民的规范要求，如果教师在社会公共场合违法违纪，势必会严重影响教师队伍的整体形象。2018年1月发生的某女教师挡高铁车门致使发车晚点的行为引发热议，使公众对教师队伍的整体素质产生了怀疑，造成了恶劣影响。所以教师首先要成为一名遵纪守法的合格公民。

　　教师作为国家公职人员所应具备的教育职业法律知识，主要包含三个层级的法律知识：第一层级是由全国人大及其常委会制定的教育基本法，包括《教育法》《教师法》《义务教育法》《职业教育法》《高等教育法》《民办教育促进法》《未成年人保护法》《学位条例》等；第二层级是由国务院发布的教育行政法规和地方人大发布的地方性法规、条例等，如《校车安全条例》《学位条例暂行实施办法》《教育督导条例》等；第三层级是政府规章，主要是教育部部门规章和地方政府规章，如《学生伤害事故处理办法》《义务教育学校管理标准》《普通高等学校学生管理规定》《中小学教师违反职业道德行为处理办法》等。这些法律法规，都是教师必备的教育职业法律知识，不同学段的教师如大学教师、中小学教师、幼儿园教师在学习内容上要有所侧重。

　　在对教师必备的法律知识进行梳理的基础上，通过职前教育和职后培训进行课程设置、教材开发与实施。职前教育可通过改革师范教育课程体系，侧重于对师范生的法律常识、法治理念、法治能力、法律信仰等方面进行系统性教育，为其以后依法从教打下坚实的法律基础。职后培训可通过继续教育课程设置、校本培训等途径，侧重于培育教师专业的职业法治素养，有针对性地设置课程内容，开展多种形式的法治教育培训。法治课程内容的设置与开发应联合专业的法律研究机构、公检法机关、律师协会、教师培训机构等进行，将法律与教育有效结合，以增强法治教育的科学性、实效性以及法治教材的可读性，使法治真正走进教师生活。

3. 创新教师法治教育方法

法治教育的方法基本采用的是培训式的讲授法和自学式的考查法。面对繁重的教学工作和科研、学生管理压力，讲授与自学能比较快速地帮助教师了解法律知识、增强法律意识，是提升教师学法知法的重要方法。不足之处是，培训式的讲授通常是法律知识的灌输，"纸上得来终觉浅"，而自学式的考查法常常沦落为走过场、应付考查。对此，可以在借鉴其他国家法治教育经验基础上，结合我国教育实际创新教师法治教育方法。

法治教育的国际经验之一是注重案例教学、注重体验，如情境教学模式、法庭辩论教学模式，将参与者引入情境或案例中，在具体情境或案例中引导参与者主动参与，体验法律知识的运用，理解法律精髓，形成权利与义务意识、民主法治意识、平等意识等法治理念，从而有效指导教师实践。

法治教育的国际经验之二是贴近受众的生活实际，让受众在生活中感受法治的重要性。法律是公民权利的保护神，法治教育只有贴近教师工作生活实际，有针对性、多种形式地开展，方能真正"入脑入心"，如结合国家宪法日、消费者保护日、国际禁毒日、教师节、成人礼等，采用法治影片鉴赏、法治情景剧表演、我身边的法治故事分享、法治教学设计大赛、法治教学观摩等形式，提升教师学法用法的积极性和主动性。贴近教师工作生活实际的另一个重要途径是贯彻落实《全面推进依法治校实施纲要》，使教师真正作为学校主人参与到依法治校建设中，参与到学校民主建设与管理中，在实践中感知法治精神。

近年来，互联网技术的迅速发展也为法治教育提供了新的方法。通过探索建立法治教育教学资源共享平台、建设优质法治教育资源、开发多种形式的网络法治教育课件等多种途径与方式，使法治教育实现数字化、情境化和生动化。此外，充分利用报刊、电视、广播、广告栏等媒介进行公益法治宣传教育，也是很好的法治教育途径。

4. 推动学校法治文化建设

学校法治文化是在民主、自由、平等、正义、公平等法治理念及制度建设过程中形成的一种学校文化形态和工作生活方式，包括法治理念和法治思维模式的确立、相应的学校制度和组织机构的建立与运行以及师生主动参与学校建设、守法、用法的行为方式。学校法治文化建设是依法治校的重要组成部分，其中，教师是文化的引领者、传播者和践行者，教师法治素养直接影响学校法治文化建设的水平与进程。通过落实《全面推进依法治校实施纲要》，推动学校法治文化建设，在实践中提高教师法治实践能力，是提升教师法治素养的有效举措。

首先，发挥教师在学校规章制度制定中的作用。学校规章制度建设是学校法治文化建设的基础。教师作为学校主体之一，不仅是学校制度的执行者、遵守者，而且是学校规章制度制定的参与者、监督者。依法治校要求学校构建一套内容科学合法、形式规范的以学校章程为核心的学校规章制度体系，作为学校现代治理的长效机制，为师生知法懂法、依法行事、依法维权、树立法治信仰奠定制度基础。学校规章制度的内容与程序都必须合法、规范，不得侵害学生的人格权、生命健康权、财产权和受教育权等基本权利，程序上要公开公正，保障学生的申诉权。教师参与到以学校章程为核心的学校规章制度的制定过程中，既能有效防止学校规章制度出现违法性内容，也有助于提升教师法治素养，为营造良好的学校法治文化环境奠定基础。

其次，引导师生共同创设学校法治文化环境。精心设计与打造校园法治文化阵地，如校园法治文化长廊、文化墙、宣传栏（橱窗）等，充分利用学生社团、校园网、校园广播、电子显示屏、黑板报、展板、校报校刊等载体，围绕一定主题定期开展法治文化宣传。良好的法治文化氛围有利于提升师生的法治意识，无声地影响教师的教育教学和班级管理行为。

再次，鼓励教师在教育教学和班级管理中融入法治教育。生活中处处有法律、有规范，鼓励教师将生活中包含的法治理念、法律知识等内容融入课堂教学和班会活动中。比如，围绕过马路闯红灯、开车违规行为、乱排放污染物、猎杀珍稀动物、虐待儿童和老人、家庭暴力、网络欺凌与暴力、消费者权益保护等发生在学生身边的典型现象和案例，通过分享、讨论、辨析，引导学生感受法律的作用与意义，在培养学生法治思维与能力以及参与法治社会生活能力的同时，也使教师的法治素养在传道授业解惑中得到提升。

最后，要将教师依法执教纳入教师评价体系。依法执教既是国家法律要求，也是教师职业道德要求。我国实行"以德治教"，以德育人，以德化人，这是十分必要的。但在实践中，一些教师往往无法区分"德"与"法"的界限，经常以管教学生的名义使用违法手段侵害学生身心健康，一些教育管理者也将教师的违法行为仅仅当成违反师德的行为，导致法治精神无法彰显，学生合法权利得不到保障。因此，教师依法执教应如同师德一样纳入教师评价体系，从制度上提醒教师依法约束自己的行为，依法执教，弘扬师德，使两者相互配合、相得益彰，真正做到"为人师表"。

# 第二章

## 依法执教的主要法律内容

依法执教，要求教师要依据法律法规履行教书育人的职责。一方面，教师的教育教学要在法律法规所允许的范围内进行；另一方面，教师要善于利用法律手段来维护自身的合法权益。学习、了解与依法执教相关的主要法律内容，是教师依法执教的前提。

### 一、依法执教与宪法

#### （一）宪法是国家根本大法

宪法是我国的根本大法，规定的是国家最根本、最重要的问题，具有最高法律效力，是制定普通法律的依据，一切法律法规都不得同宪法相抵触，任何组织或者个人都不得有超越宪法和法律的特权。我国现行宪法为 1982 年宪法，并历经了1988 年、1993 年、1999 年、2004 年、2018 年五次修正。宪法以根本大法的形式反映了我国改革开放和社会主义现代化建设的新要求，成为一切国家机关、社会机构与组织以及所有公民的根本行为准则。

我国现行宪法共四章一百四十三条，其中与依法执教密切相关的法律规定，主要体现在第二章"公民的基本权利和义务"。

### (二)我国公民的基本权利

公民的基本权利也称宪法权利，是指由宪法规定的公民享有的基本的、必不可少的权利。教师在履行教育教学管理职责时，要维护作为公民的学生所享有的基本权利。

1. 平等权

平等权是指公民平等地享有权利和履行义务，不受任何差别对待，要求国家给予同等保护的权利。它是我国宪法赋予公民的一项基本权利，是公民实现其他权利的前提与基础。我国宪法对平等权的表述是："中华人民共和国公民在法律面前一律平等。"平等权由四部分组成：一是权利平等，即所有公民平等地享有宪法和法律规定的权利；二是义务平等，即所有公民都平等地履行宪法和法律规定的义务；三是法律适用平等，即国家机关在适用法律时平等对待所有公民，对于所有公民的保护或者惩罚都是平等的，不得因人而异；四是法律界限平等，即任何组织或个人都没有超越宪法和法律的特权。这四个部分是一个有机整体，统一构成了平等的法律权利。

2. 政治权利和自由

政治权利和自由是指公民作为国家政治生活主体依法享有的参加国家政治生活的权利和自由，是国家为公民直接参与政治活动提供的基本保障，具体包括两个方面：一是选举权和被选举权；二是政治自由。我国宪法规定："中华人民共和国年满十八周岁的公民，不分民族、种族、性别、职业、家庭出身、宗教信仰、教育程度、财产状况、居住期限，都有选举权和被选举权；但是依照法律被剥夺政治权利的人除外。"所谓政治自由，主要是指公民表达自己政治意愿、发表意见的自由。我国宪法规定："中华人民共和国公民有言论、出版、集会、结社、游行、示威的自由。"

### 3. 宗教信仰自由

我国宪法规定："中华人民共和国公民有宗教信仰自由。"其含义包括：公民有信仰宗教或者不信仰宗教的自由，有信仰这种宗教或者那种宗教的自由，有信仰同一宗教中的这个教派或那个教派的自由，有过去信仰宗教现在不信仰宗教或者过去不信仰宗教而现在信仰宗教的自由。我国宪法还规定："任何国家机关、社会团体和个人不得强制公民信仰宗教或者不信仰宗教，不得歧视信仰宗教的公民和不信仰宗教的公民。国家保护正常的宗教活动。任何人不得利用宗教进行破坏社会秩序、损害公民身体健康、妨碍国家教育制度的活动。"依照宪法精神和相关法律规定，任何人都不得打着宗教信仰自由的旗号组织或参加邪教组织。

### 4. 人身自由权

人身自由权，是指公民在法律范围内有独立行为而不受他人干涉，不受非法逮捕、拘禁，不被非法剥夺、限制自由及非法搜查身体的自由权利，是公民按照自己的意志和利益进行行动和思维、不受约束、控制或妨碍的人格权。我国宪法规定："中华人民共和国公民的人身自由不受侵犯。任何公民，非经人民检察院批准或者决定或者人民法院决定，并由公安机关执行，不受逮捕。禁止非法拘禁和以其他方法非法剥夺或者限制公民的人身自由，禁止非法搜查公民的身体。""中华人民共和国公民的人格尊严不受侵犯。禁止用任何方法对公民进行侮辱、诽谤和诬告陷害。""中华人民共和国公民的住宅不受侵犯。禁止非法搜查或者非法侵入公民的住宅。""中华人民共和国公民的通信自由和通信秘密受法律的保护。"人身自由不受侵犯，是公民参加各种社会活动和享受其他权利的先决条件，也是保持和发展公民个性的必要条件。一个人丧失了人身自由权，就无法享受其他民事权利。

5. 监督权和取得国家赔偿权

监督权是人民主权原则的具体体现，是指公民享有监督国家机关及其工作人员活动的权利，具体包括批评权、建议权、申诉权、控告权、检举权等。其中，批评权是指公民在国家政治生活和社会生活中对国家机关及其工作人员的缺点、错误或其他感到不满意的地方提出批评意见；建议权侧重于公民发现国家机关及其工作人员存在的缺点或不足之后，有权通过一定的形式提出改进建议；申诉权是指公民对行政机关或司法机关的错误或违法的决定、判决，或者国家工作人员的违法失职行为，致使其本人或其亲属的合法权益受到损害时，有权向有关国家机关申述理由，提出改正或撤销决定、判决或赔偿损失的请求；控告权和检举权主要是指公民在国家政治生活和社会生活中，对于国家机关及其工作人员的违法失职行为或犯罪行为，有向有关机关提出控告和检举、揭发的权利，请求有关机关对违法犯罪行为予以制裁。

公民在行使控告权或者检举权时，不得捏造或者歪曲事实进行诬告陷害。对由于国家机关和国家工作人员侵犯公民权利而受到损失的人，有依照法律规定取得赔偿的权利。我国《国家赔偿法》对公民获得国家赔偿作出了具体规定。

6. 社会经济权

社会经济权是指公民依照宪法所享有的经济生活和物质利益方面的权利，它是公民实现其他权利的前提条件和物质基础。根据我国宪法，社会经济权主要包括以下内容。

(1)财产权

财产权是指公民个人通过劳动或其他合法方式取得财产和享有占有、使用、收益、处分财产的权利。公民的合法的私有财产不受侵犯，公民可合法拥有的私人财产包括合法的收入、储蓄、房屋和其他财产。国家依照法律规定保护公民的私有财产权和继承权。

（2）劳动权

劳动权是指有劳动能力的公民有从事劳动并取得相应报酬的权利，包括劳动就业权和取得劳动报酬权。同时，劳动是一切有劳动能力的公民的光荣职责。我国宪法规定，中华人民共和国公民有劳动的权利和义务。

（3）休息权

休息权是指劳动者为保护身体健康和提高劳动效率，根据国家有关法律与制度而享有的休息和休养的权利。我国宪法规定，中华人民共和国劳动者有休息的权利。

（4）社会保障权

社会保障权是指公民由于特定原因不能通过其他正当途径获得必要的物质生活手段时，从国家和社会获得生活保障、享受社会福利的一种权利。社会保障权包括生育保障权、疾病保障权、残疾保障权、退休保障权等内容。我国宪法规定："国家依照法律规定实行企业事业组织的职工和国家机关工作人员的退休制度。退休人员的生活受到国家和社会的保障。""中华人民共和国公民在年老、疾病或者丧失劳动能力的情况下，有从国家和社会获得物质帮助的权利。国家发展为公民享受这些权利所需要的社会保险、社会救济和医疗卫生事业。""国家和社会保障残废军人的生活，抚恤烈士家属，优待军人家属。""国家和社会帮助安排盲、聋、哑和其他有残疾的公民的劳动、生活和教育。"社会保障是国家必须履行的义务，是现代社会的安全阀。

7. 文化教育权

公民的文化教育权包括受教育权以及进行科学研究、文学艺术创作和其他文化活动的权利与自由。我国宪法规定："中华人民共和国公民有受教育的权利和义务。"公民的知识水平是国家科学技术和文化发展的基础，公民接受教育是物质文明和精神文明建设的前提条件。受教育既是权利也是义务。我国宪法还规定："中华人民共和国公民有进行科学研究、文学艺术创作和其他文化活动的自由。国家对于从事教育、科学、技术、文学、艺术和其他文化事业的公民的有益于人民的创造性工作，给以鼓励和帮助。"

8. 特定主体权利

我国宪法除对公民所应普遍享有的权利和自由作出明确规定外，还为特定主体设置了专条，给予特定保护。宪法中的这些特定主体具体是指妇女、退休人员、军烈属、母亲、儿童、老人、青少年、华侨等。

妇女权利的保护。我国宪法规定："中华人民共和国妇女在政治的、经济的、文化的、社会的和家庭的生活等各方面享有同男子平等的权利。""国家保护妇女的权利和利益，实行男女同工同酬，培养和选拔妇女干部。"我国《妇女权益保障法》对妇女的受教育权、劳动保护权、平等就业权、同工同酬权、家庭生活平等权、生育权等进行了具体保护。

儿童权利的保护。我国通过《未成年人保护法》等法律对儿童的抚养、受教育、社会安全、残疾儿童成长等进行了具体保护。

老年人权利的保护。我国通过《老年人权益保障法》对老年人的退休、赡养、生活保障等进行了特定保护。

残疾人权利的保护。我国通过《残疾人保障法》对残疾人的政治权利、人格权利、受教育权、劳动就业权、生活保障权等进行了特定保护。

华侨、归侨和侨眷权利的保护。我国主要通过外交保护和《归侨侨眷权益保护法》进行保护。

### (三)我国公民的基本义务

公民的基本义务也称宪法义务，是指由宪法规定的公民必须遵守和应尽的根本责任。它是公民对国家具有首要意义的义务，是构成普通法律规定的义务的基础。我国宪法规定，公民的基本义务主要包括以下内容。

1. 维护国家统一和全国各民族团结

维护国家统一和全国各民族团结是我国公民必须履行的基本义务。维护国家统一具体表现在：维护国家主权不被侵犯，维护国家领土的完整，维护国家政权的统一。维护全国各民族团结的义务具体表现在：国家保障各少数民族的合法权利和利益，维护和发展各民族的平等、团结、互助关系。禁止对任何民族的歧视和压迫，禁止破坏民族团结和制造民族分裂的行为。

2. 遵守宪法和法律

遵守宪法和法律是每个公民应尽的基本义务。我国宪法规定，中华人民共和国公民必须遵守宪法和法律，保守国家秘密，爱护公共财产，遵守劳动纪律，遵守公共秩序，尊重社会公德。

3. 维护祖国的安全、荣誉和利益

树立国家安全意识，自觉维护祖国的安全、荣誉和利益是我国每一个公民必须履行的基本义务，也是爱国主义的体现。所有中华人民共和国公民都要以实际行动维护国家的安全、荣誉和利益，增强法律意识，关心国家，增强民族自尊心，不得有危害祖国的安全、荣誉和利益的行为。

4. 保卫祖国、依法服兵役和参加民兵组织

我国宪法规定："保卫祖国、抵抗侵略是中华人民共和国每一个公民的神圣职责。依照法律服兵役和参加民兵组织是中华人民共和国公民的光荣义务。"我国公

民，不分民族、种族、职业、家庭出身、宗教信仰和教育程度，都有义务依法服兵役。依法被剥夺政治权利的人，不得服兵役。

5. 依法纳税

我国宪法规定："中华人民共和国公民有依照法律纳税的义务。"每个公民都应该具有纳税人的意识、税收收入是国家财政收入的重要来源，国家的财政收入主要都用在了国防、教育、卫生、公共服务机构的维持和基础设施建设上。没有税收，就没有国家经济社会的顺利运转。纳税以公民的自觉性为基础，任何偷税、漏税的行为都应承担法律责任。

6. 其他基本义务

除上述所列基本义务外，我国宪法还规定了："父母有抚养教育未成年子女的义务，成年子女有赡养扶助父母的义务""禁止破坏婚姻自由，禁止虐待老人、妇女和儿童"等其他基本义务。

公民的基本义务与基本权利一起共同反映并决定着公民在国家中的政治与法律地位，构成了普通法律规定的公民权利和义务的基础与原则。

## 二、依法执教与《教育法》

### (一)《教育法》是依法执教的根本大法

在整个教育法律法规体系中，《教育法》是"母法"。《教育法》于 1995 年颁布，历经 2009 年、2015 年、2021 年三次修订，共十章八十六条，对教育基本制度、学校及其他教育机构、教师和其他教育工作者、受教育者、教育与社会、教育投入与条件保障、教育对外交流与合作等教育基本内容进行了规范，是全面依法治教的基本法律依据。

《教育法》的颁布是关系我国教育改革与发展和社会主义现代化建设全局的一件大事，对落实教育优先发展的战略地位，促进教育事业的改革与发展，建立具有中国特色的社会主义现代化教育制度，维护教育关系主体的合法权益，加速教育法制建设，提供了根本的法律保障。其修订标志着我国教育工作进入全面依法治教的新阶段，对我国教育事业的改革与发展，以及社会主义物质文明和精神文明建设产生了重大而深远的影响。

### (二)《教育法》规定的教育基本原则

《教育法》在"总则"里回答了我国社会主义教育的宗旨、指导思想、根本目的、遵循的基本原则等教育的根本性问题，为我国教育指明了发展方向。

《教育法》的宗旨是"为了发展教育事业，提高全民族的素质，促进社会主义物质文明和精神文明建设"。

《教育法》的指导思想是"国家坚持中国共产党的领导，坚持以马克思列宁主义、毛泽东思想、邓小平理论、'三个代表'重要思想、科学发展观、习近平新时代中国特色社会主义思想为指导，遵循宪法确定的基本原则，发展社会主义的教育事业"。这一规定确立了我国教育的社会主义性质。

《教育法》的根本目的是"教育必须为社会主义现代化建设服务、为人民服务，必须与生产劳动和社会实践相结合，培养德智体美劳全面发展的社会主义建设者和接班人"。

《教育法》第四条指出了教育的地位，即"教育是社会主义现代化建设的基础……国家保障教育事业优先发展。全社会应当关心和支持教育事业的发展。全社会应当尊重教师"。将优先发展教育和尊重教师明确写进了法律。

第六至第十一条规定了我国教育发展的基本原则，其中，第六条将"立德树人"确立为教育的根本任务，回答了立什么德的问题，"教育应当坚持立德树人，对受教育者加强社会主义核心价值观教育，增强受教育者的社会责任感、创新精神和实践能力。""国家在受教育者中进行爱国主义、集体主义、中国特色社会主义的教育，进行理想、道德、纪律、法治、国防和民族团结的教育。"第七条规定："教育应当继承和弘扬中华民族优秀传统文化、革命文化、社会主义先进文化，吸收人类文明发展的一切优秀成果。"第八条规定："教育活动必须符合国家和社会公共利益。国家实行教育与宗教相分离。任何组织和个人不得利用宗教进行妨碍国家教育制度的活动。"第九条确立了平等的受教育权原则："中华人民共和国公民有受教育的权利和义务。公民不分民族、种族、性别、职业、财产状况、宗教信仰等，依法享有平等的受教育机会。"第十条规定了教育公平原则："国家根据各少数民族的特点和需要，帮助各少数民族地区发展教育事业。国家扶持边远贫困地区发展教育事业。国家扶持和发展残疾人教育事业。"第十一条规定："国家采取措施促进教育公平，推动教育均衡发展。"

《教育法》规定的教育基本原则是教师依法执教必须遵循的原则，也是教师依法维护自身权益的法律依据。

### (三)《教育法》规定的教育基本制度

《教育法》第二章第十七至第二十五条对教育基本制度进行了规定。第十七条规定："国家实行学前教育、初等教育、中等教育、高等教育的学校教育制度。国家建立科学的学制系统。"这一规定构成了不同层次、互相衔接的学校教育系统。

学前教育制度。第十八条规定："国家制定学前教育标准，加快普及学前教育，构建覆盖城乡，特别是农村的学前教育公共服务体系。各级人民政府应当采取措施，为适龄儿童接受学前教育提供条件和支持。"

义务教育制度。第十九条规定："国家实行九年制义务教育制度。各级人民政府采取各种措施保障适龄儿童、少年就学。适龄儿童、少年的父母或者其他监护人以及有关社会组织和个人有义务使适龄儿童、少年接受并完成规定年限的义务教育。"

职业教育和成人教育制度。第二十条规定："国家实行职业教育制度和继续教育制度。各级人民政府、有关行政部门和行业组织以及企业事业组织应当采取措施，发展并保障公民接受职业学校教育或者各种形式的职业培训。国家鼓励发展多种形式的继续教育，使公民接受适当形式的政治、经济、文化、科学、技术、业务等方面的教育，促进不同类型学习成果的互认和衔接，推动全民终身学习。"

国家教育考试制度。第二十一条规定："国家实行国家教育考试制度。国家教育考试由国务院教育行政部门确定种类，并由国家批准的实施教育考试的机构承办。"

学业证书制度。第二十二条规定："国家实行学业证书制度。经国家批准设立或者认可的学校及其他教育机构按照国家有关规定，颁发学历证书或者其他学业证书。"

学位制度。第二十三条规定："国家实行学位制度。学位授予单位依法对达到一定学术水平或者专业技术水平的人员授予相应的学位，颁发学位证书。"

扫除文盲教育。第二十四条规定："各级人民政府、基层群众性自治组织和企业事业组织应当采取各种措施，开展扫除文盲的教育工作。按照国家规定具有接受扫除文盲教育能力的公民，应当接受扫除文盲的教育。"

教育督导制度和评估制度。第二十五条规定："国家实行教育督导制度和学校及其他教育机构教育评估制度。"

这些基本制度的规定，成为各种单行教育法规制定和实施的依据。

### (四)《教育法》规定的学校及其他机构的权利和义务

《教育法》第三章第二十六至第三十二条对学校及其他教育机构的设置、基本条件、权利和义务等进行了规定。作为依法执教主体的教师和学校，应当享有的权利与必须履行的义务如下。

《教育法》第二十九条规定了学校及其他教育机构可以行使的权利："(一)按照章程自主管理；(二)组织实施教育教学活动；(三)招收学生或者其他受教育者；(四)对受教育者进行学籍管理，实施奖励或者处分；(五)对受教育者颁发相应的学业证书；(六)聘任教师及其他职工，实施奖励或者处分；(七)管理、使用本单位的设施和经费；(八)拒绝任何组织和个人对教育教学活动的非法干涉；(九)法律、法规规定的其他权利。国家保护学校及其他教育机构的合法权益不受侵犯。"

《教育法》第三十条规定了学校及其他教育机构应当履行的义务："(一)遵守法律、法规；(二)贯彻国家的教育方针，执行国家教育教学标准，保证教育教学质量；(三)维护受教育者、教师及其他职工的合法权益；(四)以适当方式为受教育者及其监护人了解受教育者的学业成绩及其他有关情况提供便利；(五)遵照国家有关规定收取费用并公开收费项目；(六)依法接受监督。"第三十一条规定："学校及其他教育机构应当按照国家有关规定，通过以教师为主体的教职工代表大会等组织形式，保障教职工参与民主管理和监督。"这一规定，保障了教师的学校民主管理权。

### (五)《教育法》规定的教育工作者管理制度

《教育法》第四章第三十三至第三十六条对教师和其他教育工作者的管理作出了基本规定：教师享有法律规定的权利，履行法律规定的义务，忠诚于人民的教育事业。国家保护教师的合法权益，改善教师的工作条件和生活条件，提高教师的社会地位。教师的工资报酬、福利待遇，依照法律、法规的规定办理。国家实行教师资格、职务、聘任制度，通过考核、奖励、培养和培训，提高教师素质，加强教师队伍建设。学校及其他教育机构中的管理人员，实行教育职员制度。学校及其他教育机构中的教学辅助人员和其他专业技术人员，实行专业技术职务聘任制度。

这些规定，成为教师权利与义务的基本依据。

### (六)《教育法》有关受教育者的规定

《教育法》第五章第三十七至四十五条，从不同角度对受教育者的权利与义务进行了规定。了解这些权利与义务，有利于增强教师依法执教的意识。

从国家角度规定："国家、社会对符合入学条件、家庭经济困难的儿童、少年、青年，提供各种形式的资助。""国家鼓励学校及其他教育机构、社会组织采取措施，为公民接受终身教育创造条件。"

从多个义务主体角度规定："受教育者在入学、升学、就业等方面依法享有平等权利。学校和有关行政部门应当按照国家有关规定，保障女子在入学、升学、就业、授予学位、派出留学等方面享有同男子平等的权利。""国家、社会、学校及其他教育机构应当根据残疾人身心特性和需要实施教育，并为其提供帮助和便利。""国家、社会、家庭、学校及其他教育机构应当为有违法犯罪行为的未成年人接受教育创造条件。""从业人员有依法接受职业培训和继续教育的权利和义务。国家机关、企业事业组织和其他社会组织，应当为本单位职工的学习和培训提供条件和便利。""教育、体育、卫生行政部门和学校及其他教育机构应当完善体育、卫生保健设施，保护学生的身心健康。"

从受教育者角度规定的受教育者享有的权利包括："(一)参加教育教学计划安排的各种活动，使用教育教学设施、设备、图书资料；(二)按照国家有关规定获得奖学金、贷学金、助学金；（三）在学业成绩和品行上获得公正评价，完成规定的学业后获得相应的学业证书、学位证书；（四）对学校给予的处分不服向有关部门提出申诉，对学校、教师侵犯其人身权、财产权等合法权益，提出申诉或者依法提起诉讼；（五）法律、法规规定的其他权利。"受教育者应当履行的义务包括："（一）遵守法律、法规；（二）遵守学生行为规范，尊敬师长，养成良好的思想品德和行为习惯；（三）努力学习，完成规定的学习任务；（四）遵守所在学校或者其他教育机构的管理制度。"

### (七)《教育法》对社会各界职责的要求

《教育法》第六章第四十六至第五十三条，对社会各界应该履行的职责进行了规定，主要体现在创造良好的社会环境、提供支持、合作、帮助和便利等方面，特别是对未成年人的父母或者其他监护人的义务进行了专门要求："未成年人的父母或者其他监护人应当为其未成年子女或者其他被监护人受教育提供必要条件。未成年人的父母或者其他监护人应当配合学校及其他教育机构，对其未成年子女或者其他被监护人进行教育。学校、教师可以对学生家长提供家庭教育指导。"

此外，《教育法》在第七章对教育投入与条件保障进行了专章规定，为教育经费保障提供了坚实的法律依据。

## 三、依法执教与学校教育管理法律制度

学校教育管理法律制度是指我国宪法、法律、行政法规、地方性法规和规章等各种法律性文件中有关学校教育管理方面的规范的总称。围绕依法执教的要求，此处主要介绍《义务教育法》和《高等教育法》的相关内容，其他学校教育管理法律制度

会在后面章节中结合案例加以分析。

**(一)《义务教育法》**

《义务教育法》是为了保障适龄儿童、少年接受义务教育的权利，保证义务教育的实施，提高全民族素质，根据宪法制定的法律。该法于1986年颁布实施，并经历了2006年、2015年、2018年三次修订和修正，共八章六十三条。《义务教育法》的颁布实施，对确定政府、家庭、学校和社会在普及义务教育方面的职责和义务，保障未成年人的受教育权，具有非常重要的作用。

1. 确定了义务教育的方针

《义务教育法》规定："义务教育必须贯彻国家的教育方针，实施素质教育，提高教育质量，使适龄儿童、少年在品德、智力、体质等方面全面发展，为培养有理想、有道德、有文化、有纪律的社会主义建设者和接班人奠定基础。"实施素质教育，促进学生全面发展，为国家和社会培养合格的劳动者，是义务教育的根本任务。

2. 确定了义务教育的适用对象与年限

我国实行九年制义务教育。《义务教育法》规定："凡年满六周岁的儿童，其父母或者其他法定监护人应当送其入学接受并完成义务教育；条件不具备的地区的儿童，可以推迟到七周岁。适龄儿童、少年因身体状况需要延缓入学或者休学的，其父母或者其他法定监护人应当提出申请，由当地乡镇人民政府或者县级人民政府教育行政部门批准。"

3. 确定了义务教育的基本属性

根据《义务教育法》，义务教育具有强制性、免费性、平等性。

强制性。《义务教育法》规定，义务教育是由国家强制力保证实施的教育，是国家统一实施的所有适龄儿童、少年必须接受的教育，是国家必须予以保障的公益性事业。凡具有中华人民共和国国籍的适龄儿童、少年，不分性别、民族、种族、家庭财产状况、宗教信仰等，依法享有平等接受义务教育的权利，并履行接受义务教育的义务。凡年满六周岁的儿童，其父母或者其他法定监护人应当送其入学接受并完成义务教育；条件不具备的地区的儿童，可以推迟到七周岁。禁止用人单位招用应当接受义务教育的适龄儿童、少年。对违反学校管理制度的学生，学校应当予以批评教育，不得开除。因此，保障适龄儿童、少年接受义务教育是国家、学校、家长和社会的义务，也是适龄儿童、少年的权利与义务。

免费性。《义务教育法》规定，实施义务教育，不收学费、杂费。为保证所有适龄儿童、少年都能接受义务教育，不因贫困而辍学，规定："县级人民政府教育行政部门和乡镇人民政府组织和督促适龄儿童、少年入学，帮助解决适龄儿童、少年接受义务教育的困难，采取措施防止适龄儿童、少年辍学。"为防止乱收费，规定："学校不得违反国家规定收取费用，不得以向学生推销或者变相推销商品、服务等方式谋取利益。"这些法律规定有利于使义务教育的免费性落到实处。

平等性。《义务教育法》规定："凡具有中华人民共和国国籍的适龄儿童、少年，不分性别、民族、种族、家庭财产状况、宗教信仰等，依法享有平等接受义务教育的权利，并履行接受义务教育的义务。"这体现了作为中国公民的适龄儿童、少年具有平等的义务教育权利。在平等权的实现方面，规定："县级以上人民政府及其教育行政部门应当促进学校均衡发展，缩小学校之间办学条件的差距，不得将学校分为重点学校和非重点学校。学校不得分设重点班和非重点班。""教师在教育教学中应当平等对待学生。"为保障非户籍的适龄儿童、少年的平等受教育权，规定："父母或者其他法定监护人在非户籍所在地工作或者居住的适龄儿童、少年，在其父母或者其他法定监护人工作或者居住地接受义务教育的，当地人民政府应当为其提供平等接受义务教育的条件。""县级人民政府教育行政部门对本行政区域内的军人子女接受义务教育予以保障。"为保障特殊学生的受教育权，规定："县级以上地方人民政府根据需要设置相应的实施特殊教育的学校(班)，对视力残疾、听力语言残疾和智力残疾的适龄儿童、少年实施义务教育。特殊教育学校(班)应当具备适应残疾儿童、少年学习、康复、生活特点的场所和设施。""普通学校应当接收具有接受普通教育能力的残疾适龄儿童、少年随班就读，并为其学习、康复提供帮助。"对农村、经济欠发达地区的适龄儿童、少年的义务教育，规定："县级人民政府根据需要设置寄宿制学校，保障居住分散的适龄儿童、少年入学接受义务教育。""在经济发达地区设置接收少数民族适龄儿童、少年的学校(班)。"对未完成义务教育的未成年犯，规定："县级以上地方人民政府根据需要，为具有预防未成年人犯罪法规定的严重不良行为的适龄少年设置专门的学校实施义务教育。"这些措施切合我国社会经济发展现状，对减少社会矛盾、促进社会稳定和谐、国家繁荣具有重要意义。

4. 确定了义务教育的师资保障

《义务教育法》第四章专门对义务教育的师资保障进行了规定。

首先，突出强调了教师的师德，规定："教师享有法律规定的权利，履行法律规定的义务，应当为人师表，忠诚于人民的教育事业。""教师在教育教学中应当平等对待学生，关注学生的个体差异，因材施教，促进学生的充分发展。教师应当尊重学生的人格，不得歧视学生，不得对学生实施体罚、变相体罚或者其他侮辱人格尊严的行为，不得侵犯学生合法权益。"

其次，要求"全社会应当尊重教师"，明确规定国家依法保障教师的合法权益，提高教师社会地位，要求："各级人民政府保障教师工资福利和社会保险待遇，改善教师工作和生活条件；完善农村教师工资经费保障机制。教师的平均工资水平应当不低于当地公务员的平均工资水平。特殊教育教师享有特殊岗位补助津贴。在民

依法执教：从理念到行动

族地区和边远贫困地区工作的教师享有艰苦贫困地区补助津贴。"

再次，促进义务教育教师发展。"教师应当取得国家规定的教师资格。国家建立统一的义务教育教师职务制度。教师职务分为初级职务、中级职务和高级职务。""县级以上人民政府应当加强教师培养工作，采取措施发展教师教育。县级人民政府教育行政部门应当均衡配置本行政区域内学校师资力量，组织校长、教师的培训和流动，加强对薄弱学校的建设。"

最后，鼓励教师支持薄弱地区义务教育，规定："国务院和地方各级人民政府鼓励和支持城市学校教师和高等学校毕业生到农村地区、民族地区从事义务教育工作。国家鼓励高等学校毕业生以志愿者的方式到农村地区、民族地区缺乏教师的学校任教。县级人民政府教育行政部门依法认定其教师资格，其任教时间计入工龄。"

5. 确定了义务教育的管理体制和经费保障

首先，确定了以县级人民政府为主的管理体制。《义务教育法》第七条规定："义务教育实行国务院领导，省、自治区、直辖市人民政府统筹规划实施，县级人民政府为主管理的体制。县级以上人民政府教育行政部门具体负责义务教育实施工作；县级以上人民政府其他有关部门在各自的职责范围内负责义务教育实施工作。"

其次，关于义务教育实施情况的监督，《义务教育法》规定："人民政府教育督导机构对义务教育工作执行法律法规情况、教育教学质量以及义务教育均衡发展状况等进行督导，督导报告向社会公布。"

最后，关于经费保障，《义务教育法》第六章专门进行了规定，为义务教育法落地提供了坚实的经费保障。

6. 确定了违反义务教育法的法律责任

《义务教育法》第七章专门对违反义务教育法的法律行为和法律责任进行了明确规定。其中，比较常见的违反义务教育法的行为主要有：学校建设不符合国家规定的办学标准、选址要求和建设标准的；未定期对学校校舍安全进行检查，并及时维修、改造的；未依照本法规定均衡安排义务教育经费的；侵占、挪用义务教育经费的；向学校非法收取或者摊派费用的；学校违反国家规定收取费用的；学校拒绝接收具有接受普通教育能力的残疾适龄儿童、少年随班就读的；分设重点班和非重点班的；违反本法规定开除学生的；选用未经审定的教科书的；胁迫或者诱骗应当接受义务教育的适龄儿童、少年失学、辍学的；等等。针对这些违法行为，第七章具体明确了各级政府、学校、教师、家长和社会等各义务主体未能依法履行法定义务的行为所应承担的法律责任。

## (二)《高等教育法》

《高等教育法》是为了发展高等教育事业，实施科教兴国战略，促进社会主义物质文明和精神文明建设，根据宪法和《教育法》而制定的法律。该法于 1998 年 8 月 29 日通过，自 1999 年 1 月 1 日起施行；2015 年 12 月 27 日，根据第十二届全国人民代表大会常务委员会第十八次会议《关于修改〈中华人民共和国高等教育法〉的决定》修正；2018 年 12 月 29 日，第十三届全国人民代表大会常务委员会第七次会议进行了第二次修正。《高等教育法》共八章六十九条。

1. 确定了高等教育的基本原则

坚持社会主义方向性原则。《高等教育法》规定："国家坚持以马克思列宁主义、毛泽东思想、邓小平理论为指导，遵循宪法确定的基本原则，发展社会主义的高等教育事业。"同时规定了高等教育的育人目标："高等教育必须贯彻国家的教育方针，为社会主义现代化建设服务、为人民服务，与生产劳动和社会实践相结合，使受教育者成为德、智、体、美等方面全面发展的社会主义建设者和接班人。"高等教育的任务是"培养具有社会责任感、创新精神和实践能力的高级专门人才，发展科学技术文化，促进社会主义现代化建设"。

多元化办学原则。《高等教育法》规定，国家根据经济建设和社会发展的需要，制订高等教育发展规划，举办高等学校，并采取多种形式积极发展高等教育事业。国家鼓励企业事业组织、社会团体及其他社会组织和公民等社会力量依法举办高等学校，参与和支持高等教育事业的改革和发展。

平等性原则。《高等教育法》规定，公民依法享有接受高等教育的权利。国家采取措施，帮助少数民族学生和经济困难的学生接受高等教育。高等学校必须招收符合国家规定的录取标准的残疾学生入学，不得因其残疾而拒绝招收。

学术自由原则。《高等教育法》规定，国家依法保障高等学校中的科学研究、文学艺术创作和其他文化活动的自由。在高等学校中从事科学研究、文学艺术创作和其他文化活动，应当遵守法律。

依法自主办学原则。根据《高等教育法》规定，高等学校经批准设立取得法人资格起，在招生计划、学科专业设置、教学计划、教学活动、科学研究、技术开发、社会服务、国际交流与合作、机构设置与人事管理、财产管理等方面享有自主权。

2. 确定了高等教育的基本制度

《高等教育法》第二章专门对高等教育基本制度进行了规定。这些制度包括高等学历教育制度、高等学校招生制度、学业证书制度和学位制度。

3. 明确了保障师生的合法权益

《高等教育法》在第五章、第六章分别对高校教师和学生的合法权益进行了规定："国家保护高等学校教师及其他教育工作者的合法权益，采取措施改善高等学校教师及其他教育工作者的工作条件和生活条件。""高等学校应当为教师参加培训、开展科学研究和进行学术交流提供便利条件。""高等学校学生的合法权益，受法律保护。"为保证家庭经济困难学生顺利完成学业，规定了一整套资助制度，如："家庭经济困难的学生，可以申请补助或者减免学费。""国家设立高等学校学生勤工助学基金和贷学金，并鼓励高等学校、企业事业组织、社会团体以及其他社会组织和个人设立各种形式的助学金，对家庭经济困难的学生提供帮助。"这些制度有效保障了学生平等的受教育权。

此外，《高等教育法》就高校设立的基本条件和基本要求、高校的组织与活动以及投入保障等，也进行了规定，在此不再赘述。

## 四、依法执教与教师法律制度

教师，人类灵魂的工程师，是人类文化科学知识的继承者和传播者，是学生智力的开发者和个性的塑造者，是学生身心发展过程中的教育者、领导者、组织者。教师素质直接关系到我国民族文化素质的提高，关系到国家的繁荣富强。除了《教育法》《义务教育法》《高等教育法》《未成年人保护法》等法律规定外，《教师法》《中小学教师职业道德规范（2008 年修订）》《中小学班主任工作规定》等是专门用于规范教师行为、保护教师权益的文件，与根本大法、普通法律一起构成了教师法律制度。

### （一）《教师法》

《教师法》于 1993 年 10 月 31 日颁布并自 1994 年 1 月 1 日起施行，共九章四十三条。《教师法》以教师为立法对象，把国家尊师重教的方针上升为法律，体现了全国人民的共同愿望和意志。

1. 立法宗旨

《教师法》第一条明确规定了立法宗旨："为了保障教师的合法权益，建设具有良好思想品德修养和业务素质的教师队伍，促进社会主义教育事业的发展，根据宪法，制定本法。"这一规定体现了三层含义。一是保障教师的合法权益。《教师法》明确规定了教师的基本权利、应享有的待遇与地位，规定了侵害教师合法权益的法律责任，对保护教师合法权益具有现实意义。二是要不断提升教师素质。《教师法》明确规定了实施教师资格制度，为推动教师专业化发展提供了法律依据。三是促进社会主义教育事业的发展。教育优先发展，教师是关键，关系到民族的振兴、社会主义现代化建设事业的成败。

2. 教师的权利与义务

维护教师的合法权益，保障教师的待遇和社会地位，使教师队伍整体素质不断优化和提高是《教师法》的基本精神。《教师法》第二章专门对教师的权利与义务进行了规定。

《教师法》第七条规定，教师享有的权利包括：①进行教育教学活动，开展教育教学改革和实验；②从事科学研究、学术交流，参加专业的学术团体，在学术活动中充分发表意见；③指导学生的学习和发展，评定学生的品行和学业成绩；④按时获取工资报酬，享受国家规定的福利待遇以及寒暑假期的带薪休假；⑤对学校教育教学、管理工作和教育行政部门的工作提出意见和建议，通过教职工代表大会或者其他形式，参与学校的民主管理；⑥参加进修或者其他方式的培训。

除了上述权利外，《教师法》第六章对教师的待遇也进行了专章规定。根据规定，教师的平均工资水平应当不低于或者高于国家公务员的平均工资水平，并逐步提高。建立正常晋级增薪制度。地方人民政府对违反本法规定，拖欠教师工资或者侵犯教师其他合法权益的，应当责令其限期改正。违反国家财政制度、财务制度，挪用国家财政用于教育的经费，严重妨碍教育教学工作，拖欠教师工资，损害教师合法权益的，由上级机关责令限期归还被挪用的经费，并对直接责任人员给予行政处分；情节严重，构成犯罪的，依法追究刑事责任。

《教师法》保护教师权利、保障教师待遇的同时，还在第八条规定了教师应当履行的义务：①遵守宪法、法律和职业道德，为人师表；②贯彻国家的教育方针，遵守规章制度，执行学校的教学计划，履行教师聘约，完成教育教学工作任务；③对学生进行宪法所确定的基本原则的教育和爱国主义、民族团结的教育，法制教育以及思想品德、文化、科学技术教育，组织、带领学生开展有益的社会活动；④关心、爱护全体学生，尊重学生人格，促进学生在品德、智力、体质等方面全面发展；⑤制止有害于学生的行为或者其他侵犯学生合法权益的行为，批评和抵制有害于学生健康成长的现象；⑥不断提高思想政治觉悟和教育教学业务水平。

关于教师的权利与义务在依法执教过程中的具体实施与体现，将在本书后面的章节中详加阐释。

3. 教师管理制度

《教师法》第三、第四、第五、第七章对教师的资格和任用、培养和培训、考核、奖励等管理制度进行了规定。

资格和任用。《教师法》第十至第十七条，规定了国家实行教师资格制度、获得教师资格的学历条件、教师资格认定机构、教师职务制度、教师聘任制等，并明确指出："受到剥夺政治权利或者故意犯罪受到有期徒刑以上刑事处罚的，不能取得教师资格；已经取得教师资格的，丧失教师资格。"

培养和培训。《教师法》第十八至第二十一条，规定了负责教师培养与培训的各级人民政府和有关部门的职责，为教师队伍整体素质的不断优化和提高提供了组织保障。

考核与奖励。《教师法》第二十二至第二十四条，规定了如何对教师进行考核，要求："学校或者其他教育机构应当对教师的政治思想、业务水平、工作态度和工作成绩进行考核。教育行政部门对教师的考核工作进行指导、监督。""考核应当客观、公正、准确，充分听取教师本人、其他教师以及学生的意见。""教师考核结果是受聘任教、晋升工资、实施奖惩的依据。"第三十三、第三十四条，规定了对表现优异的教师给予奖励，对有重大贡献的教师依照国家有关规定授予荣誉称号。

4. 法律责任

《教师法》第八章规定了违反本法的法律责任。"侮辱、殴打教师的，根据不同情况，分别给予行政处分或者行政处罚；造成损害的，责令赔偿损失；情节严重，构成犯罪的，依法追究刑事责任。""对依法提出申诉、控告、检举的教师进行打击报复的，由其所在单位或者上级机关责令改正；情节严重的，可以根据具体情况给予行政处分。国家工作人员对教师打击报复构成犯罪的，依照刑法第一百四十六条的规定追究刑事责任。""地方人民政府对违反本法规定，拖欠教师工资或者侵犯教师其他合法权益的，应当责令其限期改正。违反国家财政制度、财务制度，挪用国家财政用于教育的经费，严重妨碍教育教学工作，拖欠教师工资，损害教师合法权益的，由上级机关责令限期归还被挪用的经费，并对直接责任人员给予行政处分；情节严重，构成犯罪的，依法追究刑事责任。"

《教师法》第三十七条规定，针对教师的违法行为，由所在学校、其他教育机构或者教育行政部门给予行政处分或者解聘。这些违法行为主要是指：①故意不完成教育教学任务给教育教学工作造成损失的；②体罚学生，经教育不改的；③品行不良、侮辱学生，影响恶劣的。教师有前款：第②项、第③项所列情形之一，情节严重，构成犯罪的，依法追究刑事责任。

《教师法》第三十九条，专门规定了教师的法律救济制度："教师对学校或者其他教育机构侵犯其合法权益的，或者对学校或者其他教育机构作出的处理不服的，可以向教育行政部门提出申诉，教育行政部门应当在接到申诉的三十日内，作出处理。教师认为当地人民政府有关行政部门侵犯其根据本法规定享有的权利的，可以向同级人民政府或者上一级人民政府有关部门提出申诉，同级人民政府或者上一级人民政府有关部门应当作出处理。"这一规定，为教师维护自身权益提供了法律救济依据。

### (二)教师职业道德规范

为加强教师职业道德修养，规范教师职业行为，教育部先后出台了《中小学教师职业道德规范(2008 年修订)》《中小学教师违反职业道德行为处理办法(2018 年修订)》等规范性文件。这些规定是《教师法》相关条文的具体化，对教师的职业道德起指导作用，是调节教师与学生、教师与学校、教师与国家、教师与社会相互关系的基本行为准则。

1.《中小学教师职业道德规范(2008 年修订)》

《中小学教师职业道德规范》是由教育部于 1985 年制定并颁布的，1991 年、1997 年、2008 年先后三次修订，现在使用的是 2008 年修订的版本，以下简称《规范》。《规范》的基本内容在继承我国的优秀师德传统的同时，充分反映了新形势下经济、社会和教育发展对中小学教师应有的道德品质和职业行为的基本要求。《规范》共六条，具体内容如下。

爱国守法。热爱祖国，热爱人民，拥护中国共产党领导，拥护社会主义。全面贯彻国家教育方针，自觉遵守教育法律法规，依法履行教师职责权利。不得有违背党和国家方针政策的言行。

爱岗敬业。忠诚于人民教育事业，志存高远，勤恳敬业，甘为人梯，乐于奉献。对工作高度负责，认真备课上课，认真批改作业，认真辅导学生。不得敷衍塞责。

关爱学生。关心爱护全体学生，尊重学生人格，平等公正对待学生。对学生严慈相济，做学生良师益友。保护学生安全，关心学生健康，维护学生权益。不讽刺、挖苦、歧视学生，不体罚或变相体罚学生。

教书育人。遵循教育规律，实施素质教育。循循善诱，诲人不倦，因材施教。培养学生良好品行，激发学生创新精神，促进学生全面发展。不以分数作为评价学生的唯一标准。

为人师表。坚守高尚情操，知荣明耻，严于律己，以身作则。衣着得体，语言规范，举止文明。关心集体，团结协作，尊重同事，尊重家长。作风正派，廉洁奉公。自觉抵制有偿家教，不利用职务之便谋取私利。

终身学习。崇尚科学精神，树立终身学习理念，拓宽知识视野，更新知识结构。潜心钻研业务，勇于探索创新，不断提高专业素养和教育教学水平。

六条内容，以"爱"与"责任"为灵魂贯穿其中，体现了教师职业特点对师德的本质要求和时代特征。其中，"爱国守法"体现教师职业的基本要求，"爱岗敬业"体现教师职业的本质要求，"关爱学生"是师德的灵魂，"教书育人"是教师的天职，"为人师表"是教师职业的内在要求，"终身学习"是教师专业发展的不竭动力。

2.《中小学教师违反职业道德行为处理办法(2018 年修订)》

《中小学教师违反职业道德行为处理办法》由教育部于 2014 年制定并印发，2018 年修订并实施，以下简称《办法》。内容共十四条，根据《教育法》《未成年人保护法》《教师法》《教师资格条例》《新时代中小学教师职业行为十项准则》等法律法规和制度规范而制定，以规范教师职业行为，保障教师、学生的合法权益。

该《办法》列举了应予处理的教师违反职业道德的行为：①在教育教学活动中及其他场合有损害党中央权威、违背党的路线方针政策的言行；②损害国家利益、社会公共利益，或违背社会公序良俗；③通过课堂、论坛、讲座、信息网络及其他渠道发表、转发错误观点，或编造散布虚假信息、不良信息；④违反教学纪律，敷衍教学，或擅自从事影响教育教学本职工作的兼职兼薪行为；⑤歧视、侮辱学生，虐待、伤害学生；⑥在教育教学活动中遇突发事件、面临危险时，不顾学生安危，擅离职守，自行逃离；⑦与学生发生不正当关系，有任何形式的猥亵、性骚扰行为；⑧在招生、考试、推优、保送及绩效考核、岗位聘用、职称评聘、评优评奖等工作中徇私舞弊、弄虚作假；⑨索要、收受学生及家长财物或参加由学生及家长付费的宴请、旅游、娱乐休闲等活动，向学生推销图书报刊、教辅材料、社会保险或利用家长资源谋取私利；⑩组织、参与有偿补课，或为校外培训机构和他人介绍生源、提供相关信息；⑪其他违反职业道德的行为。

违反《办法》的教师，将受到处理。处理包括处分和其他处理。处分包括警告、记过、降低岗位等级或撤职、开除。警告期限为 6 个月，记过期限为 12 个月，降低岗位等级或撤职期限为 24 个月。是中共党员的，同时给予党纪处分。其他处理包括给予批评教育、诫勉谈话、责令检查、通报批评，以及取消在评奖评优、职务晋升、职称评定、岗位聘用、工资晋级、申报人才计划等方面的资格。取消相关资格的处理执行期限不得少于 24 个月。教师涉嫌违法犯罪的，及时移送司法机关依法处理。

《办法》明确了对教师处理的权限决定：①警告和记过处分，公办学校教师由所在学校提出建议，学校主管教育部门决定。民办学校教师由所在学校决定，报主管教育部门备案。②降低岗位等级或撤职处分，由教师所在学校提出建议，学校主管教育部门决定并报同级人事部门备案。③开除处分，公办学校教师由所在学校提出建议，学校主管教育部门决定并报同级人事部门备案。民办学校教师或者未纳入人事编制管理的教师由所在学校决定并解除其聘任合同，报主管教育部门备案。④给予批评教育、诫勉谈话、责令检查、通报批评，以及取消在评奖评优、职务晋升、职称评定、岗位聘用、工资晋级、申报人才计划等方面资格的其他处理，按照管理权限，由教师所在学校或主管部门视其情节轻重作出决定。

《办法》规定："教师不服处理决定的，可以向学校主管教育部门申请复核。对复核结果不服的，可以向学校主管教育部门的上一级行政部门提出申诉。""对教师的处理，在期满后根据悔改表现予以延期或解除，处理决定和处理解除决定都应完整存入人事档案及教师管理信息系统。"

此外，《办法》还规定了处理的程序以及受到处理的法律后果。

### (三)《中小学班主任工作规定》

《中小学班主任工作规定》(以下简称《规定》)是班主任依法执教的重要依据，由教育部于 2009 年颁布实施，旨在加强中小学班主任工作，发挥班主任在中小学教育中的重要作用，保障班主任的合法权益，全面推进素质教育。中小学班主任作为中小学教师队伍的重要组成部分，是班级工作的组织者、班集体建设的指导者、中小学生健康成长的引领者，是中小学思想道德教育的骨干，是加强和改进未成年人思想道德建设、全面实施素质教育的重要力量。实施素质教育，首要的是解决培养什么样的人和如何培养人的问题。当前，随着社会经济的深刻变化，中小学生成长过程中出现了许多新情况、新特点，中小学班主任工作面临许多新问题、新挑战，这对中小学班主任工作提出了更高的要求。《规定》对保障和鼓励中小学教师愿意做班主任，有更多的时间和精力了解学生、分析学生的学习生活、成长情况，以真挚的爱心和科学的方法教育、引导、帮助学生成长进步，具有现实意义。

《规定》共七章二十二条，对班主任的工作性质、地位、配备与选聘、职责与任务、待遇与权利、培养与培训、考核与奖惩等进行了比较全面的规定。

班主任的工作性质与重要作用。《规定》指出："班主任是中小学日常思想道德教育和学生管理工作的主要实施者，是中小学生健康成长的引领者，班主任要努力成为中小学生的人生导师。""班主任是中小学的重要岗位，从事班主任工作是中小学教师的重要职责。教师担任班主任期间应将班主任工作作为主业。""加强班主任队伍建设是坚持育人为本、德育为先的重要体现。政府有关部门和学校应为班主任开展工作创造有利条件，保障其享有的待遇与权利。"这些规定体现了班主任在立德树人中的重要作用。

班主任的配备与选聘。《规定》要求："中小学每个班级应当配备一名班主任。""教师初次担任班主任应接受岗前培训，符合选聘条件后学校方可聘用。"选聘班主任应当在教师任职条件的基础上突出考查这些条件：①作风正派，心理健康，为人师表；②热爱学生，善于与学生、学生家长及其他任课教师沟通；③爱岗敬业，具有较强的教育引导和组织管理能力。这对班主任的专业能力提出了高于普通任课教师的要求。

班主任的职责与任务。具体内容包括：①全面了解班级内每一个学生，深入分析学生思想、心理、学习、生活状况。关心爱护全体学生，平等对待每一个学生，尊重学生人格。采取多种方式与学生沟通，有针对性地进行思想道德教育，促进学生德智体美全面发展。②认真做好班级的日常管理工作，维护班级良好秩序，培养学生的规则意识、责任意识和集体荣誉感，营造民主和谐、团结互助、健康向上的集体氛围。指导班委会和团队工作。③组织、指导开展班会、团队会（日）、文体娱乐、社会实践、春（秋）游等形式多样的班级活动，注重调动学生的积极性和主动性，并做好安全防护工作。④组织做好学生的综合素质评价工作，指导学生认真记载成长记录，实事求是地评定学生操行，向学校提出奖惩建议。⑤经常与任课教师和其他教职员工沟通，主动与学生家长、学生所在社区联系，努力形成教育合力。这些内容集中体现了育人为本、德育为先的目标导向，以及注重公平、平等互信、关心学生全面发展的价值追求。

班主任的待遇与权利。《规定》明确了班主任工作量："班主任工作量按当地教师标准课时工作量的一半计入教师基本工作量。各地要合理安排班主任的课时工作量，确保班主任做好班级管理工作。"提高了班主任经济待遇："班主任津贴纳入绩效工资管理。在绩效工资分配中要向班主任倾斜。对于班主任承担超课时工作量的，以超课时补贴发放班主任津贴。"保证了班主任教育学生的权利："班主任在日常教育教学管理中，有采取适当方式对学生进行批评教育的权利。"强调了班主任在学校中的重要地位："学校在教育管理工作中应充分发挥班主任的骨干作用，注重听取班主任意见。"《规定》从班主任的职业发展、职务晋升、参与学校管理、待遇保障、表彰奖励等多个方面强调了班主任在学校教育中的重要地位，充分体现了对班主任工作的尊重和认可。

班主任的培养与培训。《规定》要求："教育行政部门和学校应制订班主任培养培训规划，有组织地开展班主任岗位培训。""教师教育机构应承担班主任培训任务，教育硕士专业学位教育中应设立中小学班主任工作培养方向。"这为班主任专业成长提供了制度保障。

## 五、依法执教与儿童权益保护

儿童权益保护是依法执教的重要任务。保护儿童权益的专门法律法规，主要有《儿童权利公约》《未成年人保护法》《预防未成年人犯罪法》等，与其他保护儿童权利的法律法规，共同构成了依法执教所依据的儿童权益保护制度。

### (一)儿童与《儿童权利公约》

儿童，也称未成年人。关于儿童的定义，联合国《儿童权利公约》第一条规定："儿童系指18岁以下的任何人，除非对其适用之法律规定成年年龄低于18岁。"我国法律虽然未对儿童的定义作出严格规定，但《未成年人保护法》第二条规定："本法所称未成年人是指未满十八周岁的公民。"根据我国宪法和其他有关法律的规定，已满十八周岁的为成年人，未满十八周岁的为未成年人。作为《儿童权利公约》的起草国之一，我国于1991年批准加入了《儿童权利公约》，因此，在我国，从法律意义上说，儿童即未成年人，即未满十八周岁的公民。

儿童权利，是从视儿童为权利主体的角度提出的。1989年11月，联合国大会以协商一致的方式通过了《儿童权利公约》，这是联合国有关儿童问题的最重要的国际公约，也是迄今为止较全面规定儿童权利的国际公约。《儿童权利公约》对儿童权利做了广泛、全面的规定，涵盖了人权的整个范围，规定了对儿童权利保护的普遍法律标准，强调了儿童具有生存权、发展权、受保护权、参与权这四大基本权利，阐述了儿童的公民、政治、经济和文化权利，详细规定了儿童有生命、生存和健康的权利，有受教育的权利，有享受休息、活动和娱乐的权利，有参与社会生活的权利，有隐私不受干涉、荣誉和名誉不受侵犯的权利，残疾儿童、难民儿童以及触犯法律的儿童在人格尊严上有享受与其他儿童相同待遇的权利，等等。

为进一步保障《儿童权利公约》的实施，1990年9月世界儿童问题首脑会议又通过了《儿童生存、保护和发展世界宣言》和《执行90年代〈儿童生存、保护和发展世界宣言〉行动计划》两个重要的国际文件，从法律层面上规范了社会"为什么"以及"如何"保障儿童的基本权利的问题，第一次把国际社会保障儿童权利的主张和信念变成了各国政府的承诺和自觉的行为，要求接受《儿童权利公约》的国家要对有关儿童的权利负法律责任，从而使儿童权利的保障实施实现了从可能性向现实性的飞跃。

《儿童权利公约》的通过具有划时代的意义。它体现了当今世界各国对儿童生存、保护与发展的共同认识，表明了国际社会保护儿童权利、关注儿童健康发展的信心和决心，促进了整个国际社会对儿童权利的高度重视，从而得到了世界各国的广泛响应。儿童权利保护已成为国际人权保护的重要内容。

### (二)我国保护儿童权利的法律与政策

所谓对儿童权利的法律保护，即对18周岁以下未成年人权利的法律保护。作为《儿童权利公约》的起草和签署国之一，我国一向重视儿童工作，关心未成年人的健康成长，在儿童权利保护方面做了大量工作，取得了显著成绩。首先，党和政府通过广泛宣传，在整个社会营造了关怀儿童、爱护儿童、为儿童做好事办实事的良好氛围，公民依法保护未成年人合法权益的意识得到进一步加强。其次，加强保护儿童权利的法制建设，加快有关儿童权利保护方面的立法。1991年9月4日《未成年人保护法》颁布，并于1992年1月1日起开始施行。为更好地体现《儿童权利公约》精神以及我国国情，我国先后于2006年、2012年、2020年对《未成年人保护法》进行了修订与修正。新修订的《未成年人保护法》进一步贯彻了《儿童权利公约》的基本精神，明确规定了未成年人享有生存权、发展权、受保护权和参与权四项基本权利，体现了《儿童权利公约》中的"儿童最大利益"原则，并从家庭、学校、社会、司法、网络等方面对儿童权利做了更加具体、全面的保护性规定。为净化社会环境，保护儿童不受不良因素的干扰和影响，保障儿童健康成长，1999年全国人大常委会颁布了《预防未成年人犯罪法》。

除以上为保护儿童权利而制定的专门法律、政策外，我国政府及相关部门还颁布并实施了《禁止使用童工规定》《义务教育法》《教师法》《教育法》《家长教育行为规范》《残疾人教育条例》等一系列涉及儿童权利保护的法律法规。除此之外，由中央各部委、各省市制定的保护儿童权利的法规和文件，共同构成了我国儿童权利保护的法律体系。这些法律法规和政策的颁发与实施，进一步为全社会保护儿童权利，促进儿童发展提供了强有力的法律武器。

### (三)《儿童权利公约》的主要内容

儿童权利，指儿童依法享有的权利，是人权的重要组成部分，范围涉及政治权利、经济权利、社会权利和文化权利等方面。联合国《儿童权利公约》将这些权利具体为生存权、发展权、受保护权、参与权四大权利。所有儿童，不分性别、国籍、民族、种族、健康状况、文化背景、宗教信仰、居住地区和其他因素的影响，都平等地享有这些权利。

儿童的生存权。《儿童权利公约》规定，所有儿童，无论何种民族、何种性别、是否残疾等，都享有生命安全不受侵害、不被剥夺和特殊保护的权利，都有获得足够食物、一定住所以及其他生活保障的权利。《儿童权利公约》强调了国家、社会对特殊困境中的儿童承担特殊保护和照顾的责任，其中第六条规定："缔约国确认每个儿童均有固有的生命权。""缔约国应最大限度地确保儿童的存活与发展。"第十九条规定："缔约国应采取一切适当的立法、行政、社会和教育措施，保护儿童在受父母、法定监护人或其他任何负责照管儿童的人的照料时，不致受到任何形式的身心摧残、伤害或凌辱，忽视或照料不周，虐待或剥削，包括性侵犯。"

儿童的受保护权。根据《儿童权利公约》，儿童的受保护权的要点包括：①反对一切形式的儿童歧视，每个儿童都应得到平等对待；②保护儿童的一切的人身权利；③关于处于危机、紧急情况下的儿童保护。由于儿童正处在身体、心理和智力发展过程中，他们不了解权利更不懂得维护自身的权利，因此，国家、社会以及公民有责任保护并帮助儿童实现自己的权利，特别是处于特殊环境中的儿童，比如流浪儿童、经济困难儿童、被犯罪分子控制的儿童、处于战争环境中的儿童、难民中的儿童、受刑事审判以及受刑罚处罚的儿童等，更需特殊保护。

儿童的发展权。儿童的发展权是指儿童拥有充分发展其全部体能和智力的权利，它是《经济、社会及文化权利国际公约》和《公民权利和政治权利国际公约》在儿童权利方面的体现和要求，是儿童积极参与经济、社会和文化发展并公平享有发展所带来的利益的权利。儿童的发展权主要包括受教育权、信息权、娱乐权、文化和社会生活参与权、个性发展权等。儿童发展权的目的在于充分发展儿童的个性、才智和身心健康，保证儿童在身体、智力、精神、道德、个性和社会等方面均得到充分的发展。

儿童的参与权。儿童的参与权是指儿童有获得参与家庭、文化和社会活动的权利。儿童的社会性参与不仅是他们基本的权利，而且是他们成长和发展的基本需要，应按照其年龄和成熟程度给予适当重视而不是剥夺。社会实践表明，保障儿童的参与权，鼓励儿童积极主动地参与到关系自身利益的各种活动中，有利于促进儿童的健康成长和发展。

以上对《儿童权利公约》的阐释，有助于加深对我国儿童权利法律保护内容的理解。

### (四)我国关于儿童权利法律保护的根本宗旨和主要内容

根据我国有关法律，我国关于儿童权利法律保护的根本宗旨是全面保护儿童的人权，促使儿童身心得到全面发展。我国宪法第四十六条第二款规定："国家培养青年、少年、儿童在品德、智力、体质等方面全面发展。"《未成年人保护法》第一条规定了该法的目的与宗旨："为了保护未成年人身心健康，保障未成年人合法权益，促进未成年人德智体美劳全面发展，培养有理想、有道德、有文化、有纪律的社会主义建设者和接班人，培养担当民族复兴大任的时代新人，根据宪法，制定本法。"这实际上也是我国关于儿童权利保护的宗旨。可以说，这一宗旨既体现了《儿童权利公约》的基本精神，又结合了我国新时代的要求。

我国对儿童权利的保护与《儿童权利公约》是一脉相承的。《未成年人保护法》第三条规定："国家保障未成年人的生存权、发展权、受保护权、参与权等权利。未成年人依法平等地享有各项权利，不因本人及其父母或者其他监护人的民族、种族、性别、户籍、职业、宗教信仰、教育程度、家庭状况、身心健康状况等受到歧视。"综合《未成年人保护法》等多部关于未成年人的法律法规的内容，我国儿童权利涵盖了儿童生存和发展等多方面内容，可以将其概括为以下几个方面。

1. 生存权

关于儿童的生存权，我国多部法律作出了明确规定。宪法规定禁止虐待儿童。《民法典》规定："禁止家庭暴力。禁止家庭成员间的虐待和遗弃。"《未成年人保护法》第十七、第十八条规定，未成年人的父母或者其他监护人不得"虐待、遗弃、非法送养未成年人或者对未成年人实施家庭暴力"，未成年人的父母或者其他监护人"应当为未成年人提供安全的家庭生活环境，及时排除引发触电、烫伤、跌落等伤害的安全隐患；采取配备儿童安全座椅、教育未成年人遵守交通规则等措施，防止未成年人受到交通事故的伤害；提高户外安全保护意识，避免未成年人发生溺水、动物伤害等事故"。由此可见，与《儿童权利公约》的普遍规定相比，我国宪法和法律对儿童生命权和生存权的保护规定是具有中国特色、符合中国国情的。

2. 健康权

儿童的健康权在我国的多部法律中也有明确规定。除了根本大法宪法规定的法律保护外，其他法律也做了相应规定。其中，《未成年人保护法》对未成年人的健康权从家庭保护、学校保护、社会保护、网络保护、政府保护、司法保护等方面进行了详细的规定。例如，第十六条规定，未成年人的父母或者其他监护人应当"为未成年人提供生活、健康、安全等方面的保障"；"关注未成年人的生理、心理状况和情感需求"；"保障未成年人休息、娱乐和体育锻炼的时间，引导未成年人进行有益身心健康的活动"。第十七条规定，未成年人的父母或者其他监护人不得"放任、唆使未成年人吸烟（含电子烟，下同）、饮酒、赌博、流浪乞讨或者欺凌他人"；不得"放任未成年人沉迷网络，接触危害或者可能影响其身心健康的图书、报刊、电影、广播电视节目、音像制品、电子出版物和网络信息等"；不得"放任未成年人进入营业性娱乐场所、酒吧、互联网上网服务营业场所等不适宜未成年人活动的场所"。在学校保护方面，要求学校"应当与未成年学生的父母或者其他监护人互相配合，合理安排未成年学生的学习时间，保障其休息、娱乐和体育锻炼的时间"；"应当建立安全管理制度，对未成年人进行安全教育，完善安保设施、配备安保人员，保障未成年人在校、在园期间的人身和财产安全"；"应当建立学生欺凌防控工作制度，对教职员工、学生等开展防治学生欺凌的教育和培训"；等等。

此外，我国《母婴保健法》《食品安全法》和其他卫生保健法律、法规，也都对儿童的健康权的保护做了规定。

3. 姓名权、肖像权、国籍权

姓名权是公民基本的人格权利，是公民特定化的标志，主要包括姓名决定权、姓名使用权、姓名变更权和姓名维护权等。我国《民法典》第一千零一十二、第一千零一十四条分别规定："自然人享有姓名权，有权依法决定、使用、变更或者许可他人使用自己的姓名，但是不得违背公序良俗。""任何组织或者个人不得以干涉、盗用、假冒等方式侵害他人的姓名权或者名称权。"这是我国法律对姓名权内容的明确界定。儿童和其他公民一样，享有姓名权。当姓名权人在其姓名权利受到侵害或遭受妨害的情况下，有权提出停止侵害、排除妨害、赔偿损失等请求，以保护和实现其权利。该请求既可向加害人直接提出，也可以向人民法院诉讼提出。

肖像权是指自然人对在自己的肖像上所体现的利益为内容的具体人格权。它作为一种具体的人格权，是包含肖像所体现的精神利益和物质利益为内容的民事权利。具体来说，肖像权包括了公民对自己的照片、画像、雕像、录像、全息摄像及其他有载体的视感影像依法享有的不受非法侵犯的权利。我国《民法典》第一千零一十九条规定："任何组织或者个人不得以丑化、污损，或者利用信息技术手段伪造等方式侵害他人的肖像权。未经肖像权人同意，不得制作、使用、公开肖像权人的肖像，但是法律另有规定的除外。""未经肖像权人同意，肖像作品权利人不得以发表、复制、发行、出租、展览等方式使用或者公开肖像权人的肖像。"儿童和其他公民一样，享有肖像权，在权利受到侵犯时，可以请求停止侵权并要求赔偿。

国籍权是指个人作为特定国家成员的资格的权利。具有一国国籍的人称为该国的公民，受到该国法律的保护。关于中国国籍的取得，《中华人民共和国国籍法》规定："父母双方或一方为中国公民，本人出生在中国，具有中国国籍。""父母双方或一方为中国公民，本人出生在外国，具有中国国籍；但父母双方或一方为中国公民并定居在外国，本人出生时即具有外国国籍的，不具有中国国籍。""父母无国籍或国籍不明，定居在中国，本人出生在中国，具有中国国籍。"取得了国籍，就意味着能得到所在国籍国的法律保护。

4. 名誉权、隐私权、荣誉权

名誉是指社会或他人对特定公民的品德、才干、信誉等方面评价的总和，一般是一种良好的社会评价，或积极的社会评价。名誉权，是指民事主体对其名誉所享有的不受他人侵害的权利，它是人格权中内容最为丰富和复杂的一项权利。儿童的名誉权依法受法律保护。我国宪法第三十八条规定："中华人民共和国公民的人格尊严不受侵犯。禁止用任何方法对公民进行侮辱、诽谤和诬告陷害。"《民法典》第一千零二十四条规定:"民事主体享有名誉权。任何组织或者个人不得以侮辱、诽谤等方式侵害他人的名誉权。"《未成年人保护法》等其他法律也有类似规定。

隐私权是指公民依法享有的私人信息不被非法刺探、搜集和公开、私人生活安宁不被非法侵扰的独立的人格权。隐私权是公民人格权的重要内容,《刑法》《民法典》等法律条文中均有相关规定。儿童的隐私权受国家保护。针对现实生活中未成年人的隐私权经常被侵犯的现象,《未成年人保护法》第四条规定:"保护未成年人隐私权和个人信息。"第四十九条规定:"新闻媒体采访报道涉及未成年人事件应当客观、审慎和适度,不得侵犯未成年人的名誉、隐私和其他合法权益。"第六十三条规定:"任何组织或者个人不得隐匿、毁弃、非法删除未成年人的信件、日记、电子邮件或者其他网络通讯内容。"除无民事行为能力未成年人的父母或者其他监护人代未成年人开拆、查阅,因国家安全或者追查刑事犯罪依法进行检查,紧急情况下为了保护未成年人本人的人身安全等情形外。通信秘密是公民享有的不可侵犯的自由和权利,是隐私权的一部分。在现实生活中,有些家长或教师出于教育的目的,私拆未成年人的信件,这样做不仅会刺伤孩子的自尊心,使关系恶化,而且是法律所不允许的。除上述列举的信件、日记、电子邮件等属于个人隐私外,凡个人不愿告诉别人或不愿公开的生活秘密,如生理方面的疾病,以及曾经受过的污辱、经历过的痛苦、生活习惯、生活方式、消遣方面的爱好等,都属于个人隐私。未成年人的隐私权如果得不到尊重,就可能会使未成年人在精神上受到刺激或打击,名誉上受到损害,从而影响其身心的健康发展。因此,法律保护儿童隐私权十分必要。

荣誉权是指公民享有获得各种物质奖励和荣誉称号,并享有维护其荣誉不受非法侵害的权利。荣誉权的内容包括荣誉保持权、精神利益支配权、物质利益获得权、物质利益支配权、荣誉获得权。《民法典》第一千零三十一条规定："民事主体享有荣誉权。任何组织或者个人不得非法剥夺他人的荣誉称号，不得诋毁、贬损他人的荣誉。"法律同样保护未成年人的荣誉权。

5. 受教育权

受教育权，既是公民的一项基本权利，也是基本义务。我国宪法第四十六条规定："中华人民共和国公民有受教育的权利和义务。国家培养青年、少年、儿童在品德、智力、体质等方面全面发展。"《义务教育法》对保障义务教育阶段学生的受教育权，更是从家长、学校、政府、学生个人等方面做了全面明确的规定。关于保障儿童的教育权与受教育权问题，将在后面的章节中重点论述。

6. 接受抚养权和继承权

儿童有接受家长或其他监护人抚养的权利。我国宪法规定："父母有抚养教育未成年子女的义务。"《民法典》也规定：父母对未成年子女有抚养、教育的义务；父母不履行抚养义务时，未成年子女或不能独立生活的成年子女，有要求父母付给抚养费的权利；继父母、养父母对继子女、养子女同样负有抚养、教育的义务；离婚后，父母对于子女仍有抚养教育的权利和义务。《未成年人保护法》也有类似规定。毫无疑问，接受抚养权对儿童的生存和发展至关重要。任何不履行法定抚养义务的行为，都会受到法律的干预。

继承权指继承人依法继承被继承人遗产的权利。遗产是自然人死亡时遗留的个人合法财产。遗产包括公民的合法收入，公民的房屋、储蓄和生活用品，公民的林木、牲畜和家禽，公民的文物、图书资料，法律允许公民所有的生产资料，公民的著作权、专利权中的财产权以及公民的其他合法财产。按照《民法典》的规定，子女为第一顺序继承人。子女包括婚生子女、非婚生子女、养子女和有抚养关系的继子女。在继承遗产时，如果子女属于无民事行为能力的人，其法定继承或遗嘱继承权则由他的法定代理人代为行使。限制民事行为能力人的继承权或遗嘱继承权，则由他的法定代理人代为行使，或者征得法定代理人同意后行使。在现实生活中，儿童的接受抚养权和继承权，特别是非婚子女、再婚子女、养子女及女性儿童的接受抚养权和继承权遭到忽视或侵害的情况时有发生。因此，法律给予明确规定，有利于保障儿童的经济权利。

7.儿童身心全面发展权

我国十分重视儿童身心的全面发展，明确规定家庭、学校和社会都要保证儿童身心得到全面发展，禁止各种对儿童身心的伤害和毒害。这在《未成年人保护法》中得到了充分体现。

《未成年人保护法》分别从家庭保护、学校保护、社会保护、网络保护、政府保护、司法保护等多方面确保儿童身心的全面发展，其中第一条明确指出了制定《未成年人保护法》的目的。

第二章"家庭保护"，对父母或者其他监护人保护未成年子女身心健康的义务进行了比较全面、细致的规定。

第三章"学校保护"，从学校角度提出了对未成年学生身心发展进行保护的义务，如规定："学校应当根据未成年学生身心发展特点，进行社会生活指导、心理健康辅导、青春期教育和生命教育。""学校、幼儿园应当建立安全管理制度，对未成年人进行安全教育，完善安保设施、配备安保人员，保障未成年人在校、在园期间的人身和财产安全。"

第四章"社会保护"，规定了社会各机构与个人的义务，如规定："禁止制作、复制、出版、发布、传播含有宣扬淫秽、色情、暴力、邪教、迷信、赌博、引诱自杀、恐怖主义、分裂主义、极端主义等危害未成年人身心健康内容的图书、报刊、电影、广播电视节目、舞台艺术作品、音像制品、电子出版物和网络信息等。""任何组织或者个人出版、发布、传播的图书、报刊、电影、广播电视节目、舞台艺术作品、音像制品、电子出版物或者网络信息，包含可能影响未成年人身心健康内容的，应当以显著方式作出提示。""公共场所发生突发事件时，应当优先救护未成年人。"

第五章"网络保护"，规定："国家鼓励和支持有利于未成年人健康成长的网络内容的创作与传播，鼓励和支持专门以未成年人为服务对象、适合未成年人身心健康特点的网络技术、产品、服务的研发、生产和使用。""网信部门及其他有关部门应当加强对未成年人网络保护工作的监督检查，依法惩处利用网络从事危害未成年人身心健康的活动，为未成年人提供安全、健康的网络环境。"第五章从网络内容到网络使用、运营、沉迷网络的干预、举报等方面进行了回应现实需求的规定。

第六章"政府保护"，规定："地方人民政府及其有关部门应当保障校园安全，监督、指导学校、幼儿园等单位落实校园安全责任，建立突发事件的报告、处置和协调机制。""教育行政部门应当加强未成年人的心理健康教育，建立未成年人心理问题的早期发现和及时干预机制。卫生健康部门应当做好未成年人心理治疗、心理危机干预以及精神障碍早期识别和诊断治疗等工作。""地方人民政府应当培育、引导和规范有关社会组织、社会工作者参与未成年人保护工作，开展家庭教育指导服务，为未成年人的心理辅导、康复救助、监护及收养评估等提供专业服务。"这些规定，体现了政府对未成年人身心健康发展的高度重视。

第七章"司法保护"，规定："公安机关、人民检察院、人民法院和司法行政部门办理涉及未成年人案件，应当考虑未成年人身心特点和健康成长的需要，使用未成年人能够理解的语言和表达方式，听取未成年人的意见。""法律援助机构应当指派熟悉未成年人身心特点的律师为未成年人提供法律援助服务。""公安机关、人民检察院、人民法院应当与其他有关政府部门、人民团体、社会组织互相配合，对遭受性侵害或者暴力伤害的未成年被害人及其家庭实施必要的心理干预、经济救助、法律援助、转学安置等保护措施。""对违法犯罪的未成年人，实行教育、感化、挽救的方针，坚持教育为主、惩罚为辅的原则。对违法犯罪的未成年人依法处罚后，在升学、就业等方面不得歧视。"

这些条款既从正面规定了社会各方面必须为促进未成年人身心全面发展所履行的义务，也规定了限制性和禁止性条款。除《未成年人保护法》外，《义务教育法》《预防未成年人犯罪法》等法律，也都从不同角度保障儿童身心得到全面发展。

8. 达到就业年龄的劳动权

劳动权是只有达到法定年龄才能实现的一种权利。《未成年人保护法》第六十一条规定："任何组织或者个人不得招用未满十六周岁未成年人，国家另有规定的除外。""营业性娱乐场所、酒吧、互联网上网服务营业场所等不适宜未成年人活动的场所不得招用已满十六周岁的未成年人。""招用已满十六周岁未成年人的单位和个人应当执行国家在工种、劳动时间、劳动强度和保护措施等方面的规定，不得安排其从事过重、有毒、有害等危害未成年人身心健康的劳动或者危险作业。""任何组织或者个人不得组织未成年人进行危害其身心健康的表演等活动。经未成年人的父母或者其他监护人同意，未成年人参与演出、节目制作等活动，活动组织方应当根据国家有关规定，保障未成年人合法权益。"

9. 援救权

援救权是指对处于某种困难或危险境地或有某种特殊情况而需要社会各方面予以援助的权利。例如，对于辍学儿童、离家出走儿童、流浪儿童、童工、童商、残疾儿童等，我国法律均规定了相应的援救措施。《未成年人保护法》第九十二条规定，具有下列情形之一的，民政部门应当依法对未成年人进行临时监护：①未成年人流浪乞讨或者身份不明，暂时查找不到父母或者其他监护人；②监护人下落不明且无其他人可以担任监护人；③监护人因自身客观原因或者因发生自然灾害、事故灾难、公共卫生事件等突发事件不能履行监护职责，导致未成年人监护缺失；④监护人拒绝或者怠于履行监护职责，导致未成年人处于无人照料的状态；⑤监护人教唆、利用未成年人实施违法犯罪行为，未成年人需要被带离安置；⑥未成年人遭受监护人严重伤害或者面临人身安全威胁，需要被紧急安置；⑦法律规定的其他情形。这些援救措施对于某些特殊儿童的保护是必要的。

10. 司法保护权

我国的《民法典》《刑法》《未成年人保护法》《未成年人预防犯罪法》等都有涉及未成年人司法保护的内容，概括起来，其内容主要有以下几个方面。

第一，刑事责任方面。《刑法》第十七条规定："已满十六周岁的人犯罪，应当负刑事责任。""已满十四周岁不满十六周岁的人，犯故意杀人、故意伤害致人重伤或者死亡、强奸、抢劫、贩卖毒品、放火、爆炸、投放危险物质罪的，应当负刑事责任。""已满十二周岁不满十四周岁的人，犯故意杀人、故意伤害罪，致人死亡或者以特别残忍手段致人重伤造成严重残疾，情节恶劣，经最高人民检察院核准追诉的，应当负刑事责任。""对依照前三款规定追究刑事责任的不满十八周岁的人，应当从轻或者减轻处罚。""因不满十六周岁不予刑事处罚的，责令其父母或者其他监护人加以管教；在必要的时候，依法进行专门矫治教育。"

第二，适用原则方面。对违法犯罪的未成年人实行教育、感化、挽救的方针，坚持教育为主、惩罚为辅的原则。

第三，对涉及侵害未成年人合法权益的案件，从司法上多方位保护。未成年人的合法权益受到侵害，依法向人民法院提起诉讼的，人民法院应当依法及时审理，并适应未成年人生理、心理特点和健康成长的需要，保障未成年人的合法权益。在司法活动中对需要法律援助或者司法救助的未成年人，法律援助机构或者人民法院应当给予帮助，依法为其提供法律援助或者司法救助。人民法院审理继承案件，应当依法保护未成年人的继承权和受遗赠权。人民法院审理离婚案件，涉及未成年子女抚养问题的，应当听取有表达意愿能力的未成年子女的意见，根据保障子女权益的原则和双方具体情况依法处理。公安机关、人民检察院、人民法院办理未成年人遭受性侵害的刑事案件，应当保护被害人的名誉，等等。

第四，公安机关、人民检察院、人民法院办理未成年人犯罪案件和涉及未成年人权益保护案件，应当照顾未成年人身心发展特点，尊重他们的人格尊严，保障他们的合法权益，并根据需要设立专门机构或者指定专人办理。严禁刑讯逼供或其他侮辱人格的行为。

第五，对违法犯罪的未成年人的特殊保护。公安机关、人民检察院讯问未成年犯罪嫌疑人，询问未成年证人、被害人，应当通知监护人到场。对羁押、服刑的未成年人，应当与成年人分别关押。羁押、服刑的未成年人没有完成义务教育的，应当对其进行义务教育。解除羁押、服刑期满的未成年人的复学、升学、就业不受歧视。对未成年人犯罪案件，新闻报道、影视节目、公开出版物、网络等不得披露该未成年人的姓名、住所、照片、图像以及可能推断出该未成年人的资料。在服刑期间，少年犯依法享有人格不受侮辱权、人身安全权、合法财产不受侵犯权、申诉权、辩护权、控告权、检举权；少年犯管教所必须实行人道主义的科学文明的管理，在饮食、营养、卫生、休息、娱乐、睡眠、劳动、通信、探视等各方面照顾少年犯的需要及生理、心理特点，并对少年犯进行法制教育、道德教育、文化技术教育、劳动教育，使之重获新生，成为一个正常的公民。这些规定充分体现了对违法犯罪的未成年人坚持教育为主、惩罚为辅的原则。

以上，对儿童权益保护的主要法律做了概括性阐述。除了上述主要法律外，

《学生伤害事故处理办法》《中小学教师实施教育惩戒规则》等也对儿童权益保护做了规定，具体将在后面的章节中重点阐释。

　　儿童，是国家的未来。儿童权利保护的状况如何，往往标志着一个国家的法治文明程度。保护儿童权利是一项全方位、系统的工程，需要强化政府、社会团体、企事业单位、村民居委会、学校、家庭和全体公民的守法护法行为，需要全社会长期不懈的努力。

# 第三章

# 学生权利的依法保护

　　学生作为公民，同其他公民一样享有宪法规定的基本权利。同时，作为受教育者，学生又享有教育法律法规规定的不同于其他公民的特殊权利。对学生权利的尊重和保护，是素质教育的应有之义，也是依法治校、依法执教的必不可少的内容。学生在享受权利的同时，也必须履行相应的义务，这是保障权利充分实现的必要条件。本章在前文基础上，结合典型案例，详细阐述依法执教过程中对学生权利的法律保护。

## 一、权利及学生权利的含义

　　法学界对"权利"的界定众说纷纭，概括起来大体有这五种：一是自然权利说，以卢梭为代表；二是权利即自由说，以康德、费希特为代表；三是权利即利益说，以边沁为代表；四是否定权利的学说，以狄骥为代表；五是社会利益的权利观，以庞德为代表。① 我国有学者认为"权利"是指法律关系主体可以这样行为或者不这样

---

① 劳凯声．变革社会中的教育权与受教育权：教育法学基本问题研究[M]．北京：教育科学出版社，2003：137．

行为，或者要求其他人这样行为或不这样行为。① 这一含义，强调了权利与义务的一致性，在具体的法律关系中，没有无权利的义务，也不存在没有义务的权利，权利的实现需要以其他法律关系主体履行相应义务为前提。我国教育法学家劳凯声在其《变革社会中的教育权与受教育权：教育法学基本问题研究》一文中指出："本文所说的权利是指法律关系主体为满足自己的利益而根据自己的意志作出的作为或不作为，或者要求他人作为或不作为的能力或资格。"在这里，他强调了权利主体的能力或资格十分必要，因为权利本身首先是一种能力或资格，其次才是权利的行使。权利主体要充分享受权利，一般还需要具备权利能力、行为能力和责任能力。权利能力就是权利主体享有权利和承担义务的能力，它反映了权利主体取得享有权利和承担义务的资格。行为能力是指权利主体能够通过自己的行为取得权利和承担义务的能力。对于自然人而言，根据年龄和身体健康状况，行为能力又可以划分为三种情形，即完全行为能力人、限制行为能力人和无行为能力人。责任能力是指某人因违法而承担法律责任的能力，它是行为能力在保护性法律关系中的特殊表现形式。

学生权利是一个宽泛的概念，也是一个复合概念。从广义来讲，作为社会公民，学生享有宪法和法律赋予公民的一切权利，包括政治权利中的选举权和言论自由权、人身自由权中的人身自由和人格尊严权、社会经济权和文化教育权等；作为未成年人或儿童，未成年学生同时还享有作为未成年人或儿童的权利，受到《未成年人保护法》等法律的特殊保护；作为受教育者，他们是学校的主体而不是单纯的被管理者，享有《教育法》第四十三条中规定的权利。从狭义上讲，学生权利是特指学生因其受教育者的身份而享有的教育法律法规所规定的权利。② 根据《教育法》第

---

① 沈宗灵. 法理学[M]. 北京：北京大学出版社，2000：111.
② 黄崴. 教育法学[M]. 北京：高等教育出版社，2007：213.

四十三条规定，受教育者享有下列权利：①参加教育教学计划安排的各种活动，使用教育教学设施、设备、图书资料；②按照国家有关规定获得奖学金、贷学金、助学金；③在学业成绩和品行上获得公正评价，完成规定的学业后获得相应的学业证书、学位证书；④对学校给予的处分不服向有关部门提出申诉，对学校、教师侵犯其人身权、财产权等合法权益，提出申诉或者依法提起诉讼；⑤法律、法规规定的其他权利。这些权利的实现会因为学生行为能力的差异而有程度的不同。

学生作为社会中一个比较特殊的群体，有其特殊的权利，一方面，这种特殊性体现在其他公民享有的权利，学生有的暂时不能享有或只能附带条件地享有，如选举权与被选举权、结婚自由等，而其他公民应尽的义务，学生有的可以免除，如服兵役、纳税等；另一方面，为促进学生的健康成长，国家通过法律对学生的某些权利加以保护，如《未成年人保护法》《教育法》《义务教育法》《教师法》等对学生的受教育权、健康权等的保护。

当前我国进行的教育改革，如主体教育、素质教育、创新教育、成功教育等，大都从唤醒学生的自我意识、充分发挥学生主动性的角度来进行研究。其中，学生的自我意识也包括了学生对自身权利的觉醒和捍卫，这就需要改变过去那种对学生过多讲义务而较少讲权利、学生被过度管理和过度保护的做法，通过尊重和保护学生的合法权利，使之成为一个有明确自我意识的权利主体，懂得理解、珍惜和捍卫自己的权利，成为能适应民主、法治、文明社会，并为推进社会进步做出贡献的人。尊重和保护学生的合法权利，既是现代文明社会发展的必然要求，也是推进教育改革与发展的必要举措，是依法治校、依法执教的主要内容。

## 二、侵犯学生权利的主要教育行为及其法律责任

学校作为学生生活和学习的主要场所，客观上使学生与教师有着大量的接触，这就增大了学校、教师对学生侵权的可能性。学生权利的有效保障，是以其他法律主体如学校、教师履行相应的义务为前提条件的。下面就结合一些案例来说明学生享有的权利和哪些权利容易受到侵害，以及侵权应承担的法律责任。

### (一)侵犯学生的受教育权

受教育权(right to education)，简单地说，就是接受教育的权利，具体是指"受教育者依据相关法律或习惯，在规定年限中获得由国家、社会或家庭提供的特定教育的权利"[①]。在教育法律关系中，法律关系主体包括受教育权利主体和相对方。从世界范围看，受教育权利主体包括所有人。《世界人权宣言》明确规定了受教育权利是人权的一项基本权利。具体到某一国家，受教育权利主体便是该国的所有公民。受教育权利的相对方是指依法为公民的受教育权利的充分实现提供诸种条件及义务的一方，主要包括国家、学校及其他教育机构、家庭、社会和公民个人。

受教育权是与"教育权利"相对应的一个概念。教育权利(简称教育权)是指"负有施教责任的权利主体能够按照自己的意志对施教对象(基于自愿或者被强制)进行教育、指导的一种权利"[②]。根据法律关系主体的权利人性质的不同，有学者将教育权利划分为三类[③]：国家教育权(由政府代表国家行使的教育权利)；社会教育权(由

---

① 劳凯声. 变革社会中的教育权与受教育权：教育法学基本问题研究[M]. 北京：教育科学出版社，2003：139.
② 劳凯声. 变革社会中的教育权与受教育权：教育法学基本问题研究[M]. 北京：教育科学出版社，2003：139.
③ 劳凯声. 变革社会中的教育权与受教育权：教育法学基本问题研究[M]. 北京：教育科学出版社，2003：139.

社会特定利益群体或个人行使的，代表社会特定利益的教育权利）；家庭教育权（由家庭成员行使的，代表家庭利益或家族利益的教育权利）。国家、社会、家庭三者成为学生受教育权的义务主体，同时，我国宪法第四十六条规定"中华人民共和国公民有受教育的权利和义务"，因此受教育对学生而言，既是权利也是义务。

受教育权已被《世界人权宣言》宣示为"人之为人的基本权利"。在我国，公民（包括学生）的受教育权和世界上大多数国家一样属于一项宪法性权利，是公民的一项基本权利，除了宪法进行了明确规定外，我国其他法律也做了相应规定。《教育法》第九条规定："中华人民共和国公民有受教育的权利和义务。公民不分民族、种族、性别、职业、财产状况、宗教信仰等，依法享有平等的受教育机会。"第四十三条则明确规定了受教育者享有的具体权利，包括参加教育教学计划安排的各种活动权、获得援助权、获得公正评价权、救济权等法律法规规定的其他权利。《义务教育法》第二条、第四条、第二十七条分别规定："国家实行九年义务教育制度。义务教育是国家统一实施的所有适龄儿童、少年必须接受的教育，是国家必须予以保障的公益性事业。实施义务教育，不收学费、杂费。国家建立义务教育经费保障机制，保证义务教育制度实施"；"凡具有中华人民共和国国籍的适龄儿童、少年，不分性别、民族、种族、家庭财产状况、宗教信仰等，依法享有平等接受义务教育的权利，并履行接受义务教育的义务"；"对违反学校管理制度的学生，学校应当予以批评教育，不得开除"。

受教育权的内容十分复杂丰富，为便于读者清晰地了解在教育教学和管理过程中常见的学校、教师侵犯学生受教育权的行为，本书根据我国宪法、《教育法》、《义务教育法》、《未成年人保护法》等法律规定，参考了我国法律研究者解立军先生在其《学校法律顾问》一书中的分类法，结合案例谈学校侵犯学生受教育权的行为表现。

1. 侵犯学生的入学权

**【案例 1】学生未交集资款，学校可以拒绝其入学吗？**①

楚某 6 岁，正是上小学接受义务教育的起始年龄。可当楚某的父母带上楚某到其所在区的学校报名时，却被告知要交 3000 元集资费方能入学。理由是现在学校正在建造新的教学大楼，学生在新楼建好后就是受益者，因此每位入学的学生都要缴纳集资费，支援学校建设。学生小学毕业时，这笔钱会如数返还给家长。楚某父母所在工厂的效益不好，交纳这笔钱十分困难。于是，他们又到附近的一所小学打听，该小学不用缴纳集资费。但当他们提出让楚某在此就读时，学校却说要缴纳跨学区的借读费 6000 元。最后，楚某的父母找到当地教育局，要求解决孩子的入学问题。

**【案例 2】小学入学测试，将足龄的"笨孩子"拒之门外**

某小学在一年级新生入学之前，按照惯例组织教师对应该在本校就读的适龄儿童进行智力测试。智力测试成绩不好的"笨孩子"，一律不能入学，继续接受幼儿教育。就这样，一部分所谓"笨孩子"被学校拒之门外，继续留在幼儿园里。

**【案例 3】以残疾为由拒收符合录取条件的学生，学校的行为是否合法？**②

15 岁的史某是一个品学兼优的九年级学生。小时候的一场车祸，造成其腿部残疾，经治疗康复后，她生活完全可以自理。初中毕业时，史某报考了某中专院校，中考成绩出来时，她的成绩高出录取分数线 50 分，因此她耐心地等待学校的录取通知书。但随着时间的推移，各校录取工作已都接近尾声，同史某一起报考该校的同学，分数比她低的都拿到了录取通知书。眼看就要开学了，史某依然未拿到录取通知书，于是史某就和父亲来到学校询问原因，学校的答复是：虽然史某成绩很

---

① 案例来源：李克，宋才发. 学校保护[M]. 北京：人民法院出版社，2005.
② 案例来源：李克，宋才发. 学校保护[M]. 北京：人民法院出版社，2005.

好，但史某腿部有残疾，不太适合在正规学校就读学习，应到专门的残疾人学校去学习；另外将来的工作分配也是问题，因此学校不予录取。史某的父亲认为，史某虽然腿部有残疾，但生活完全能够自理，完全可以在正规非残疾人学校就读；同时，以后找工作，工作单位看重的是实际能力，残疾不是根本的决定因素，故学校以此为由不予录取是没有任何根据的。因此史某的父亲找到有关部门，要求对此事进行处理。

上述三个案例，都涉及学生的受教育权中的入学权问题，其中案例 3 还涉及残疾人的受教育权的保障问题。针对案例 1 和案例 2 中关于适龄儿童入学问题，我国《义务教育法》多个条款做了明确规定，其中第二条规定："国家实行九年义务教育制度。义务教育是国家统一实施的所有适龄儿童、少年必须接受的教育，是国家必须予以保障的公益性事业。实施义务教育，不收学费、杂费。"第四条规定："凡具有中华人民共和国国籍的适龄儿童、少年，不分性别、民族、种族、家庭财产状况、宗教信仰等，依法享有平等接受义务教育的权利，并履行接受义务教育的义务。"第十一条规定："凡年满六周岁的儿童，其父母或者其他法定监护人应当送其入学接受并完成义务教育；条件不具备的地区的儿童，可以推迟到七周岁。适龄儿童、少年因身体状况需要延缓入学或者休学的，其父母或者其他法定监护人应当提出申请，由当地乡镇人民政府或者县级人民政府教育行政部门批准。"第十二条第一款规定："适龄儿童、少年免试入学。地方各级人民政府应当保障适龄儿童、少年在户籍所在地学校就近入学。"第十三条规定："县级人民政府教育行政部门和乡镇人民政府组织和督促适龄儿童、少年入学，帮助解决适龄儿童、少年接受义务教育的困难，采取措施防止适龄儿童、少年辍学。居民委员会和村民委员会协助政府做好工作，督促适龄儿童、少年入学。"这些条款规定了义务教育对象的入学条件，即凡年满六周岁的儿童，不分性别、民族、种族、家庭财产状况、宗教信仰等，只要有接受教育的能力，都必须入学接受规定年限的义务教育；同时还明确了义务教育的公益性、免费性、强制性，义务教育实行免试入学、就近入学的原则，规定了政府、儿童父母或其他法定监护人、居委会和村委会的义务，以及实施义务教育的学校必须依法接收应该在本校就读的适龄儿童入学。

案例1中，楚某属于适龄儿童，在自己户籍所在地学校入学是符合条件的，故学校强迫家长缴纳集资费是违法行为，以不缴纳集资费为由不准入学更是侵犯了楚某的受教育权。当地教育行政部门应对此进行处理，责令学校接收楚某入学，并应该根据《义务教育法》第五十六条第一款关于"学校违反国家规定收取费用的，由县级人民政府教育行政部门责令退还所收费用；对直接负责的主管人员和其他直接责任人员依法给予处分"的规定，对学校有关责任人员进行处分。

案例2中，某小学对适龄儿童进行智力测试，拒绝测试成绩不好的"笨孩子"入学，不仅违反了《义务教育法》，而且违背了教育的神圣职责，使人不得不对该校的领导及教师的职业道德产生怀疑。作为实施义务教育的公办学校，应严格依照法律的规定接收应在本校就读的适龄儿童入学，不应举行任何形式的考试、考查或者擅自附加任何条件。

案例3中，史某的入学虽然已不属于义务教育阶段的入学问题，但我国的多部法律都明确规定了残疾人享有受教育权，并在某些方面享有被特殊照顾的权利。我国宪法第四十五条第三款规定："国家和社会帮助安排盲、聋哑和其他有残疾的公民的劳动、生活和教育。"《教育法》第三十九条规定："国家、社会、学校及其他教育机构应当根据残疾人身心特性和需要实施教育，并为其提供帮助和便利。"《义务教育法》第十九条规定："县级以上地方人民政府根据需要设置相应的实施特殊教育的学校(班)，对视力残疾、听力语言残疾和智力残疾的适龄儿童、少年实施义务教育。特殊教育学校(班)应当具备适应残疾儿童、少年学习、康复、生活特点的场所和设施。普通学校应当接收具有接受普通教育能力的残疾适龄儿童、少年随班就读，并为其学习、康复提供帮助。"《职业教育法》第十五条规定："残疾人职业教育除由残疾人教育机构实施外，各级各类职业学校和职业培训机构及其他教育机构应当按照国家有关规定接纳残疾学生。"《残疾人保障法》也对残疾人的受教育权进行了规定，其中第二十二条规定："残疾人教育，实行普及与提高相结合、以普及为重点的方针，保障义务教育，着重发展职业教育，积极开展学前教育，逐步发展高级中等以上教育。"这一规定指出了残疾人教育的发展方针。该法第二十五条规定："普通教育机构对具有接受普通教育能力的残疾人实施教育，并为其学习提供便利和帮助。普通小学、初级中等学校，必须招收能适应其学习生活的残疾儿童、少年入学；普通高级中等学校、中等职业学校和高等学校，必须招收符合国家规定的录取要求的残疾考生入学，不得因其残疾而拒绝招收；拒绝招收的，当事人或者其亲属、监护人可以要求有关部门处理，有关部门应当责令该学校招收。普通幼儿教育机构应当接收能适应其生活的残疾幼儿。"这一规定明确了各级教育机构对残疾人教育的职责。案例3中的史某，无论是自身身体条件还是学习能力、考试成绩都符合国家规定的录取标准，该中专学校以其腿部有残疾而不予录取的行为是严重的违法行为，有关部门应该责令该学校招收史某，拒不招收的，可依据《残疾人保障法》第六十三条规定处理："有关教育机构拒不接收残疾学生入学，或者在国家规定的录取要求以外附加条件限制残疾学生就学的，由有关主管部门责令改正，并依法对直接负责的主管人员和其他直接责任人员给予处分。"

综合上述案例，目前学校无正当理由拒绝接收适龄儿童、少年就学的情况主要有：①擅自提出不合理的入学条件，如要求学生具备某种特长、参加入学考试等，以学生未满足这些条件为由拒绝其入学；②拒绝接受有正常学习能力的残疾儿童、少年入学；③违反规定乱收费，拒绝接收缴不起费用的学生入学，如违反规定收取杂费，强令学生缴纳学校配备先进教学设备的费用，以及订阅学校主编的讲义和辅导材料等；④拒绝刑满、解除管教以及工读学校结业应该继续接受义务教育的少年就学。这些做法都是违反《教育法》和《义务教育法》等法律的规定的，违反法律规定的相关责任人要依法承担相应的法律责任。

2. 侵犯学生受教育机会的平等权

**【案例1】学校强迫学生开低智力证明留级，侵犯了学生的何种权利？**[①]

李某是某小学二年级学生，由于学习成绩不好，学校将其留级。第二年，学校以同样的理由，拟再次将其留级。校长让李某的父母来到学校，建议他们给李某开一份低智力证明，这样学校可以让李某不再留级，顺利毕业。李某的父母认为孩子智力不低，不需要开此证明，这种做法是对李某的侮辱，于是李某被再次留级。第三年，李某的期末考试成绩还是不好，父母没有办法只好为李某开了一份低智力证明。后来，其父母才知道开低智力证明后，李某将失去学籍，课本、考试等都没有保障并且以后将无法升入初中。由于连续两年留级，李某经常被嘲笑，变得越来越孤僻、沉默寡言，上课也经常迟到。当李某迟到时，老师就让其站在教室外边不让他上课。李某的精神受到了严重打击。李某的父母向法院提起诉讼，认为学校严重侵犯了李某的受教育权，要求学校赔偿李某的医疗费、护理费及精神损失费等。

**【案例2】劝违纪学生退学**

某中学八年级学生张某无心向学，经常旷课迟到，并欺负低年级学生。因为张某，他所在班级德育评比几乎每次都是全校倒数第一。有一次，张某又欺负低年级学生，向其索要50元钱，结果该生没给被张某拳打脚踢了一顿。张某因此被学校通报处分。班主任颜某对此忍无可忍，便将张某叫到办公室劝其退学。就这样，张

---

① 案例来源：李克，宋才发. 学校保护[M]. 北京：人民法院出版社，2005.

某就整天在外面闲逛，不再去上学，后来因参与抢劫被抓，张某的家长才知道张某被学校劝退了。气愤之下，张某父母将学校告上了法院。

**【案例3】责令单亲家庭子女一律转学①**

某市某外国语学校(私立)宣布：责令在该校读书的单亲家庭子女一律转学。

在各大媒体齐声谴责中，该外国语学校负责人解释道："单亲家庭的子女或多或少给学校工作带来了不良影响，因为这些子女缺少家长监督，心理很脆弱。学校这样做是择优教育。""我们学校师资有限，不能为了少数学生而影响了大多数学生。"

上述几个案例中学校的做法都明显带有教育歧视，侵犯了李某、张某以及单亲家庭子女平等接受教育的权利。学生享有平等的受教育权是宪法规定的公民的平等权在教育领域的具体反映。所谓教育平等权，是指公民在宪法和法律规定的范围内，平等地享有受教育的权利。它既含有一般平等权所要求的人权，也含有具体平等权所要求的宪法及法律法规中的具体权利。我国《教育法》第九条确定了公民受教育机会平等的基本原则，即"公民不分民族、种族、性别、职业、财产状况、宗教信仰等，依法享有平等的受教育机会"。第三十七条规定："受教育者在入学、升学、就业等方面依法享有平等权利。"受教育机会平等，是指公民在受教育方面的权利和义务具有平等法律地位，不因民族、种族、性别、职业、财产状况、宗教信仰等方面的不同或差别而受到不平等的对待。该原则主要有以下三层含义。第一，我国公民享有平等的受教育的权利和义务。一方面，受教育是每个公民的法定权利，任何人不得以任何手段非法限制和剥夺公民的这项权利；另一方面，受教育也是每个公民必须履行的义务。第二，在义务教育阶段，公民享有受教育机会、教育条件

---

① 案例来源：褚宏启. 中小学法律问题分析(理论篇)[M]. 北京：红旗出版社，2003.

和教育质量平等。第三，在非义务教育阶段，公民享有入学机会、竞争机会和成功机会平等。在此，所谓教育机会平等要求各种教育形式应当对一切人开放，除了本人的选择和实际能力以外，不应当针对某个民族或某一类人进行限制。

受教育的平等权在义务教育阶段主要表现在以下方面。①就学权利平等，即凡符合一定年龄条件的儿童不管来自何种社会阶层、地区、家庭，也不管其性别、种族、宗教信仰如何，都有上学的权利。②教育条件平等，即在法定的受教育阶段，不仅要求人人有学上，而且在受教育年限、学校类型和课程内容方面应体现机会均等，不受歧视。③教育效果平等，即不同社会和家庭背景、不同天资条件的人在教育过程中，都应受到社会、家庭、学校和教师的同等对待，享受符合其能力发展的教育，获得平等的教育效果。

在非义务教育阶段，受教育的平等权主要表现在以下方面。①竞争机会均等。在非义务教育阶段，选拔什么人上学，选拔办法是否公平，竞争机会是否均等是体现受教育权是否平等的重要标志。无论国内外，高等学校选拔学生都或多或少地借助考试的办法。考试制度从形式上看，为受教育权的分配提供了一个较为客观的尺度，给予每个人以充分竞争的均等机会，因而在一定的程度上体现公平的原则。②成功机会均等，即受教育者在整个学习期间都应体现机会均等。① 学校在对待学生的学业成绩，在确定学生能否毕业和获得相应学位等方面，应当坚持标准的客观性，而不应当有其他的限制条件；社会在向学生提供就业机会方面，同样应当根据学生的实际能力进行考查和选拔，对不同种族和性别的学生应当一视同仁，使学生获得平等的成功机会。特别是禁止学校和社会歧视有色人种或少数民族或女性学生，使他们在成功机会方面获得平等的权利。

---

① 劳凯声. 教育法论[M]. 南昌：江西教育出版社，1993.

由此可见，保障学生平等的受教育权是学校的职责。在案例1中，李某由于学习成绩差而受到学校、教师的歧视，学校、教师的一系列行为不仅侵犯了李某的受教育权，也伤害了李某的身心健康。首先，关于李某连读两年被留级，按照《义务教育法》等法律法规的规定，学生必须按规定年限完成九年义务教育，非特殊情况不允许留级现象的发生；其次，学校强迫学生开低智力证明，使学生的未来学业没有保障；最后，在李某犯错误后将其赶出教室，限制其上课。在这里，我们没有看到学校在教书育人，也没有看到学校对弱势群体的关爱。

关于案例2在升学压力以及各种各样的评比面前，有些学校动不动就劝"双差生"退学或在教育活动中给以歧视，施加压力使其不得不退学；开学时以种种理由拒收他们，家长没办法就只有让孩子转学或失学。我国《义务教育法》第二十九条规定："教师在教育教学中应当平等对待学生，关注学生的个体差异，因材施教，促进学生的充分发展。教师应当尊重学生的人格，不得歧视学生，不得对学生实施体罚、变相体罚或者其他侮辱人格尊严的行为，不得侵犯学生合法权益。"《未成年人保护法》第二十八条第一款规定："学校应当保障未成年学生受教育的权利，不得违反国家规定开除、变相开除未成年学生。"第二十九条规定："学校应当关心、爱护未成年学生，不得因家庭、身体、心理、学习能力等情况歧视学生。对家庭困难、身心有障碍的学生，应当提供关爱；对行为异常、学习有困难的学生，应当耐心帮助。"教育部《关于全日制普通中学全面贯彻党的教育方针、纠正片面追求升学率倾向的十项规定》中指出：对后进生应当热情帮助，不得歧视或者无故迫使他们退学、转学。严格来讲，案例2中学校教师的行为也是违法的。张某的违法行为与学校的教育教学管理措施不当、放弃对张某的教育有关，因此，学校应该承担法律责任。

案例3则是一个比较极端的案例，虽然发生在私立学校，但私立学校办学也必须遵循我国法律。根据我国《教育法》第三十条第二、第三款的规定，学校及其他教育机构应当"贯彻国家的教育方针，执行国家教育教学标准，保证教育教学质量""维护受教育者、教师及其他职工的合法权益"。本案例中，学生作为权利人应享有平等的受教育的权利，该学校责令单亲家庭子女转学，实质上就是把这部分学生赶出学校，这种变相地开除学生的做法，违反了宪法第四十六条、《未成年人保护法》第三条和《教育法》第九条的规定，侵犯了学生平等的受教育权，同时也是对单亲家庭子女人格的歧视，损害了学生的人格尊严。

尽管教育平等权是我国宪法与法律所保障的公民的重要权利，但现实生活中却依然有侵犯公民教育平等权的现象，除上述案例反映的现象外，还有以下几类现象。

第一，教育过程的不平等。我国《教育法》规定应当使学生在德智体美劳等方面全面发展，为此要求教师应当使每一个学生都获得可能和充分的发展。但现实中，一些教师自身对教育民主缺乏认识，对不同学业成绩、不同表现、不同家庭状况的学生，往往不能平等对待，尤其是歧视后进生，对学生中不同于主流文化价值取向的思想及行为不能耐心对待，往往造成教育过程的不平等。

第二，享受教育资源的不平等。这一点体现得最为明显的是在基础教育中，教育资源的占有和受教育权的实现程度存在城乡差别，即使在同一城区中，有些学校在校舍、设施、师资等方面的差距也比较大，导致城乡之间、不同地区之间、同一地区的不同学校之间的儿童受教育的数量和质量的不均衡。目前，我国已认识到基础教育不均衡发展带来的弊端，并通过制定和落实有关法律和政策来缩小差距。《义务教育法》的修订与实施，就显示出我国在均衡地配置教育资源，以使未成年人能平等地享受教育资源方面所做出的努力，现已见成效。

第三，女童和贫困子女的受教育机会的缺失。这在农村地区特别是相对贫困的农村地区表现更为突出。虽然我国已从宪法的高度赋予了妇女在教育上与男子享有平等的教育权利，但是在现实中，由于观念和文化因素、家庭经济困难、教育资源短缺等，和男童相比，依然存在农村女童辍学率高、女童的受教育权利得不到保障的情况。近些年来，政府陆续出台政策，加大了对相对贫困地区的教育投入，对相对贫困的儿童、城市失业人员、残疾人、进城务工人员等困难群体家庭的子女给予必要的经济帮助，使其不因贫困而失学，这些措施有利于保障女童和困难群体家庭子女的受教育权。

3. 侵犯学生上课学习的权利

在教育教学过程中，侵犯学生上课学习权利的现象也屡见不鲜，请看下列几则典型案例。

**【案例1】教师是否可以将违纪的学生逐出教室？**

某中学八年级学生洪某在教师吴某上课时，多次故意扰乱课堂教学秩序，致使吴某无法进行正常的教学。吴某在对洪某多次警告后，洪某不仅不听，反而变本加厉，更加肆无忌惮地大喊大叫。吴某只好命令洪某站到教室外面，但洪某坚持不动，后学校教导处领导闻讯赶来，洪某见状只好站到了教室门口。事后，洪某的家长找到学校，认为教师吴某将自己的孩子逐出教室的行为侵犯了孩子的受教育权，要求吴某赔礼道歉。

**【案例2】为拿奖学校可以停课排练吗？**

某市一所中学秋季开学后接到市教育局通知，要参加全市中学生团体操比赛。为在比赛中获得好成绩，学校临时决定全校高一学生下午停课排练，直到比赛结束。就这样，高一学生为参加比赛，停了近二十天下午的课。结果，在学期末的统考中，该校高一学生的考试成绩普遍下降，于是有几位学生家长联名上告教育局，认为学校的停课行为侵害了学生的受教育权，要求学校采取措施挽回损失。

**【案例3】小学生鼓乐队被"出租"了**①

某厂为本厂的新产品在省里获奖开庆祝大会，为增添喜庆气氛，特地租用了某小学学生鼓乐队。会后，又让这些小学生身披印有企业广告的绶带，走街串巷，吹吹打打为获奖的新产品进行宣传。适逢6月天，两小时走下来，学生们个个汗流浃背，小脸通红。然而，这些耽误了功课、吹奏了一上午的小学生们，每人只得到厂家的一个雪糕、一个笔记本。一个小学生说，开始参加这样的活动，我们觉得好神圣、好风光，以后次数多了，我们才发觉学校把我们"出租"了。好多次站在会场上，我真想大声喊："我要回校读书！"小学生鼓乐队如此被"出租"合法吗？

这三个案例都涉及学生受教育权中上课学习的权利。根据我国《教育法》第四十三条第一款的规定，受教育者有"参加教育教学计划安排的各种活动，使用教育教学设施、设备、图书资料"的权利，但同时《教育法》第四十四条也规定了受教育者有"遵守所在学校或者其他教育机构的管理制度"的义务。这就要求学校、教师在维护正常的教育教学秩序、行使教育管理权的同时，要注意保护学生上课学习的权利，不可动辄将学生赶出教室、逐出校门。对违反纪律的学生停止其上课，应符合教育活动的价值要求，要从教育学生的目的出发，惩罚程度要和学生的违纪程度相适应，有充分客观的事实依据和法律依据，而不应带有任何个人偏见和歧视等感情因素。在司法实践中，通常从以下几个方面来确定停止学生上课是否合理恰当：学生的年龄状况，学生在校一贯的表现，违法乱纪行为的严重程度、频率及再发的可能性、认错悔改态度等。对于小学生特别是8岁以下无行为能力人，更要以教育为主，一般不适合用赶出教室的惩罚手段，即使暂时带离教室也要有人监管，以免发生意外。对中学生而言，如果学生的违纪行为频频发生，严重影响了课堂秩序，为

---

① 案例来源：解立军. 学校法律顾问[M]. 北京：开明出版社，2003.

维护绝大多数学生的受教育权，可以将违纪学生与其他学生暂时隔离，并对其进行教育。对这种情况，不能视为侵犯学生受教育权的行为。但学校不能以罚代教，以停课来放弃学校对学生的教育职责。停课作为一种惩戒形式，必须限制使用。停课只能对那些行为严重扰乱了教育教学秩序的学生采取，在实施中要遵循相应的程序性限制，如对学生申诉权利的保障。学校应将停课决定尽快通知家长，学生不应因停课而失去学期期末考试或国家统一考试的机会。因此，案例1中教师的行为，并没有侵犯洪某的受教育权，属于教师维护教学秩序的正当行为，学校应当对洪某及其家长进行教育。此外，需要提醒的是，对学生停课的决定只能由学校做出，教师个人不能对学生进行停课。现实中，教师仅因为学生未完成作业而将其赶回家做作业，或动辄让违反纪律的学生回家"闭门思过"，或禁止后进生上观摩课等做法，都侵犯了学生上课学习的权利。

案例2中，某学校为拿奖而停课排练近二十个下午的做法，占用了学生正常的上课学习时间，打乱了正常的教学计划，严格来讲，是属于侵犯了学生上课学习的权利的行为。我国《教育法》第三十条第二款规定学校及其他教育机构应当履行"贯彻国家的教育方针，执行国家教育教学标准，保证教育教学质量"的义务。学校应该全面贯彻国家的教育方针，办学不可急功近利、顾此失彼。案例2中的某学校应该承认错误，想方设法挽回因大量停课而给学生带来的损失。

案例3中，某小学的做法严重地侵犯了学生的受教育权。根据《未成年人保护法》第六十一条的规定："任何组织或者个人不得招用未满十六周岁未成年人，国家另有规定的除外。营业性娱乐场所、酒吧、互联网上网服务营业场所等不适宜未成年人活动的场所不得招用已满十六周岁的未成年人。"本案例中的行为，虽然不属于用人单位招用未成年人，但却存在着小学生鼓乐队被租用的客观事实，并且发生在学生应该在校正常的学习时间内；同时根据《中小学校园环境管理的暂行规定》第七条的规定："校长要严格按照国家颁布的教学计划，建立正常的教育教学秩序。不经批准，不允许任何单位和个人组织学生停课参加社会活动。"《小学管理规程》第二十五条第二款也规定："小学不得组织学生参加商业性的庆典、演出等活动，参加其他社会活动亦不应影响教学秩序和学校正常工作。"因此，应对案例中的厂家负责人给予批评教育，并处以行政处罚；对学校领导责令其改正，必要时依法给予行政处分。

现实中，有的学校以组织学生参加社会实践为借口，让学生停课搞创收。例如，福建省曾经发生的某学校停课半个月组织学生去"采茶"的行动，陕西省有学校停课让学生卖彩票等行为，都是打乱教学计划、扰乱教学秩序的行为，都侵犯了学生上课学习的权利。在司法实践中，法院审理此类案件时，学校停课让学生参加社会上的开业、贺岁活动，不按规定开学、放假等，都被视为侵犯学生上课学习权利的违法行为。

4. 侵犯学生受教育的自由选择权

**【案例】班主任更改学生高考志愿引发官司**[①]

1986 年，高三学生王某参加了当年的高考，并被一所中专录取，但当王某接到录取通知书后却充满了疑惑，因为自己并没有报考这所中专。他找到班主任张某，张某说这可能是被调剂录取的，王某只好到这所中专报到上学。2001 年，王某在一次填写干部履历表时，发现自己的高考志愿书并不是自己所写的，才知道自己的高考志愿被人更改了。原来，王某的高三班主任张某接到学生的高考志愿书后，认为一些学生填写的高考志愿过高，为了让每位考试过分数线的学生都能被大学录取，也为了自己班级的高考录取率能够名列前茅，就自作主张，私自更改了部分学生的高考志愿，这其中就包括王某的高考志愿书。另外，根据 1986 年的高考录取情况

---

① 案例来源：马雷军. 校园法律指南[M]. 北京：中国经济出版社，2005.

记录，1986 年王某实际报考的院校在当地录取的最低分数线为 469 分，而王某的分数是 481 分，所以班主任张某更改王某的志愿，使王某与理想中的院校失之交臂了。2001 年 10 月，王某向当地法院起诉，将自己的高三班主任张某、所在中学以及当地教委告上了法庭。

上述案例涉及学生受教育的选择权。受教育者可以根据身心发展的特点或其他情况选择学校、专业教育形式，选择权是受教育权的又一重要内容。《义务教育法》第五条规定："各级人民政府及其有关部门应当履行本法规定的各项职责，保障适龄儿童、少年接受义务教育的权利。适龄儿童、少年的父母或者其他法定监护人应当依法保证其按时入学接受并完成义务教育。"因此，义务教育具有强制性，既是受教育者的权利，也是义务。完成义务教育的学生，可以享有比较充分的选择权。例如，完成义务教育的公民有选择普通高级中学、职业学校继续学习的权利，有选择进入不同高等学校各个专业学习的权利。

案例 1 反映的主要是学生填报志愿的自由选择权和决定权问题。考生志愿的填写是决定考生能否升学，以及能否考上自己理想院校的关键因素之一。在高招和中招中，学生志愿必须由本人填写，这是国家赋予考生的一项权利。志愿未经本人同意，任何人不能改动，否则就是侵权行为。案例 1 中，王某的班主任利用自己的职务便利，私自对王某的高考志愿书进行了更改，导致王某没能被理想中的院校录取，影响了其一生。因此，班主任张某的行为侵犯了学生受教育的选择权，剥夺了学生自主自愿选择专业和将来所从事的职业的机会，依法应该承担相应的法律责任。由于张某的行为属于履行学校职务行为，张某所在学校应当承担直接责任。这一案例提醒人们，学校作为学生的培养者和具有较丰富经验的教育实践者，应当尊重学生填写志愿的决定权和选择权，对学生的报考只能提供指导和建议，而不能代替学生填写，更不能私自更改。此外，还有一些学校，为了提高本校高中部的高考升学率，挽留本校初中部的优质生源，在中考志愿填报过程中，对本校优秀学生施加压力，限制或禁止本校优秀学生报考外校，这也是对学生受教育选择权的侵犯。

5. 以侵犯姓名权的手段侵犯学生的受教育权

**【案例】"宪法司法化第一案"——齐玉苓案**①

备受瞩目的齐玉苓案被司法界称为"宪法司法化第一案"，案情大致经过如下。

1990年，原告齐玉苓与被告之一陈晓琪都是山东省滕州市第八中学的初中学生，都参加了中等专科学校的预选考试。陈晓琪在预选考试中成绩不合格，失去了继续参加统一招生考试的资格。而齐玉苓通过预选考试后，又在当年的统一招生考试中取得了超过委培生录取分数线的成绩。山东省济宁商业学校给齐玉苓发出录取通知书，由滕州八中转交。陈晓琪从滕州八中领取齐玉苓的录取通知书，并在其父亲陈克政的策划下，运用各种手段，以齐玉苓的名义到济宁商校就读直至毕业。毕业后，陈晓琪仍然使用齐玉苓的姓名，在中国银行滕州支行工作。

齐玉苓发现陈晓琪冒其姓名后，向山东省枣庄市中级人民法院提起民事诉讼，被告为陈晓琪、陈克政(陈晓琪的父亲)、济宁商业学校、滕州八中和山东省滕州市教育委员会。原告诉称：由于各被告共同弄虚作假，促成被告陈晓琪冒用原告的姓名进入济宁商业学校学习，致使原告的姓名权、受教育权以及其他相关权益被侵犯。请求法院判令被告停止侵害、赔礼道歉，并赔偿原告经济损失16万元，精神损失40万元。

枣庄市中级人民法院经过审理后认定：①《民法通则》第九十九条规定："公民享有姓名权，有权决定、使用和依照规定改变自己的姓名，禁止他人干涉、盗用、假冒。"被告陈晓琪在其父陈克政策划下盗用、假冒齐玉苓姓名上学，是侵害姓名权

---

① 案例来源：刘燕，吕文丽."思想道德修养与法律基础"学习指南[M]. 重庆：重庆大学出版社，2016。

的一种特殊表现形式。②原告齐玉苓主张的受教育权，属于公民一般人格权范畴。它是公民丰富和发展自身人格的自由权利。但是，本案证据表明，齐玉苓已实际放弃了这一权利。其主张侵犯受教育权的证据不足，不能成立。齐玉苓基于这一主张请求赔偿的各项物质损失，均与被告陈晓琪的侵权行为无因果关系，故不予支持。③原告齐玉苓的姓名权被侵犯，除被告陈晓琪、陈克政应承担主要责任外，被告济宁商业学校明知陈晓琪冒用齐玉苓的姓名上学仍予接受，故意维护侵权行为的存续，应承担重要责任；被告滕州八中与滕州教委分别在事后为陈晓琪、陈克政掩饰冒名行为提供便利条件，亦有重大过失，均应承担一定责任。基于上述主要的事实认定，枣庄市中级人民法院根据《民法通则》第一百二十条规定，"公民的姓名权、肖像权、名誉权、荣誉权受到侵害的，有权要求停止侵害，恢复名誉，消除影响，赔礼道歉，并可以要求赔偿损失"，作出判决：①被告陈晓琪停止对原告齐玉苓姓名权的侵害；②被告陈晓琪、陈克政、济宁商业学校、滕州八中、滕州教委向原告齐玉苓赔礼道歉；③原告齐玉苓支付的律师代理费825元，由被告陈晓琪负担，被告陈克政、济宁商业学校、滕州八中、滕州教委对此负连带责任；④原告齐玉苓的精神损失费35000元，由被告陈晓琪、陈克政各负担5000元，济宁商业学校负担15000元，滕州八中负担6000元，滕州教委负担4000元；⑤驳回齐玉苓的其他诉讼请求。

一审判决作出后，齐玉苓向山东省高级人民法院提起上诉，除了对精神损害赔偿的标准提出异议以外，主要是提出证据表明自己并未放弃受教育权，被上诉人确实共同侵犯了自己受教育的权利，使自己丧失了一系列相关利益。据此请求二审法院判决：①陈晓琪赔偿因侵犯姓名权而给其造成的精神损失5万元；②各被上诉人赔偿因共同侵犯受教育权而给其造成的经济损失16万元和精神损失35万元。

山东省高级人民法院在审理中认为，这个案件存在适用法律方面的疑难问题，因此依照《中华人民共和国人民法院组织法》第三十三条的规定，报请最高人民法院进行解释。最高人民法院经过研究后，作出了《关于以侵犯姓名权的手段侵犯宪法保护的公民受教育的基本权利是否应承担民事责任的批复》（以下简称《批复》）。该决定全文如下。

山东省高级人民法院：

你院1999鲁民终字第258号《关于齐玉苓与陈晓琪、陈克政、山东省济宁市商业学校、山东省滕州市第八中学、山东省滕州市教育委员会姓名权纠纷一案的请示》收悉。经研究，我们认为，根据本案事实，陈晓琪等以侵犯姓名权的手段，侵犯了齐玉苓依据宪法规定所享有的受教育的基本权利，并造成了具体的损害后果，应承担相应的民事责任。

山东省高级人民法院在接到《批复》以后，继续审理此案并认为：

"……由于被上诉人滕州八中未将统考成绩及委培分数线通知到齐玉苓本人，且又将录取通知书交给前来冒领的被上诉人陈晓琪，才使得陈晓琪能够在陈克政的策划下有了冒名上学的条件。又由于济宁商校对报到新生审查不严，在既无准考证又无有效证明的情况下接收陈晓琪，才让陈晓琪冒名上学成为事实，从而使齐玉苓失去了接受委培教育的机会。陈晓琪冒名上学后，被上诉人滕州教委帮助陈克政伪造体格检查表；滕州八中帮助陈克政伪造学期评语表；济宁商校违反档案管理办法让陈晓琪自带档案，给陈克政提供了撤换档案材料的机会，致使陈晓琪不仅冒名上学，而且冒名参加工作，使侵权行为得到延续。该侵权是由陈晓琪、陈克政、滕州八中、滕州教委的故意和济宁商校的过失造成的。这种行为从形式上表现为侵犯齐玉苓的姓名权，其实质是侵犯齐玉苓依照宪法所享有的公民受教育的基本权利。各被上诉人对该侵权行为所造成的后果，应当承担民事责任。

由于各被上诉人侵犯了上诉人齐玉苓的姓名权和受教育的权利，才使得齐玉苓

依法执教：从理念到行动

为接受高等教育另外再进行复读，为将农业户口转为非农业户口缴纳城市增容费，为诉讼支出律师费。这些费用都是其受教育的权利被侵犯而遭受的直接经济损失，应由被上诉人陈晓琪、陈克政赔偿，其他各被上诉人承担连带赔偿责任。……

为了惩戒侵权违法行为，被上诉人陈晓琪在侵权期间的既得利益（即以上诉人齐玉苓的名义领取的工资，扣除陈晓琪的必要生活费）应判归齐玉苓所有，由陈晓琪、陈克政赔偿，其他被上诉人承担连带责任。……

综上，原审判决认定被上诉人陈晓琪等侵犯了上诉人齐玉苓的姓名权，判决其承担相应的民事责任，是正确的。但原审判决认定齐玉苓放弃接受委培教育，缺乏事实根据。齐玉苓要求各被上诉人承担侵犯其受教育权的责任，理由正当，应予支持。"

由此，山东省高级人民法院依照宪法第四十六条第五款和最高人民法院的批复，对枣庄市中级人民法院的一审判决予以部分维持、部分撤销，并判决：①被上诉人陈晓琪、陈克政赔偿齐玉苓因受教育的权利被侵犯造成的直接经济损失7000元，被上诉人济宁商校、滕州八中、滕州教委承担连带赔偿责任；②被上诉人陈晓琪、陈克政赔偿齐玉苓因受教育的权利被侵犯造成的间接经济损失（按陈晓琪以齐玉苓名义领取的工资扣除最低生活保障费后计算）41045元，被上诉人济宁商校、滕州八中、滕州教委承担连带赔偿责任；③被上诉人陈晓琪、陈克政、济宁商校、滕州八中、滕州教委赔偿齐玉苓精神损害费50000元。

从此案的发生经过看，对于齐玉苓而言，关键之处在于法院是否支持其关于受教育权被侵犯的诉求，因为这决定了齐玉苓可以得到的赔偿数额。按照初审法院、二审法院对待侵权赔偿救济的方法，若法院不予支持（恰如山东省枣庄市中级人民法院所为），齐玉苓只能得到其姓名权的损害赔偿，即精神损害赔偿；若法院予以支持（恰如山东省高级人民法院所为），齐玉苓就可以得到一切与其受教育权被侵害有着因果关系的物质损失、精神损失。然而，由于《民法通则》没有规定受教育权，而此案又是一个民事诉讼案件，山东省高级人民法院故而认为法律的适用是疑难问题，向最高人民法院请求解释。最高法院于是做出了上述《批复》，认定陈晓琪等侵犯了齐玉苓依据宪法享有的受教育权。此《批复》，乃直接针对正在审理中（二审阶段）的齐玉苓案，因涉及具体争议点而具备司法性质，其与最高法院另一类颇具立法色彩的司法解释迥异；并且，在当事的侵权一方是否应承担民事责任这一问题上，法院未以其他具体法律为依据而直接地、单一地适用宪法。就此两点而言，司法界、学术界、媒体多称此案为"宪法司法化第一案"。

齐玉苓受教育权受侵害一案是我国宪法司法化的第一例，在法律界、教育界引起了极大反响，因为该案直接导致最高人民法院给出了司法解释，宪法在普通的民事案件中成为判案的依据。这意味着虽然公民的受教育权是一项宪法性权利，但在一定条件下也可以体现为民法上的人格利益。任何以侵犯姓名权的手段，限制、妨碍、剥夺他人受教育机会的行为，都是对公民受教育权利的侵犯，因此造成损失、损害的，都应承担相应的民事责任。受害人可以因此向法院提起民事诉讼，请求赔偿相关的物质损失和精神损失。

在齐玉苓受教育权利被侵犯的案件中，侵权行为人涉及个人、学校和行政机关。其中的个人明知冒名上学是侵犯他人受教育权利的行为还故意为之；其中的行政机关应当依法行政而不依法行政；其中的有关学校应当认真履行自己的职责而由于故意或过失没有能够认真履行自己的职责，因而必须承担相应的民事责任。作为公民受教育权利被侵犯的一个典型案例，该案值得深思：它一方面揭示了公民受教育权利被侵犯的根源在于有关个人、学校、机关和其他组织对公民受教育权利的漠视；另一方面提醒我们，无论是个人，还是学校、机关，都有义务保证他人的受教育权利不被侵犯，谁侵犯公民的受教育权利，谁就要承担法律责任。保护公民的受教育权，需要全社会的共同努力。

6. 侵犯学生的公正评价权

**【案例1】学校分班侵犯了学生的公正评价权**①

某校多年来戴着基础薄弱的"帽子"，生源都是学习基础比较差的学生。上级教育部门又用每年的初三毕业生的考试及格率对学校进行评定，使学校领导大伤脑筋。

有一年，八年级的一些学生的学习成绩总上不去，马上要读九年级了，这些学生不但不上课，还干扰其他人上课。经学校领导研究决定将六个班的这类学生集中到一个班——八年级(1)班，这样既不影响别的班上课，也好管理这类学生。在学校公布分班以后的一个月里，八年级(1)班的学生不但没有安静下来上课，反而大闹课堂，经常砸碎玻璃，乱扔扫帚、粉笔。他们认为学校不应该歧视落后生，学校如果不将他们分回原班，他们就闹到底。学校领导认为分班是考虑再三的决定，不能说撤就撤，没有答应学生的要求。结果事态越闹越大，这些学生几次找到教育局上告此事。教育局经调查研究后作出处理决定：为稳定教育教学秩序，撤销现八年级(1)班，所有学生回到原班上课，学校领导要认真做好教职工和学生的思想工作。

**【案例2】田永诉北京科技大学拒绝颁发毕业证、学位证行政诉讼案**②

田永案被认为是高等教育诉讼第一案，在教育诉讼史上具有重要地位。具体案情经过如下：

1994年9月，原告田永考入北京科技大学下属的应用科学学院物理化学系，取得本科生学籍。1996年2月29日，田永在参加电磁学课程补考过程中，随身携带写有电磁学公式的纸条，中途去厕所时，纸条掉出，被监考教师发现。监考教师虽

---

① 案例来源：褚宏启. 中小学法律问题分析(理论篇)[M]. 北京：红旗出版社，2003.
② 案例来源：中国法律年鉴编辑部. 中国法律年鉴(2000年)[M]. 北京：中国法律年鉴出版社，2000.

未发现田永有偷看纸条的行为，但还是按照考场纪律，当即停止了田永的考试。北京科技大学于同年3月5日按照学校《关于严格考试管理的紧急通知》（以下简称"068号通知"）第三条第五项关于"夹带者，包括写在手上等作弊行为者"的规定，认定田永的行为是考试作弊，根据第一条"凡考试作弊者，一律按退学处理"的规定，决定对田永按退学处理，4月10日填发了学籍变动通知。但是，北京科技大学没有直接向田永宣布处分决定和送达变更学籍通知，也未给田永办理退学手续。田永继续在该校以在校大学生的身份参加正常学习及学校组织的活动。

1996年3月，田永的学生证丢失，未进行1995—1996学年第二学期的注册。同年9月，北京科技大学为田永补办了学生证。其后，北京科技大学每学年均收取田永缴纳的教育费，并为田永进行注册，发放大学生补助津贴，还安排田永参加了大学生毕业实习设计，并由论文指导教师领取了学校发放的毕业设计结业费。田永还以该校大学生的名义参加考试，先后取得了大学英语四级、计算机应用水平测试BASIC语言成绩合格证书。田永在该校学习的4年中，成绩全部合格，通过了毕业实习、设计及论文答辩，毕业论文获评优秀论文，毕业总成绩全班第九名。北京科技大学对以上事实没有争议。

北京科技大学的部分教师曾经为原告田永的学籍一事向原国家教委申诉，原国家教委高校学生司于1998年5月18日致函北京科技大学，认为该校对田永违反考场纪律一事处理过重，建议复查。同年6月5日，北京科技大学复查后，仍然坚持原处理结论。

1998年6月，北京科技大学的有关部门以原告田永不具有学籍为由，拒绝为其颁发毕业证，进而也未向教育行政部门呈报毕业派遣资格表。田永所在的应用科学学院及物理化学系认为，田永符合大学毕业和授予学士学位的条件，由于学院正在与学校交涉田永的学籍问题，故在向学校报送田永所在班级的授予学士学位表时，

依法执教：从理念到行动

暂时未给田永签字，准备等田永的学籍问题解决后再签，学校也因此没有将田永列入授予学士学位资格名单内交本校的学位评定委员会审核。

原告田永认为自己符合大学毕业生的法定条件，北京科技大学拒绝给其颁发毕业证、学位证是违法的，遂向北京市海淀区人民法院提起行政起诉，请求判令被告颁发毕业证、学位证，赔偿经济损失并在校报上公开赔礼道歉。被告北京科技大学则认为，原告田永违反本校"068号通知"中的规定，应对其作退学处理，由于客观因素，导致校内某些部门及部分教师默许田永继续留在校内学习的行为，不能代表本校意志，也不能证明田永的学籍已经恢复。没有学籍就不具备高等院校大学生的毕业条件，本校不给田永颁发毕业证、学位证和不办理毕业派遣手续，是正确的。

北京市海淀区人民法院认为，在我国目前情况下，某些事业单位、社会团体，虽然不具有行政机关的资格，但是法律赋予它行使一定的行政管理职权。这些单位、团体与管理相对人之间不存在平等的民事关系，而是特殊的行政管理关系。他们之间因管理行为而发生的争议，不是民事诉讼，而是行政诉讼。尽管《中华人民共和国行政诉讼法》第二十五条所指的被告是行政机关，但是为了维护管理相对人的合法权益，监督事业单位、社会团体依法行使国家赋予的行政管理职权，将其列为行政诉讼的被告，适用《行政诉讼法》来解决它们与管理相对人之间的行政争议，有利于化解社会矛盾，维护社会稳定。《教育法》第二十一条规定："国家实行学业证书制度。""经国家批准设立或者认可的学校及其他教育机构按照国家规定，颁发学历证书或者其他学业证书。"第二十二条规定："国家实行学位制度。""学位授予单位依法对达到一定学术水平或者专业技术水平的人员授予相应的学位，颁发学位证书。"《中华人民共和国学位条例》第八条规定："学士学位，由国务院授权的高等学校授予。"本案被告北京科技大学是从事高等教育事业的法人，原告田永诉请其颁发毕业证、学位证，正是由于其代表国家行使对受教育者颁发学业证书、学位证书的行政权力时引起的行政争议，可以适用《行政诉讼法》予以解决。

本案的关键在于审查田永是否具有学籍。原告田永经考试合格，由北京科技大学录取后，即享有该校的学籍，取得了在该校学习的资格，同时也应当接受该校的管理。教育者在对受教育者实施管理中，虽然有相应的教育自主权，但不得违背国家法律、法规和规章的规定。田永在补考时虽然携带写有与考试有关内容的纸条，但是没有证据证明其偷看过纸条，其行为尚未达到考试作弊的程度，应属于违反考场纪律。北京科技大学可以根据本校的规定对田永违反考场纪律的行为进行处理，但是这种处理应当符合法律、法规、规章的规定的精神，至少不得重于法律、法规、规章的规定。国家教委 1990 年 1 月 20 日发布的《普通高等学校学生管理规定》第十二条规定："凡擅自缺考或考试作弊者，该课程成绩以零分计，不准正常补考，如确实有悔改表现的，经教务部门批准，在毕业前可给一次补考机会。考试作弊的，应予以纪律处分。"第二十九条规定应予退学的十种情形中，没有不遵守考场纪律或者考试作弊应予退学的规定。北京科技大学的"068 号通知"，不仅扩大了认定"考试作弊"的范围，而且对"考试作弊"的处理方法明显重于《普通高等学校学生管理规定》第十二条的规定，也与第二十九条规定的退学条件相抵触，应属无效。另一方面，按退学处理，涉及被处理者的受教育权利，从充分保障当事人权益的原则出发，作出处理决定的单位应当将该处理决定直接向被处理者本人宣布、送达，允许被处理者本人提出申辩意见。北京科技大学没有照此原则办理，忽视当事人的申辩权利，这样的行政管理行为不具有合法性。北京科技大学实际上从未给田永办理过注销学籍，迁移户籍、档案等手续。特别是田永丢失学生证以后，该校又在 1996 年 9 月为其补办了学生证并注册，这一事实应视为该校自动撤销了原对田永作出的按退学处理的决定。此后发生的田永在该校修满四年学业，还参加了该校安排的考核、实习、毕业设计，其论文答辩也获得通过等事实，均证明按退学处理的决定在法律上从未发生过应有的效力，田永仍具有北京科技大学的学籍。北京科技大学辩称，田永能够继续在校学习，是校内某些部门及部分教师的行为，不能代表本校意志。鉴于这些部门及部分教师的行为，都是北京科技大学的职务行为，北京科技大学应当对该职务行为产生的后果承担法律责任。

国家实行学业证书制度和学位制度。原告田永既然具有北京科技大学的学籍，在田永接受正规教育、学习结束并达到一定学历水平和要求时，北京科技大学作为国家批准设立的高等学校，应当依照《教育法》第二十八条第一款第五项及《普通高等学校学生管理规定》第三十五条的规定，给田永颁发相应的学业证明。被告还应按照《中华人民共和国学位条例》第四条的规定，向原告授予学士学位。至于授予学位的程序，应当依照《中华人民共和国学位条例暂行实施办法》第四条、第五条的规定。

另外，原告关于行政赔偿的诉讼请求，依照《中华人民共和国国家赔偿法》第三条、第四条关于行政赔偿范围的规定，不能成立。且被告北京科技大学对田永作出的按退学处理并未对田永的名誉权造成损害，故田永起诉请求法院判令北京科技大学在校报上向其赔礼道歉、恢复名誉的请求也不予支持。

综上，北京市海淀区人民法院于1999年2月14日判决：一、被告北京科技大学在本判决生效之日起30日内向原告田永颁发大学本科毕业证书；二、被告北京科技大学在本判决生效之日起60日内召集本校的学位评定委员会对原告田永的学士学位资格进行审核；三、被告北京科技大学于本判决生效之日起30日内履行向当地教育行政部门上报原告田永毕业派遣的有关手续的职责；四、驳回原告田永的其他诉讼请求。

第一审宣判后，北京科技大学向北京市第一中级人民法院提出上诉，请求二审撤销原判，驳回田永的诉讼请求。二审法院审理认为，原判认定事实清楚、证据充分，适用法律正确，审判程序合法，应当维持，于 1999 年 4 月 26 日判决：驳回上诉，维持原判。

这两个案例均涉及学生的公正评价权。我国《教育法》第四十三条第三、第四款规定："在学业成绩和品行上获得公正评价，完成规定的学业后获得相应的学业证书、学位证书。""对学校给予的处分不服向有关部门提出申诉，对学校、教师侵犯其人身权、财产权等合法权益，提出申诉或者依法提起诉讼。"学生享有的公正评价权，是指学生在德、智、体等各方面享有获得按照国家统一标准一视同仁的客观评价的权利，包括学生在教育教学过程中享有的要求教师、学校对自己的学业成绩和品行进行公正评价并客观真实地记录在成绩档案中的权利，以及在完成相应的学业后获得相应的学业证书、学位证书的权利。学生对学校给予的处分不服的，有提出申诉或者依法提起诉讼的权利。

案例 1 中，学校的这种"择差"集中教育的方式，不仅有歧视学生，不能公正对待、评价学生的嫌疑，而且是对正处于成长关键时期的孩子的人格尊严的严重打击，不利于这类学生的健康成长。这种做法也违反了《义务教育法》和《未成年人保护法》的规定。《义务教育法》第二十九条规定："教师在教育教学中应当平等对待学生，关注学生的个体差异，因材施教，促进学生的充分发展。教师应当尊重学生的人格，不得歧视学生，不得对学生实施体罚、变相体罚或者其他侮辱人格尊严的行为，不得侵犯学生合法权益。"《未成年人保护法》第二十九条第一款规定："学校应当关心、爱护未成年学生，不得因家庭、身体、心理、学习能力等情况歧视学生。对家庭困难、身心有障碍的学生，应当提供关爱；对行为异常、学习有困难的学生，应当耐心帮助。"因此，学校应转变思想，将工作思路转换到如何教育、帮助那些品行有缺点、学习有困难的学生上来，而不是放弃、抛弃、歧视他们，甚至侵犯他们的合法权利。

案例2，田永诉北京科技大学拒绝颁发毕业证、学位证行政诉讼案是一个标志性案件，因为它为后来的很多类似案件提供了宝贵的可借鉴经验，也为学生依法保护自己的受教育权开辟了一条新的途径。尽管此案在法学界争议很大，但不可否认的事实是，北京市海淀区人民法院受理田永一案的举动，让司法界开始达成共识——学校是有部分行政授权的行政主体，对于一些涉及学生合法权益的校纪校规，学生不服可以提起行政诉讼。这为保护学生的法律救济权开辟了新的通道。例如，北京大学的博士生刘燕文诉北京大学学位评定委员会案、黄渊虎诉武汉大学一案等。有学者指出，处分学生应当在法律框架中进行，尤其应该尊重学生的受教育权，不得随意开除学生。自20世纪末以来，高校处分学生引起的法律纠纷逐渐增多，我国《教育法》和《高等教育法》对学校如何具体处理违纪学生的规定并不明确，学生敲开法院大门，把高校的处分行为纳入了法律视野。同时，法院受理此类案件，把司法审查的触角伸向了高校教育管理领域，意义重大。

除上述典型案例外，有学者指出，在现实教育教学过程中，侵犯中小学生公正评价权的行为还有：为升学、评奖之需，教师私自涂改中小学生的学业成绩记录表，涂改和伪造中小学生的学年评价或操行评语；在考试过程中营私舞弊，透露或泄露考试内容，在阅卷过程中以各种形式改分数、扭曲学生的真实学业成绩；以家长情面抬高品行差的学生成绩而压制学习好、品行优良的学生等。①

综上所述，我们主要从六个方面列举了目前教育教学过程中主要的侵犯学生受教育权的现象。此外，侵犯学生受教育权的行为还有：有学校为追求升学率让学习成绩差的毕业班学生回家不参加升学考试，或强制"分流"学生，侵犯学生享有的参

---

① 解立军. 学校法律顾问[M]. 北京：开明出版社，2003：31.

加教育教学活动的权利；随意开除学生，不给学生申诉的机会；为了学校的创收对学生滥收费用或随意将学校场地出租或挪作他用等。

受教育权是公民的一项基本权利。自有教育历史以来，教育就被看作促进社会平等的重要平衡器，受教育权是个体在社会地位中的重要标志之一。教育能提供公平竞争的机会，帮助一些人达到自身所希望达到的境界。因此，受教育权意味着个人在未来社会的生存权和发展权，若基本的受教育权得不到保证，个人的自我发展的权利就很难实现。受教育者如何充分行使好宪法和法律赋予的上述各项受教育权利？这一方面取决于受教育者自身的素质和努力，另一方面取决于受教育者的相对方，即学校、社会、家庭对有关义务的履行程度。当前，受教育权被侵犯的现象之所以时有发生，在很大程度上是因为有些部门、学校、家庭和个人法律意识淡薄，以作为或不作为的形式，侵犯他人的受教育权。加强教育法律法规宣传，加大对教育侵权行为的处罚力度，对保障公民的受教育权十分重要。

### (二)侵犯学生的人格尊严

人格尊严是公民的一项基本权利。我国宪法第三十八条规定："中华人民共和国公民的人格尊严不受侵犯。禁止用任何方法对公民进行侮辱、诽谤和诬告陷害。"我国宪法学者们一般认为，人格尊严就是指公民的名誉权、荣誉权、姓名权、肖像权、隐私权等人格权利。正如一位宪法学者所指出的："我国学术界主流的观点认为宪法上的人格尊严即在法律上体现为人格权。宪法规定的人格尊严不受侵犯，通常被认为是指民法意义上的人格权，包括姓名权、名誉权、肖像权等不受侵犯。"[1]但也有人认为，人格尊严是一项独立的公民基本权利，它不同于名誉权、荣誉权、

---

[1] 周伟. 宪法基本权利司法救济研究[M]. 北京：中国人民公安大学出版社，2003：66.

依法执教：从理念到行动 |

姓名权、肖像权和隐私权等具体的人格权。侵犯名誉权、荣誉权、姓名权、肖像权和隐私权的行为，一般都会在不同程度上侵犯人格尊严，但侵犯人格尊严的行为，未必构成侵犯名誉权、荣誉权、姓名权、肖像权和隐私权等。后一种观点有一定道理，但为表述方便，本文采用学术界的主流观点。

除了宪法对人格尊严作出规定外，我国有多部法律规定公民的人格尊严受法律保护。例如，2020年新颁发的《民法典》第一千零二十四条规定："民事主体享有名誉权。任何组织或者个人不得以侮辱、诽谤等方式侵害他人的名誉权。"2020年新修正的《刑法》第二百四十六条第一款规定："以暴力或者其他方法公然侮辱他人或者捏造事实诽谤他人，情节严重的，处三年以下有期徒刑、拘役、管制或者剥夺政治权利。"《消费者权益保护法》第十四条规定："消费者在购买、使用商品和接受服务时，享有人格尊严、民族风俗习惯得到尊重的权利。"第二十七条规定："经营者不得对消费者进行侮辱、诽谤，不得搜查消费者的身体及其携带的物品，不得侵犯消费者的人身自由。"第五十条规定："经营者侵害消费者的人格尊严、侵犯消费者人身自由或者侵害消费者个人信息依法得到保护的权利的，应当停止侵害、恢复名誉、消除影响、赔礼道歉，并赔偿损失。"《监狱法》第七条规定："罪犯的人格不受侮辱。"《国防法》第六十二条规定："国家采取有效措施保护军人的荣誉、人格尊严，依照法律规定对军人的婚姻实行特别保护。"《执业医师法》第二十一条规定，医师在执业活动中，"人格尊严、人身安全不受侵犯"。1999年国务院《导游人员管理条例》第十条规定："导游人员进行导游活动时，其人格尊严应当受到尊重，其人身安全不受侵犯。""导游人员有权拒绝旅游者提出的侮辱其人格尊严或者违反其职业道德的不合理要求。"《妇女权益保障法》第四十二条规定："妇女的名誉权、荣誉权、隐私权、肖像权等人格权受法律保护。""禁止用侮辱、诽谤等方式损害妇女的人格尊严。禁止通过大众传播媒介或者其他方式贬低损害妇女人格。未经本人同意，不得以营利为目的，通过广告、商标、展览橱窗、报纸、期刊、图书、音像制品、电子出版物、网络等形式使用妇女肖像。"《残疾人保障法》第三条第二、第三款规定："残疾人的公民权利和人格尊严受法律保护。""禁止基于残疾的歧视。禁止侮辱、侵害残疾人。禁止通过大众传播媒介或者其他方式贬低损害残疾人人格。"

上述法律法规从不同方面规定了对不同主体的人格尊严的保护。我国十分重视对学生的人格尊严的保护，对此专门规定的法律主要有如下几个。《教师法》第八条规定，教师应履行"关心、爱护全体学生，尊重学生人格，促进学生在品德、智力、体质等方面全面发展"的义务。《义务教育法》第二十九条第二款规定："教师应当尊重学生的人格，不得歧视学生，不得对学生实施体罚、变相体罚或者其他侮辱人格尊严的行为，不得侵犯学生合法权益。"《未成年人保护法》也做了同样的规定。

下面，我们来结合案例，谈谈学生的人格尊严保护。为便于区分，本书将侵犯人格尊严的内容界定为对人格尊严权、名誉权、荣誉权、姓名权、肖像权和隐私权的侵犯。在现实教育教学管理中，主要的侵权行为表现在对学生的人格尊严权、名誉权、荣誉权和隐私权的侵犯。

1. 侵犯学生的人格尊严权

**【案例1】某学校每学期都要求女生做早孕检测**[①]

某职业技术学校群艺班新生小云（化名），专门来到学姐的宿舍里请教为什么女生要多交 3 元钱体检费做尿检，得到的答复是："这是早孕检测，女生每学期都要做，已成为学校的惯例了。"据了解，小云是该校春季招收的新生，和她一起入校的还有近 200 名学生，其中 90% 以上都是十七八岁的女生。

对此做法，学校、家长、学生有不同看法。该校负责学生工作的副校长认为：

---

① 案例来源：中职学校给女生做早孕检测[N].郑州晚报，2007-05-18.

"我们是全封闭管理的学校，每年都要对新生做常规体检，早孕检测只是顺带做的，这是对学生和家长负责。""由于该校招收的学生都是初中毕业生，年龄小，在结交朋友时缺少分辨能力，再加上学校招收的绝大部分都是女生，所以对这方面的教育特别重视。以前也曾发生过学生怀孕自己却不知道的事情，这样对学生身心健康是有害的。本着对家长负责的态度，每学期开学后我们都要对学生进行检查，如果学生出现早孕情况，也好向家长有个交代。""学校对怀孕学生的信息是完全保密的。"

有学生家长认为："学校的做法对孩子是一种伤害。"也有部分家长对学校的做法表示理解。

在本案例中，学校出于"对学生和家长负责"，对未成年人进行早孕检测，即使出发点是好的，实际上也是对学生的人格尊严不尊重。我国的《教师法》《教育法》等法律在一定程度上授权学校对在校学生进行监督管理，但是学校要求尚未成年或刚成年的女生进行早孕检查，无论从《行政法》还是《民法典》的角度，都超出了监管的范畴。学校的统一检测带有一定的强迫性。我国宪法和法律规定公民的人格尊严不受侵犯，学生虽然大都是未成年人，应当受学校的教育和管理，但其同时也是公民，其基本权利同样受宪法和法律的保护。因此，学校的做法应被认为是对未成年人个人隐私的侵犯。这就提醒我们，学校在管理学生时，一定要对相关措施慎重考虑，不能因为出于好心而在无意间侵犯了学生的合法权益。

### 【案例2】9岁女娃说错话，全班女生打嘴巴案[①]

某小学三年级(3)班学生刘某被全班女生打了嘴巴，而叫学生打嘴巴的竟是教师程某。

刘某和当日让同学打她的教师程某在刘某挨打的原因上说法不甚一致。刘某

---

① 案例来源：张维平．中小学校学法用法案例评析[M]．沈阳：辽宁大学出版社，2000.

说，当日上午，她和另外一名女同学因互借水彩笔和颜料发生争执："我拿了她的笔帽，她就哭了，后来我就给她了。后来，不知道程老师怎么知道了这件事。下午，程老师来到教室，把我叫出来，又让全班女同学站成排，轮流打我。"说这番话时，小姑娘一直红着眼圈，憋着没有哭出来。

担任刘某副班主任的程某说，事发当日下午，一名老师告诉她：刘某把另外两名女同学打了。"我当时看到刘某（程老师所说的被打学生之一）脸上被打出檩子，非常生气，我问刘某怎么回事，刘某支支吾吾也没有说清楚。"

程老师说，她是一片好心。打完后，心里也很不是滋味，觉得是伤了孩子的自尊心。下课后，她又教育了刘某一番，刘某承认自己错了。程老师准备向刘某家长赔礼道歉。

据记者了解，记者问程老师所说的两名被打女生时，因颜料和刘某发生争执的女生说，刘某没有打她；另外一名女生说，刘某推了她后背一下，至于脸上的伤，是她自己弄的。但她们说，平时被刘某欺负过。事后，程老师让每个女学生至少打了刘某一下。

该校一位校长表示，不管刘某做了什么样的错事，程老师的这种教育方法是不对的。

本案例中，教师程某采用这种方式来教育犯错误的学生的做法，侵犯了学生的人格尊严。人格尊严是人身权利的重要内容。我国公民都享有人格尊严权，对此，我国法律做了明确规定，前文已有论述。《中小学教师职业道德规范（2008 年修订）》也指出："关爱学生。关心爱护全体学生，尊重学生人格，平等公正对待学生。"教师应当促进学生在品德、智力、体质等方面全面发展，应当对其进行道德、纪律、法制、团结友爱的教育。而本案例中的教师程某却让全班女生站成排，轮流打犯了错误的刘某，这种做法不利于学生的团结和身心的健康成长。虽然在事情发生后，

依法执教：从理念到行动

教师程某意识到伤害了孩子的自尊心，对刘某又进行了教育，并且主动与家长联系，向家长赔礼道歉，其态度比较好，但对被打学生的伤害却可能是很大的。

本案例也促使我们思索，在学校管理中，教师该怎样面对和妥善解决学生之间的冲突？该怎样处理好教育管理手段与依法执教之间的关系？关于这类问题，本书将在后面的章节中专门论述。

深刻反思诸如此类的侵权案件，提高教师的综合素质显得非常重要。首先，教师应该了解儿童身心发展的一般规律。儿童对环境的作用有高度的易感性，容易受不良经验和学习情境所影响，更容易形成深刻的印象。儿童被当众羞辱、责骂、嘲弄、体罚等，都会给他们带来不良体验。随着年龄的增长，儿童的情绪也在不断地变化，逐步有了羞耻感、同情感、嫉妒心及责任感等。尤其是5岁以上的儿童，其情绪有了明显分化，学龄初期的儿童的情感内容更丰富，更富有社会性。儿童在他的活动范围内，如果经常被否认、拒绝或受到不适当的惩罚，就容易产生自卑心理。而如果他感受到了爱、尊重和被接纳，就会约束自己的行为，并注意别人对自己的评价。相反，自尊心被伤害的学生容易在行为上自我放纵、破罐子破摔，内心也会产生羞耻感和罪恶感。其次，教师的"师生观"也直接影响了教师的教育管理行为。现代社会要求教师应树立民主、平等的师生关系观念。作为一种特殊的社会关系，师生关系是一种教育与被教育、管理与被管理的关系，这种关系从本质上来说应当平等、民主，但因为教师负有教育管理的责任，这种关系又不完全对等，学生有义务服从教师的教育管理。教师要善于运用智慧引导学生向健康的方向发展，体罚、变相体罚学生，侵犯学生的人身自由与人格尊严，是教育思想不端正、教育者素质低下的表现，应该严格禁止。

尊重学生，最重要的是尊重学生的人格，让每个学生都有自信心，不能伤害其心灵最敏感的角落——自尊心。为人师表是教师职业道德的一个重要特征，教师是教人怎样做人的灵魂工程师。教师首先要知道自己应该怎样做人。教师工作有强烈的典范性，教师只有以身作则，才能起到人格感召的作用，从而才能够培养出言行一致的学生来。

2. 侵犯学生的名誉权

**【案例1】教师侮辱女生致其自杀**①

2003年4月12日，按照学校的要求，丁某应于上午8点到校补课，但其未按时到校，其班主任汪某询问她迟到的原因后，用木板打了她，并当着其他同学的面辱骂了她。12时29分左右，丁某从该校中学部教学楼跳下，经抢救无效，于当天中午12时50分死亡。

法院经审理认为，被告人汪某的行为符合侮辱罪的主客观构成要件。纵观全案，丁某之所以跳楼自杀，除来自家庭和社会的各种压力外，被告人汪某的言行是丁某跳楼自杀的直接诱因。被告人汪某的言行不仅贬损了丁某的人格尊严和名誉，而且产生了严重的后果，造成了恶劣的社会影响，具有一定的社会危害性，应当受到刑事制裁。鉴于被告人汪某是在对学生进行教育时实施的侮辱犯罪行为，其主观恶性不深，庭审中有一定悔罪表现，且丁某跳楼自杀确系多因一果，加之被告人汪某又具备缓刑的管教条件，可适用缓刑。故被判处有期徒刑一年，缓刑一年。

**【案例2】对犯错误的学生进行批评教育，是否侵犯了学生的名誉权？**②

齐某是某小学二年级一班的学生，因偷了同桌的一支铅笔，结果被同桌告到班主任高某处。当班主任高某将齐某叫到办公室进行批评教育时，另一位教师李某恰好到办公室，听到了班主任的个别谈话。李某在回到本班上课时，向全班同学说："一班的齐某偷了东西，被班主任批评，我们班里要是有人敢偷东西，我就将他送

---

① 案例来源：李克，宋才发. 学校保护[M]. 北京：人民法院出版社，2005.
② 案例来源：李克，宋才发. 学校保护[M]. 北京：人民法院出版社，2005.

到公安局去。"下课后，二班的学生见到一班的学生，都说："你们班的齐某是个小偷。"很快，整个年级的学生都在议论齐某偷东西的事。第二天，齐某就不愿意再上学了。齐某的家长找到班主任高某说理，高某才知道齐某的处境，随后找到二班的老师，了解了事情的经过。学校及李某认为，齐某偷铅笔是事实，对于齐某的偷窃行为进行严肃批评，老师的行为并无不当。无奈，齐某的家长只好将齐某转到一个离家更远的地方上学。

名誉是指对特定的自然人的品行、才能等人格价值的一种社会评价。所谓名誉权是指自然人依法享有的，要求对自己的名誉给予客观、公正的社会评价，并维护自己的名誉不受他人非法贬低的权利。我国《民法典》第九百九十一条规定："民事主体的人格权受法律保护，任何组织或者个人不得侵害。"名誉权是人格权的一种。损害他人名誉的行为主要有三种情况：一是侮辱；二是诽谤；三是其他损害他人名誉的行为。其中，侮辱和诽谤是两种典型的侵犯名誉权的行为。所谓侮辱，是指故意以暴力、语音、文字等方式贬低他人的人格，损坏他人的名誉。而诽谤，则是指行为人故意捏造虚假事实，损害他人名誉的行为。所谓其他损害他人名誉权的行为包括：第一，新闻报道严重失实，导致他人名誉受到损害的行为；第二，在公众场合对他人所进行的严重不当的评价，导致他人名誉受到损害；第三，不适当地宣扬他人的隐私，导致他人名誉受损的行为，这种情况属于一个行为侵犯两种权利，既侵犯他人的名誉权，也侵犯了他人的隐私权。①

判断侵权人的行为是否构成侵犯名誉权并是否应当承担侵权责任时，还要注意几点。一是侵犯名誉权的行为必须指向特定的人，如果只是针对某一类人进行贬损，则不属于侵犯某个具体的人的名誉权的行为。所以，学校领导、教师针对学生

---

① 李克，宋才发. 学校保护[M]. 北京：人民法院出版社，2005：166.

中存在的某些现象进行公开地批评和谴责，只要不针对某个具体的学生进行，就不属于侵犯学生名誉权的行为。二是必须存在对某人名誉造成损害的客观事实，这种客观事实的判定可以从两方面来断定：其一，侵犯名誉权的行为是否为被害人以外的第三人知道，只要证明侵犯名誉权的行为被第三人知道，就可以推定名誉损害的客观存在；其二，侵权行为造成了受害人的精神损害，侵权行为与损害后果存在着因果关系。精神损害是指受害人因侵权人的行为而遭受的心理、感情方面的伤害，包括心理上的悲伤、怨恨、忧郁、气愤、失望、自卑等痛苦的折磨。由于每个人的心理承受能力不同，所表现出来的痛苦程度也不同，造成精神损害的程度主要从侵权行为的手段、作为内容的恶劣程度、影响范围的大小来综合判断。① 此外，侵犯名誉权也可能会在一定程度上产生财产方面的损失。例如，因名誉受损带来精神疾病的医疗费用，或者影响职位晋升等带来的财产损失。对此，受害人可要求侵权人承担赔偿、赔礼道歉、恢复名誉等民事责任，严重的达到犯罪程度的还要承担刑事责任。

据此，我们可以判断，案例 1 中汪某的行为不仅在民事上侵犯了丁某的名誉权，应当承担民事赔偿责任，而且在刑事上构成了侮辱罪，应该受到刑事处罚。案例 2 中，齐某的班主任高某对犯错误的孩子进行批评教育属于合法的教育职务行为，其行为是正当的，也是必要的，不存在侵权行为。二班老师李某不正确的批评教育方式，导致齐某受到不公正的评价，考虑到齐某只有 8 岁，虽然齐某偷铅笔是事实，但是李老师这种放大孩子的错误、使孩子遭受公众谴责的言行却是不可取的，不利于儿童的健康成长。

在学校，教师侵犯学生的名誉权，主要是批评教育方式不当造成的。常见的情

---

① 李克，宋才发. 学校保护[M]. 北京：人民法院出版社，2005：166.

形有：①当众羞辱有偷盗行为的学生；②当众侮辱考试作弊的学生，如某校八年级考试时，发现一女生王某把资料抄在腿上作弊，陈老师立即把王某叫上讲台，当众掀起她的裙子让同学们看，引发学生哄堂大笑；③当众羞辱衣着打扮不得体的学生，如某高中教师当众羞辱一女生；等等。

在现实生活中，面对有不良行为的学生，有教师会"恨铁不成钢"，采用一些极端方式，如体罚、当众羞辱或曝光等简单粗暴的管教方式，希望学生能吸取教训、改正错误，但却事与愿违。学生不仅没有认识到自己的错误，而且会对教师和学校产生仇视的心理。这就要求教师在批评学生时，要掌握方式方法，具体来说应注意：①公开批评学生时应考虑其年龄和心理承受能力；②批评不是为了批评而批评，而是为了其健康成长，批评的同时应当对其提出明确的指导，为其改正错误创造良好的氛围；③原则上，对未成年人的轻微错误，不适用公开批评，而应采用个别批评教育，帮助学生明辨是非、明白事理；④批评学生不应该使用侮辱性语言。

### 3. 侵犯学生的荣誉权

**【案例】侵犯学生的荣誉权，学校应当承担何种责任？**[①]

参加高考的贾某毕业前曾获市教委授予的市级"优秀学生干部"称号，按有关规定，他可享受加分提档奖励。而市教委有关人员在办理过程中，把贾某学生登记表中"优秀学生干部"改成了"三好学生"，并加盖了市教委的印章，而"三好学生"是不加分的，结果贾某以2分之差失去了上他所期望的一所重点大学的机会。进入普通高校的贾某与其家人的身心因此都受到重创。贾某母亲曾多次找到市教委及有关部门希望寻求解决，均未得到满意答复。随后他们将市教委告上法庭。法院经审理判决认为，市教委的工作人员因过错行为，致使贾某在报考某大学时未能享受到市级

---

① 案例来源：最高人民法院民事审判第一庭．最高人民法院《关于确定民事侵权精神损害赔偿责任若干问题的解释》的理解与适用[M]．北京：人民法院出版社，2001．

"优秀学生干部"降 10 分投档的待遇，丧失了可能被录取的期待权，对贾某造成了经济和精神损失，构成了对荣誉权的侵犯，判决市教委以书面形式向贾某赔礼道歉，并在其高考档案中作出书面更正；赔偿贾某经济损失 11733.60 元，精神损失费 3 万元。

荣誉，是公民或法人在生产劳动和各项工作中成绩卓著所受到的表扬、奖励，如获得发明奖、自然科学奖、劳动模范荣誉、先进集体荣誉等。这是一种正式的、积极的社会评价，是社会对民事主体的一种奖励。它是社会组织依据一定的程序，对在某方面有突出表现或贡献的特定民事主体所给予的正面评价。荣誉权是指公民享有获得各种物质奖励和荣誉称号，并享有维护其荣誉不受非法侵害的权利。我国《民法典》第九百九十一条规定："民事主体的人格权受法律保护，任何组织或者个人不得侵害。"荣誉权是人格权的一种，它包括荣誉保持权、精神利益支配权、物质利益获得权、物质利益支配权、荣誉获得权等。荣誉的内容带有专门性；荣誉授予、撤销、剥夺的形式必须遵循一定的程序；荣誉所包含的利益，既包括物质利益，又包括精神利益。我国《民法典》第九百九十五条规定："人格权受到侵害的，受害人有权依照本法和其他法律的规定请求行为人承担民事责任。受害人的停止侵害、排除妨碍、消除危险、消除影响、恢复名誉、赔礼道歉请求权，不适用诉讼时效的规定。"因此，公民的荣誉权一旦受到侵害，可以请求侵权人公开赔礼道歉和消除因侵权造成的不良影响，也可以请求侵权人赔偿损失，如果侵权人对公民的请求置之不理，公民可以诉诸法律，要求人民法院强制侵权人立即停止侵权行为，消除影响、恢复名誉、赔礼道歉，并可以要求物质赔偿。上述案例是一起典型的侵害学生荣誉权案，市教委工作人员因过错行为，致使贾某丧失对被心仪学校录取的期待权，构成了对学生的荣誉权的侵犯。因此，市教委应该承担相应的民事责任。

我国法律保护学生的荣誉权，禁止进行非法剥夺和侵害。"优秀少先队员""优秀学生干部""三好学生"等荣誉称号，是上级部门或学校依法授予的荣誉称号。在教育实践中，个别教师有时会忽视学生这一法律权利，在处理这些学生的行为失范时，有时会从主观臆断出发，随意撤销这些学生的荣誉称号，这无疑侵犯了学生的荣誉权。

4. 侵犯学生的隐私权

**【案例1】学校播放学生早恋行为录像是否侵犯了学生的隐私权？**

2012年4月，某中学在午间播放了一盘录像带，录像带的内容都是在校学生的一些不文明的行为。在节目的最后，八年级学生韦某与其女朋友孙某搂抱、接吻的镜头也被公之于众。虽然画面上打上了马赛克，但是熟悉的同学还是立即认出了他们。事后，班主任王某分别找两人谈话。同时，学校认为两人严重违反了学校规定，情节严重，因此给予两人开除学籍的处分。孙某的父母将学校告上法庭，认为学校安装摄像头并播放拍摄内容，侵犯了孙某的隐私权；同时学校轻易开除学生，剥夺了学生的受教育权，因此学校应当撤销开除学籍的处分，并要求学校赔偿精神损失费。

**【案例2】教师强迫学生交出私人通信、公开学生隐私案**[①]

某高中学生马某是个性格开朗、善于交际、自尊心极强的女学生，她经常与外界有书信来往，引起了同桌李某的好奇和猜疑。一次，李某在收发室又看到了一封写给马某的信，邮票被人扯去了，露出了信纸，李某就偷偷地看了信的内容。原来是一名男生写给马某的，信中表露出思念爱慕之情。李某把这件事悄悄告诉了其他同学，后来班主任陈老师知道了这件事。

陈老师认为这是早恋现象，应坚决制止，于是找到学生马某谈话，对她进行了

---

① 案例来源：褚宏启. 中小学法律问题分析(理论篇)[M]. 北京：红旗出版社，2003.

严厉的批评，并严令马某交出与男生的所有通信。马某被迫将信交给陈老师。陈老师看过信后非常生气，第二天在全班同学面前，把信的一些内容念了出来，严厉地批评了早恋的现象，并说："我们班个别同学不自尊、不自爱，思想堕落，行为不轨，不把精力放在学习上，这样怎么能考上大学！"事后又找到学生马某，要求她写出书面检查，并要家长到学校来谈话。同学们都在背后议论马某，指指点点，说三道四。马某的自尊心受到严重伤害，觉得没脸见同学和家长，几天后离家出走。马某离家出走后，身心受到严重摧残。

上述两个案例，都涉及学生隐私权的保护问题。隐私是自然人不愿意被他人知晓，属于本人生活领域的信息资料。隐私权是"自然人就自己个人私事、个人信息等个人生活领域内的情事不为他人知悉、禁止他人干涉的权利"[1]。隐私权是从人身权中细分出来的一项权利。在我国，隐私权是被当作名誉权的一个部分而加以保护的。最高人民法院《关于审理名誉权案件若干问题的解答》中明确规定："未经他人同意，擅自公布他人的隐私材料或以书面、口头形式宣扬他人隐私，致他人名誉受到损害的，按照侵犯他人名誉权处理。"在我国，公民隐私权的基本内容包括：①公民有权保有姓名、肖像、住址、住宅电话、身体肌肤形态等秘密，未经本人许可不得加以刺探、公开或传播；②公民的个人活动，尤其是在住宅内的活动不受非法监视、监听、录像或拍摄；③公民的住宅不受非法侵入、窥视或骚扰；④公民的性生活不受他人非法干扰、干预、窥视、调查或者公开；⑤公民的储蓄、财产状况不受非法调查或公布，但依法需要公布财产状况的公民除外；⑥公民的通信、日记和其他私人文件不受刺探或非法公开，公民的个人数据不受非法搜集、传输、处理、利用；⑦公民的社会关系，包括亲属关系、朋友关系等不受非法调查或公开；⑧公民

---

① 王利明，杨立新，姚辉. 人格权法[M]. 北京：法律出版社，1997：147.

的档案材料，不得非法公开或扩大知晓范围；⑨公民有权不向社会公开过去或现在纯属个人的情况，如多次失恋、患有某种疾病、被强奸等情况，未经本人许可，不得搜集或公开；⑩公民的任何其他纯属私人内容的个人数据或信息，不得非法搜集、传输、处理和利用。①

由于受到年龄和能力等方面的限制，学生的隐私权特别是未成年学生的隐私权的实现具有自身的特点。隐私权的权利保护会因学生的受教育过程而变得复杂。同时，由于教育本身的特殊性，学生的隐私权与学校的教育权、管理权之间时常会发生一定的冲突，学校在教育和管理学生的过程中容易触及中小学生的隐私。比如，学校和教师对学生的全面发展和健康成长负责，必然要全面地了解学生的思想动态、学习状况、健康情况、家庭背景和生活情况等，而上述内容中的一部分应该属于学生的隐私。学校和教师在履行自身职责、对学生实施教育和管理的过程中，需要弄清：究竟哪些信息、事情属于学生纯粹的"私事"，学校和教师亦不能干涉？哪些内容虽在一定程度上具有隐私性质，但又与教育目标密切关联，学校应该了解？哪些内容貌似隐私，但实质上是学校正常教育教学工作的一部分，必须了解或掌握？这些在实际中并无明显的界限，把握起来具有相当大的难度。再如，在校园内安装监控设备是否会对学生的隐私权构成侵害？公布考试分数是否侵犯学生的隐私？如果发现学生身上藏有危险品，而学生又拒不拿出，学校能不能对学生进行搜身？学生的宿舍是否是学生的隐私空间？上述这些问题，有些属于法律管辖的范畴，有些则属于教育方法、管理策略的问题，辨别起来具有一定的难度和复杂性。要处理好这些问题，教师自身需要具备较高的素质和管理水平。

结合公民隐私权的基本内容以及具体的教育教学实践，学生的以下隐私权应当

---

① 李克，宋才发. 学校保护[M]. 北京：人民法院出版社，2005：195.

特别注意以下方面。①个人身份资料与数据，包括两个方面：一是个人的直接身份资料，如中小学生的姓名、出生日期、民族、宗教信仰、生理特征与生理缺陷、健康状况、家庭住址、电话号码等；二是中小学生的家庭成员及其关系密切的社会关系的资料，如父母等亲属的姓名、工作单位、职务、收入等。对于上述内容，他人不得非法刺探、调查，教师等合法掌握者不得以任何形式加以泄露、宣扬和公布。②个人生活的特殊经历，包括个人身世、病患经历、痛苦往事，如曾遭人强暴等，以及不良记录或违法记录等。对于上述内容，他人不得非法刺探、调查，合法掌握者不得泄露、宣扬和公布。③私人领域，包括学生的身体和身体的隐私部位。私人物品，如书包、日记、笔记、信件及其他私人函件等；个人通信秘密，包括信件、私人间的谈话、电话、电报、电子邮件或其他方式的信息交流等。除因法定缘由并依照法定程序外，任何人不得对未成年学生进行搜身；对于私人物品，非因法定缘由或本人允许，他人不得搜查、翻看。对于中小学生的个人通信秘密，除法定情况外，他人不得非法窃取或以任何方式进行探知、干扰。

为保护未成年人的隐私权，《未成年人保护法》第六十三条第一款规定："任何组织或者个人不得隐匿、毁弃、非法删除未成年人的信件、日记、电子邮件或者其他网络通讯内容。"第二款规定，除"无民事行为能力未成年人的父母或者其他监护人代未成年人开拆、查阅"，"因国家安全或者追查刑事犯罪依法进行检查"，或者"紧急情况下为了保护未成年人本人的人身安全"等法定情形外，"任何组织或者个人不得开拆、查阅未成年人的信件、日记、电子邮件或者其他网络通讯内容。"第一百零三条规定："公安机关、人民检察院、人民法院、司法行政部门以及其他组织和个人不得披露有关案件中未成年人的姓名、影像、住所、就读学校以及其他可能识别出其身份的信息，但查找失踪、被拐卖未成年人等情形除外。"此外，联合国《儿童权利公约》中也明确规定："儿童的隐私、家庭、住所或通信不受任意或非法干涉，其荣誉和名誉不受非法攻击。"在案例1中，韦某与孙某在公共场所的亲密行为固然违反了学校规定，学校可以通过个别教育的方式促使其改正，但学校通过在全校播放其亲密行为的录像，使得韦某与孙某的关系及其行为在全校范围内得到公开，这种行为明显侵犯了两人的隐私权。同时，以侵害学生的隐私作为教育全校学生的手段，违反教育的目的。此外，学校开除韦某与孙某的做法剥夺和侵犯了未成年学生的受教育权。我国《未成年人保护法》《义务教育法》都明确规定学校不得开除学生。如果学校可以随意开除学生学籍，无异于剥夺或侵犯他们接受全面义务教育的权利，不仅会给学生的身心健康及发展带来不好的影响，而且可能引发一系列严重的社会问题，其危害是巨大的。因此，学校应当撤销对两人开除学籍的处分决定。在案例2中，教师强迫学生交出私人通信、公开学生隐私，侵犯了学生的隐私权和通信秘密权。教师还训斥、挖苦学生，造成学生心理上的极大压力，在同学和家长面前损害了学生的人格尊严，教师的行为违法。

作为现行法律规范所确认和保障的一项公民的法定权利，学生的隐私权及其保护理应受到学校管理者的重视，并在教育管理的实践中予以体现。在实践中，学生的隐私权不受尊重甚至被学校管理者侵犯的现象主要表现在以下几方面。①不适当地随意公开考试成绩侵犯学生的隐私权。考试成绩是学生个人生活中的一项信息内容，应属于个人隐私的范畴。②粗暴处理学生恋爱问题而侵犯学生的隐私权。学生恋爱问题属于其隐私的范围，学校管理者应重在教育和疏导，而以公开点名批评或者让学生公开承认错误的方式对待恋爱中的学生是不恰当的，也是侵犯学生隐私权的。③不当使用监控设备侵犯而学生的隐私权。目前，许多学校出于安全保卫和提高管理效率的需要使用监控设备，但如果使用不当，公开或泄露了涉及学生个人隐私的信息，侵扰了学生的生存领域，则可能侵犯学生的隐私权。学校在使用摄像头等监控设备时应该注意以下几点：一是安装监控设备的目的只能是维护与保障教育管理的正常秩序；二是安装监控设备的场所及使用要有适当限制，合适地点是教室、图书馆、食堂等这些学校的公共场所，而不是类似于卫生间、更衣室、学生宿舍等学生个人生活的私密场所；三是学校安装摄像头之前应充分履行告知义务，即学校应当告诉学生摄像头的具体位置、开启时间、谁有权查看监控、监控资料的用途等具体事项，以避免学生在不知情的情形下泄露自己的隐私；四是通过监控设备形成的信息应该合理保管和使用，学校不得出于正当管理之外的目的利用这些信息。④不当披露学生个人健康信息而侵犯学生的隐私权。身体健康状况一般而言是个人的私事，应属于个人隐私的范围而不需要为他人所探悉。个人健康状况的信息不当披露会让患者受到周围人的歧视、误解甚至排斥，并因此给他们的工作、学习、生活带来诸多障碍。现实中，某些学校未经学生或其监护人的许可，也并非出于维护校园公共卫生安全利益的需要，擅自公布了学生所患有的疾病、身体部位的缺陷等信息，造成学生在校园内受到不应有的歧视，是对学生隐私权的侵犯。

隐私权是学生作为公民依法应当享有的、不容随意限制或剥夺的基本民事权利，学生隐私权保护的发展与完善是一个渐进的过程。我们强调保护学生的隐私权并不意味着学生此项权利的行使就是绝对的、没有限度的。在学校范围内，限制学生隐私权行使的基本依据就是学校教育管理的公共利益，如维护正常的教育管理秩序、保证校园公共卫生安全等。因此，学校在实施教育管理的过程中既应尊重学生的合法隐私权，又要出于维护公共管理利益的需要适当限制学生隐私权的行使，从而协调好学生隐私权这一私权利与作为公权力的学校管理权之间的关系。

### (三)侵犯学生的生命健康权

学生的生命健康权是学生人身权的重要内容，生命权是以公民的生命安全利益为主的权利。健康权是公民以其生理机能正常运作和功能完善发挥，以维持人体生命活动的利益为内容的权利。生命健康权包括两方面的内容：一是身体健康发育和成长；二是心理健康发展。我国《民法典》第一千零二、第一千零三、第一千零四条分别规定："自然人享有生命权。自然人的生命安全和生命尊严受法律保护。任何组织或者个人不得侵害他人的生命权。""自然人享有身体权。自然人的身体完整和行动自由受法律保护。任何组织或者个人不得侵害他人的身体权。""自然人享有健康权。自然人的身心健康受法律保护。任何组织或者个人不得侵害他人的健康权。"我国的教育法律法规对保护学生的生命健康权也做了明确规定。

在学校侵犯学生权利的案件中，对学生生命健康权的侵害是所有侵权案件中最为突出的。当前学校对学生生命健康权的侵害主要体现在两方面：一是由学校校舍和设施设备不安全等引起的学生伤害事故纠纷案件；二是由体罚或变相体罚学生引起的侵权案件。由于这两类侵权案件在我国当前的学校教育中十分常见，侵权后造成的后果往往也比较严重，产生的纠纷较多，且人们对此还缺乏深入认识，因此，关于这部分内容，本书将在后面的章节中专门论述。

### (四)侵犯学生的人身自由权

### 【案例1】"指纹考勤"是否侵犯了学生的人身自由？

近几年来，一些学校为加强管理，确保校园安全，纷纷采用了全新的保障校园安全的方法——"指纹考勤"，这是一种了解学生到校情况的全新的方式。据报道，校方认为，此举能减少逃学现象且有利学生安全。但这种考勤方式在部分学生和社会各界人士中尚存争议。一些学生认为："这样的做法使我们自行利用课余时间、参与课外活动时间受到了约束。""指纹考勤"是否侵犯了学生的人身自由权？

关于"指纹考勤"是否侵犯了学生的人身自由权或其他权利，争议颇多。有人认为这种做法侵害了学生的人身自由，因为"指纹考勤"的前提是提取指纹。指纹属于公民人身的组成部分，世界各国绝大多数国家都没有制定提取或采集公民指纹的法律。指纹采集涉及人的尊严和隐私权等问题，即使是国家公安机关，除破案需要针对特定嫌疑人之外，也无权强制公民提供指纹。也有人认为，学生的心理还未完全成熟，对抗外界诱惑的能力还很欠缺，学校出台指纹考勤机制强制学生到校，其实也是对在校学生负责任的一种表现，不构成对学生人身自由权的侵害。

要阐释这一问题，关键是要弄清人身自由权的内容与本质。公民的人身自由权包括以下内容：①人身不受非法逮捕、拘禁、搜查和侵害；②与人身自由相联系的人格尊严不受侵害；③公民的住宅不受侵犯；④公民的通信自由和通信秘密受法律保护。学校采取"指纹考勤"的办法以加强对学生的管理和保护，在主观上和手段上都不属于对学生进行人身监控，而是履行对学生进行安全教育、管理和保护的法律义务，"指纹考勤"是人工记录考勤的一种智能化，其记录考勤的本质并没有变。而考勤记录是学校对师生的一种管理模式，该管理模式本身是合法行为。"指纹考勤"系统是对学生进入、离开学校的时间记录，并不影响学生进出校门，因此学校如果仅仅从管理的目的出发，并对学生的指纹严格保密，采取切实可行的保密措施，采集指纹时也征得对方同意，则不属于违法行为，不能说是侵犯了学生的人身自由权。但如果学校规定对不接受"指纹考勤"的学生拒绝提供教育，或者采取其他歧视方法，则影响了学生接受教育的合法权益。此外，学生个人的指纹特征涉及其隐私权，学生同意将其提供给学校管理使用，学校就应该依法保护学生的该项隐私权。如果学校在保密方面有所差池，使学生的该项隐私权受到侵害，学校就应承担相应的法律责任。

【案例 2】非法拘禁学生案

某中学三年级(5)班的女生寝室连续发生偷盗事件，校领导责成班主任王某进行明察暗访。王某根据同学们提供的线索，锁定目标李某。李某平时不爱学习，在学生中的口碑较差。于是，王某把李某叫到办公室进行盘问，李某拒不承认。鉴于李某是女生，不便搜查，王某大为恼火，就把李某滞留在办公室达10小时之久，命其交代盗窃"事实"。经人报警，李某方得放出，王某则被公安机关传讯到案。因王某的非法拘禁行为情节轻微，认错态度好，最终王某被教育局通报批评。

非法拘禁学生是故意非法剥夺学生人身自由的行为。人身自由一般是指按照自由的意志支配自己的身体活动的自由。人身自由权是宪法赋予公民的一项重要的人身权利，是公民参加国家管理和社会活动以及行使其他权利的必要条件。法定的非法拘禁行为包括两类：一类是直接拘束他人身体，如捆绑等；另一类是间接拘束他人身体，剥夺其身体活动自由，即将他人监禁于一定场所，使其不能或难以离开、逃走。我国《刑法》规定："非法拘禁他人或者以其他方法非法剥夺他人人身自由的，处三年以下有期徒刑、拘役、管制或者剥夺政治权利。"在本案中，学生寝室屡屡被盗，作为班主任老师的王某焦急、气愤乃在情理之中，调查询问也应当，但其行为不能违反法律规定。王某限制李某人身自由长达10小时之久的行为，是对李某人身自由权的侵犯。

在学校管理中，一些学校的管理人员和教师法治观念淡薄，有些教师常常自觉或不自觉地侵害学生的人身自由，如无故拖堂、限制学生正当活动等。当学生出现违纪违规行为时，教师没有依靠司法机关，也缺乏正确的教育方法，而是采用一些非法的手段管教学生，如擅自关学生禁闭、捆绑吊打、非法拘禁、私设公堂、非法搜查等，这不仅侵犯了学生的人身自由，而且可能引发学生自杀等严重后果。

**【案例3】学校强行给学生剪发违法吗？**

据报道，海口市某中学八年级学生小韩哭着告诉记者，因为学校从4月11日起规定女生不许留披肩发，否则责令限期改正，拒不改正将强制执行。"5月10日中午，学校政教处几个领导把我和同学小冯按在桌子上，强行剪掉了我们的披肩发，我们的脖子也被抓伤"，小韩哭诉道。当天下午3时许，被强行剪掉头发的两名女生的家长赶到学校校长办公室，并与校长发生了争执。小韩的家长韩先生激动地说："我女儿今年才15岁，原先留的头发才刚到肩部，学校竟然不通知我们就剪掉了孩子的头发!"

对学校领导强行剪掉学生头发的事件，校方认为此举在于整顿校风。该校政教处李主任在接受记者采访时表示："校方这么做的前提，肯定是为了学生们好。"李主任说，寒假期间，有些学生的发型、仪表都不符合《中学生守则》的要求，有些学生甚至染发，穿奇装异服，在一定程度上分散了精力，影响了学习，所以学校觉得很有必要整顿一下校风，在4月11日下发了这个校规，目的是让学生养成良好的生活习惯。李主任透露，学校在开学之初，就要求学生自行剪掉染色的头发、长发，但有的学生根本不听。学校三番五次地做工作，由班主任出面、由学校出面打电话请各学生家长配合。"本学期的校风整顿效果还是可以的，但是仍有个别学生不理睬学校的规定。"

学生对学校领导强行剪掉学生头发事件的看法不一。七年级学生小云说，学校早就教导，想留长发就要扎起来。小云认为，校方也曾给那些留披肩发的女生做思想工作，小韩、小冯肯定是顶嘴了才被强行剪发。另外一些女生则持不同看法。九年级学生小孟说："女孩子天生就喜欢漂亮，老师们的粗鲁行为令人寒心。"在记者采访的10名女生中，6人表示反对学校的"强制执行"；3人表示校规就是校规，没什么看法；1人认为留披肩发就是作风不好、影响学习的表现。

近些年关于中小学生的服饰、发型、装扮引发学生和学校纠纷的案例较多，本案例只是其中的一个典型案例。《中学生日常行为规范》明确要求，学生要"穿戴整洁、朴素大方，不烫发，不染发，不化妆，不佩戴首饰，男生不留长发，女生不穿高跟鞋"。规范对学生的这些要求既合情合理也合法，因为学生是一个特殊群体，学校对学生的服饰装扮提出"穿戴整洁、朴素大方"的要求是有利于学生的身心健康的。只要学生的装扮不违反法律法规和社会公德，不会对教育教学工作造成不良影响，学校和教师就不应干涉，否则就侵犯了学生的表达自由权。在本案例中，校方定下校规，本意、初衷都是好的，但是在法律层面上说，强行剪发的行为客观上造成了对学生的身心伤害，而且《中学生日常行为规范》中并没有规定不准女生留长发，只是要求女生"不烫发，不染发，不化妆，不佩戴首饰，不穿高跟鞋"，因此校方此举侵犯了学生的人身自由和人格尊严，应该停止侵害，并赔礼道歉。

要妥善解决此类纠纷，要求学校在制定校规时，应该依法制定，符合学生身心发展规律，有利于学生身心健康的全面发展。学校在执行校规时，应该多做学生的工作，多跟学生沟通。如果学生屡教不改，学校可以通过批评、警告、处分，或是联合家长一起来教育，帮助学生守法守规，切不可使用不法手段来制止学生的违规行为。至于因学生服饰、发型不达标而将学生拒之校门外，不准学生上学，甚至当众羞辱学生等行为，都是违法行为，由此造成的后果，如学生因此辍学、出走、自杀等，学校要负相应的法律责任。

### (五)侵犯学生的财产权

财产权是公民、法人对其所有的财产依法进行占有、使用、收益和处分并排除他人非法侵害的权利。我国《民法典》第二百六十七条规定："私人的合法财产受法律保护，禁止任何组织或者个人侵占、哄抢、破坏。"教师侵犯学生财产权的表现形式主要有损坏学生财物，没收学生物品，乱摊派，乱罚款，乱收费或变相收费，变相向学生索礼索物等。

**【案例1】学校没收学生手机是否违法?**

新学期一开学，某学校就规定禁止学生携带手机进入校园。如果发现学生携带或者使用手机，一律没收。如果使用手机的同学不服从管理，视其情节轻重，可处以记过、留校察看、劝退等处分。新规定实行以来，该学校已没收学生手机数十台，没收的手机被老师编了号，锁进学校的抽屉里。后来，该校发生盗窃，被没收的手机也在被盗财物中。期末时，有学生向学校索要被没收的手机，学校以学生违纪、手机被没收概不返还为由，拒绝赔偿被盗的没收的手机。学校的行为是否合法？

学校为了维护正常的教学秩序，通常会采取一些管理手段，如暂时扣押或者没收学生的手机、游戏机等物品，一些教师认为这是很正常的管理手段，但没收学生手机的行为侵犯了学生的财产权。虽然校方没收或者暂扣学生财物的行为初衷是管理学生，因为学生在课堂上使用手机的确会对教学秩序造成一定影响，但是手机作为学生的个人财产，理应受到法律的保护。并且手机作为现代较为普及的通信工具，也正逐渐成为家长和孩子之间保持联络的重要工具，学校无权没收或暂扣学生的物品。因为没收和暂扣财物属于行政处罚范畴，实施行政处罚措施必须具有相应的主体资格，根据我国《行政处罚法》的规定，享有行政处罚权的有以下三类主体：依法律规定享有行政处罚权的行政机关；法律法规授权的组织；受行政机关委托的组织。显然，作为教育机构的学校没有这样的权力，学校无权没收或暂扣学生的物品。因此，本案例中学校没收学生手机的行为是违法的，被没收的手机应该返还给学生，不能返还的应该依法赔偿。

为了解决因为手机管理带来的校园冲突问题，2021年1月15日，教育部办公厅印发了《关于加强中小学生手机管理工作的通知》（以下简称《通知》）。《通知》要求："学校应当告知学生和家长，原则上不得将个人手机带入校园。学生确有将手机带入校园需求的，须经学生家长同意、书面提出申请，进校后应将手机交由学校统一保管，禁止带入课堂。""学校应将手机管理纳入学校日常管理，制定具体办法，明确统一保管的场所、方式、责任人，提供必要保管装置。"根据《通知》要求，学校要细化手机管理措施，引导、教育学生科学理性对待并合理使用手机，做好家校沟通，避免简单粗暴的管理行为。显然，案例1中的学校管理手机的方式简单粗暴，容易引发学校与学生的冲突。《通知》对学校依法管理学生手机具有现实的指导意义。

**【案例2】学校扣学生助学金是否合法？**

按照国家规定，某大专的每个学生每个月将领取国家发放的60元助学金。但据学生反映，这60元并没有发放到每个学生手里，而是被学校以各种理由克扣了。比如，学校从每人60元中拿出5元，说是为了奖励学习刻苦的学生，并规定每个学生旷课两节、早操四节的就扣掉一个月的助学金60元。学生们纷纷质疑学校的这种做法，认为这60元是国家直接发给学生的，学校以各种理由扣掉是侵犯了其财产权。

根据我国《教育法》第四十三条的规定，受教育者享有"按照国家有关规定获得奖学金、贷学金、助学金"的权利，因此依法享受国家发放的助学金是受教育者的权利，任何人无权以任何借口予以限制和剥夺。本案例中，60元的补助是国家给在校学生的补贴，学校只起到中间的桥梁与管理人的作用。每月60元的所有权属学生个人，学校对此没有处分权。学校可以设定一系列的规章制度，尽自己管理的责任，但是不能以侵犯学生财产权为惩罚手段。学校的这种擅自处分他人财产的行为是没有法律依据的，侵犯了学生的财产权。对此，学生可以与学校交涉，协商不成可以依法起诉，维护自己的合法权利。

**【案例3】教师能否对违纪学生进行罚款？**

《燕赵晚报》报道，2008年6月19日早晨，复兴区某小学五年级学生小明到校后没有按语文老师的要求交上《兔子眼睛为什么是红的》这篇作文，被老师要求缴纳

5元罚款。小明的父母知道这件事后，提出疑问，认为孩子没有完成作业，老师大可以对其批评教育，但不应该罚款，毕竟学生没有经济收入，如果罚款多了容易导致学生去偷、去抢，走向犯罪。但这位老师表示，罚款只是一种教育手段，因为光靠劝说有时候起不到作用，进行经济处罚能引起学生和家长的重视。"罚的钱将用于奖励优秀学生或购买办公用品，我本人一分钱也不会贪污。"

无独有偶，另一所中学的班主任规定，凡不能按时完成作业罚款5元，上课吃零食罚款2元，迟到罚款1元……该班主任表示，实施后同学们的表现比以前好多了。学生小慧说，班里几个调皮的男生经常挨罚，最多的一个多月被罚了30元。甚至有班主任针对班级几乎所有违纪行为都作出了罚款处理并写进了班规。罚款这样的处罚手段让学生迟到等违纪明显减少，学校其他教师纷纷效仿，如此罚款使本来就没有什么经济来源的学生为了交罚款甚至还要编造理由向父母要钱，有的甚至走上违法犯罪的道路。

学校和教师都无权对学生进行罚款。因为罚款属于一种行政处罚，是行政处罚主体依法强制违法行为人在一定期限内缴纳一定数额钱款的行政处罚形式。根据《行政处罚法》的规定，只有拥有管辖权的行政机关和经法律授权的组织或者经行政机关委托的组织可以行使行政处罚权外，任何公民、法人或者其他组织都不可行使行政处罚权。因此，学校或班级都不具有罚款的权力，其规定的有关罚款的内部管理制度是违法的，侵犯了学生的财产权，学生有权拒绝缴纳。教师对违纪学生应该耐心教育，而不是以罚代教。现实中教师对学生进行罚款的违法现象比较普遍，这也凸显出提高教师的法律意识、依法治教十分必要。

财产权是公民具有的一项基本权利。毫无疑问，学生对自己的个人物品享有法定财产权，任何组织和个人都不能随意剥夺。对于学校没收或者暂扣、毁坏学生财物、罚款等行为，学生可以依据我国《教育法》寻求法律救济。《教育法》第四十三条第四款规定，受教育者可以"对学校给予的处分不服向有关部门提出申诉，对学校、教师侵犯其人身权、财产权等合法权益，提出申诉或依法提起诉讼"。具体而言，学生对于学校或教师侵犯其财产权的行为，可以向学校的上级主管部门即教育局提出，也可以通过诉讼请求法院判决学校归还财物，如果由于没收或者扣押使学生的财物发生丢失、毁损等情形，可要求学校给予赔偿。

**【案例4】新学期的奇怪学费**

据报道，虽然中央和各地政府三令五申，禁止学校向学生乱摊派和乱收费，但某市的一些学校依然变着法子与政策"打游击"，诸如《安全教育》读本费5.6元、班费10元等，这些费用还不含订奶费、校服费。这些费用有的开了非税发票，有的开了简单收据，有的甚至什么都没开。根据有关规定，对中小学生收取的保险费、校服费、饮用奶费、学具费、教辅书费、课外读本费、家长培训费、观看爱国主义影片等服务性收费应坚持自愿的原则，不得强制向学生收取。

本案例中学校的乱收费行为，违反了国家的有关规定，侵犯了学生的财产权。关于义务教育的收费问题，我国法律和国家政策都相继进行了明确规定。我国《义务教育法》规定："实施义务教育，不收学费、杂费。""各级人民政府对家庭经济困难的适龄儿童、少年免费提供教科书并补助寄宿生生活费。"同时还规定："学校违反国家规定收取费用的，由县级人民政府教育行政部门责令退还所收费用；对直接负责的主管人员和其他直接责任人员依法给予处分。""学校以向学生推销或者变相推销商品、服务等方式谋取利益的，由县级人民政府教育行政部门给予通报批评；有违法所得的，没收违法所得；对直接负责的主管人员和其他直接责任人员依法给予处分。"

为贯彻《义务教育法》，进一步规范义务教育阶段的收费行为，早在2007年1月，全国农村义务教育经费保障机制改革领导小组办公室发出的通知中指出：①农村义务教育阶段教辅材料费、学具费、校服费、保险费、体检防疫费等代收费和存车费、热饭费、饮水费等服务性收费项目今春一律取消，相应的合理支出纳入公用经费开支范围，不得向学生收取。②从 2007 年春季新学期开始，国家免除全国农村地区义务教育阶段学生学杂费，并继续对困难家庭学生免费提供课本，为困难家庭寄宿生补助生活费。③农村义务教育阶段学校除按"一费制"标准收取课本费、作业本费和寄宿生住宿费外，严禁再向学生收取其他任何费用。其中按规定享受免费教科书的贫困学生，不再缴纳课本费、作业本费。由政府财政资金建设的学生宿舍，原则上不收住宿费，所需相关费用从学校公用经费中开支；使用其他资金建设的学生宿舍，在公用经费基本标准全部落实到位前，如学校经费确有困难的，可适当收取一些住宿费，但从 2009 年春季开始全部取消。学校可以向自愿在学校就餐的学生收取伙食费，但不准强迫。④严禁任何部门、学校、教师向学生推销或变相推销教辅材料和其他学习用品，不准教辅材料销售部门和其他商业服务机构进入校园推销教辅材料和其他商品。在教科书之外必须让学生接受教育且免费提供有困难的专项读本、教学参考必需的教辅材料，学校可以根据教学需要少量购买，存放在图书馆(室)，供学生借阅，轮流使用。所需经费从公用经费中开支，不得另行向学生收取费用，学校不得要求学生人手一册。⑤学校不得举办或参与举办向学生收费的各种提高班、补习班、特长班、竞赛班等，所有规定的教学内容必须纳入正常课堂教学之中；经教育行政部门批准举办的各类有利于推进素质教育的实验班，不得向学生收费，所需经费由批准部门承担。教师为学生补课不得收费，但可计入工作量中，作为工作考核的一项内容。

除了对农村义务教育收费进行了明确规定外，对城市义务教育的收费问题，2008 年 8 月 12 日发布的《国务院关于做好免除城市义务教育阶段学生学杂费工作的通知》中规定："从 2008 年秋季学期开始，全部免除城市义务教育阶段公办学校学生学杂费。在接受政府委托、承担义务教育任务的民办学校就读的学生，按照当地公办学校免除学杂费标准，享受补助。免除学杂费的标准，按照各省级人民政府制定的城市义务教育阶段学校'一费制'中杂费标准执行。免除城市义务教育阶段学生学杂费所需资金由省级人民政府统筹落实，省和省以下各级财政予以安排。""对享受城市居民最低生活保障政策家庭的义务教育阶段学生，继续免费提供教科书，并对家庭经济困难的寄宿学生补助生活费。""对符合当地政府规定接收条件的进城务工人员随迁子女，要按照相对就近入学的原则统筹安排在公办学校就读，免除学杂费，不收借读费。地方各级人民政府要按照预算内生均公用经费标准和实际接收人数，对接收进城务工人员随迁子女的公办学校足额拨付教育经费。""要规范城市义务教育阶段服务性收费和代收费。服务性收费、代收费的项目和标准要经省级人民政府审定；收费必须坚持学生自愿和非营利原则；严格执行教育收费公示制度。要按照《中华人民共和国民办教育促进法》及其实施条例的要求，进一步规范义务教育阶段民办学校各项收费的管理。""教育督导部门要强化监督检查，把免除城市义务教育阶段学生学杂费、进城务工人员随迁子女平等接受义务教育等作为教育督导的重要内容。"

上述这些规定，对保障学生的受教育权的实现、规范义务教育的收费行为、制止学校乱收费具有重大的现实意义。这些规定的贯彻落实，使学校的乱收费问题得到了有效控制，侵犯学生财产权的现象也大大减少。这些目标的实现，也有赖于学生和家长的有效监督。

### (六)学生的申诉权受法律保护

学生的申诉权是《教育法》赋予学生的一项法定权利。它是指学生在接受学校教育过程中，认为其受教育权以及人身权、财产权等合法权益受到学校或教职员工的侵害，依法向教育行政机关或学校申诉理由，要求重新处理的权利。受理学生申诉的机构，可以是学生所在学校，也可以是对该学校具有监督管理权的教育主管部门。

"无救济则无权利"，这是一句法律格言。当公民的合法权益受到侵害时，国家如何对受侵害人的权利进行救济，往往体现一个国家对公民权利的尊重程度，也是衡量一个国家法治化水平的主要标志。学生具有申诉权，就是我国法律对于学生在自身合法权益受到侵害时可以使用的具有教育特点的一个救济手段。学生如果没有申诉权，其自由和权利就无法得到法律保障，实现依法治校、依法执教也就成了一句空话。以下案例就充分说明了这个问题。

**【案例】学生被勒令退学申诉无门 告赢学校仍无济于事**①

2003 年 4 月，某职业技术学院某分教点英语系学生郑某，收到学校的一纸退学通知书。面对申诉途径的缺失和司法救济的无助，郑某不知道如何才能维护自己的权益。

据了解，郑某因肚子疼在宿舍用电饭煲煮中药时，被检查宿舍用电的老师以违反《学生宿舍安全管理规定》为由收缴了电饭煲，"双方发生争执，致使某老师右手背和左肘部外伤"。事后该分教点以"追打老师"为由作出《关于给予学生郑某勒令退学处分的决定》。郑某不服这个决定，以此次违规使用电饭煲是事出有因（生病煲药），且没有追打老师的行为为由，向学院领导反映。该学院领导认为郑某打老师的行为适用勒令退学，也是对被追打老师的交代。校方代理律师也认为，我国《高等教育法》《普通高等学校学生管理规定》都赋予了学校勒令学生退学的权力。郑某"追打老师，且缺乏悔改的诚意"，违反了《学籍管理暂行规定》，因此学校给予其勒令退学的处分。

---

① 案例来源：张立刚. 高校学生事务管理中的法律问题相关案例研究[M]. 济南：山东大学出版社，2015.

　　　　　　　　　　　　　　　　　　　　依法执教：从理念到行动 ｜

根据《普通高等学校学生管理规定》第六十四条规定，"处理结论要同本人见面，允许本人申辩、申诉和保留不同意见。对本人的申诉，学校有责任进行复查"。那么，该学院在处分郑某时，是否执行了上述规定呢？

据该院领导介绍，该校是有一套学生申诉制度的。比如，设有专门的校长信箱，学生可以通过此信箱直接向校长反映问题。但郑某告诉记者，他并不知道学校有什么申诉机制，也从来没有人告诉他如果对处分结果不服该如何去申诉。至于校长信箱，他也只是听说可以反映教师教学的问题，没听说过可以反映学校处分的问题。出于维护自己权益的本能，郑某开始找校领导反映此事，先后找到分教点和总校学生处的领导，但都没有得到任何答复。

据一位从事高校学生管理的老师介绍，高校处理学生的程序通常是先由系里给出一个情况说明，上报给教务处，教务处再汇报给校长办公室及有关领导，然后经讨论出台一个处罚决定。"这中间学生本人几乎没有参与的机会。"

《教育法》第四十三条规定，学生若"对学校给予的处分不服"，有权"向有关部门提出申诉"。郑某曾到省教育厅上访了 6 次，但得到的答复是：这是学校的内部事务。由于学校申诉和行政上访均无效，郑某只能把希望寄托在法院身上，并向所在区人民法院提交了行政诉讼状，请求法院撤销该学院分教点对他勒令退学的处分决定。法院当天就受理了这个案子。

"法院不应该受理这样的案件，"校方代理律师说，"《行政诉讼法》明文规定，行政诉讼的被告是行政部门。学校是教育事业单位，不是行政部门，所以不能成为行政诉讼的被告，不适用《行政诉讼法》。而且，学校与学生之间属于管理和被管理的关系，不是平等的民事主体，因此学生也不能针对学校的管理行为提请民事诉讼。"但该区人民法院则认为可以受理此类案件："学校的学习安排、奖惩等方面属于内部行政管理，法院不会干涉；但是涉及学籍管理、学位授予这方面的案件，法院就有权受理，因为这是属于学校的外部行政管理。"

该区人民法院一审判郑某胜诉。法院认为郑某的行为不属于"打架斗殴闹事"的范畴，判决撤销该学院以分教点名义对其作出的勒令退学的处分。

学院根据判决撤销该学院以分教点的处分决定，但又以总校的名义重新对郑某发出了勒令退学通知书。理由是学校已经执行了法院的判决，撤销了分教点的处分，但学校认定的事实证明郑某殴打了老师，有权对他勒令退学。

对于学校的做法，郑某的代理律师认为，学校如此执行法院判决"合法不合理"，"对当事人来说是极为不公平的"。最终，郑某放弃了上诉。

本案例显示出我国法律法规虽然对"学生申诉权"作出了规定，但在实施过程中还存在着一些问题。根据我国《教育法》第四十三条第四款的规定，受教育者有"对学校给予的处分不服向有关部门提出申诉，对学校、教师侵犯其人身权、财产权等合法权益，提出申诉或者依法提起诉讼"的权利。根据此项规定，学生申诉的范围十分广泛，一般涉及学生的受教育权、公正评价权、隐私权、名誉权以及其他人身权及财产权受到学校或教师侵犯的行为。具体来讲，学生申诉的范围有以下几种[①]：第一，学生对学校作出的各种违纪处分不服，如警告、严重警告、记过、留校察看、勒令退学、开除学籍等纪律处分及其他处分；第二，学校或教师侵犯学生人身权，如在教育管理中体罚或变相体罚学生，侵犯学生身体健康权，侮辱学生，侵犯学生人身自由权，随意剥夺学生荣誉称号而侵犯学生荣誉权等行为；第三，学校或教师侵犯学生财产权，如违法乱收费、乱摊派、没收学生财物、罚款、强迫学生购买非必需教学物品或与教学无关的物品等；第四，学校或教师侵犯了学生通信自由与通信秘密权，对学生进行不公正评价，以及侵害学生受教育权等行为；第五，以

---

① 劳凯声. 变革社会中的教育权与受教育权：教育法学基本问题研究[M]. 北京：教育科学出版社，2003：465.

　　　　　　　　　　　　　　　　依法执教：从理念到行动

上未列举的有关学生人身权、财产权受到侵害的其他行为，学生均可提出申诉。

为保障学生的申诉权，2003 年，教育部印发的《关于加强依法治校工作的若干意见》(以下简称《意见》)要求"建立完善的权益救济渠道，教师和受教育者的合法权益依法得到保障，形成良好的学校育人环境"。该《意见》还指出："学校要健全学籍管理制度，按照有关法律的规定，严格保护学生的受教育权，中小学一般不得开除未成年学生；对学生的处分应做到事实清楚、证据充分、依据合法，符合规定程序；建立校内学生申诉制度，保障学生申诉的法定权利。高等学校依法对学生做出处分决定应当经过校长办公会议讨论通过，保障学生的知情权、申辩权，并报主管教育部门备案。"2005 年 3 月 25 日，教育部颁发了新的《普通高等学校学生管理规定》，其中多项条款涉及学生的申诉权，如第五十五条规定："学校对学生的处分，应当做到程序正当、证据充分、依据明确、定性准确、处分恰当。"第五十六条规定："学校在对学生作出处分决定之前，应当听取学生或者其代理人的陈述和申辩。"第五十七条规定："学校对学生作出开除学籍处分决定，应当由校长会议研究决定。"第五十八条规定："学校对学生作出处分，应当出具处分决定书，送交本人。开除学籍的处分决定书报学校所在地省级教育行政部门备案。"第五十九条规定："学校对学生作出的处分决定书应当包括处分和处分事实、理由及依据，并告知学生可以提出申诉及申诉的期限。"第六十条规定："学校应当成立学生申诉处理委员会，受理学生对取消入学资格、退学处理或者违规、违纪处分的申诉。学生申诉处理委员会应当由学校负责人、职能部门负责人、教师代表、学生代表组成。"第六十一条规定："学生对处分决定有异议的，在接到学校处分决定书之日起 5 个工作日内，应当可以向学校学生申诉处理委员会提出书面申诉。"第六十二条规定："学生申诉处理委员会对学生提出的申诉进行复查，并在接到书面申诉之日起 15 个工作日内，作出复查结论并告知申诉人。需要改变原处分决定的，由学生申诉处理委员会提交学校重新研究决定。"第六十三条规定："学生对复查决定有异议的，在接到学校复查决定书之日起15个工作日内，可以向学校所在地省级教育行政部门提出书面申诉。省级教育行政部门在接到学生书面申诉之日起30个工作日内，应当对申诉人的问题给予处理并答复。"第六十四条规定："从处分决定或者复查决定送交之日起，学生在申诉期内未提出申诉的，学校或者省级教育行政部门不再受理其提出的申诉。"这些规定是对学生申诉权的完善，填补了以往对申诉的机构、时效、受理的期限、不服申诉的救济途径等方面规定的空白。

学生的申诉权是我国现行法律法规赋予学生的一项重要权利。对于学校给予的处分或者对于学校、教师侵犯其合法权益，学生向有关部门提出申诉，这是一种行使法定权利的合法的行为。学校不但无权限制或者制止学生的申诉，而且必须保护行使正当申诉权的学生，使其不因申诉受到报复或者被施加其他压力。要使学生的合法权利得以保障落实，还需要确立学生申诉权的程序性权利，完善学生申诉制度，如被告知的权利、陈述申辩的权利、要求举行听证的权利、获得申诉机构平等对待的权利、要求申诉机构在作出的决定中说明理由的权利、对申诉结果不服的救济权利等。学生申诉制度则是"学生在接受教育的过程中，对学校给予的处分不服，或者认为学校和教师侵犯了其合法权益而向有关部门提出要求重新作出处理的制度。"[1]通过建立健全学生申诉权及学生申诉制度，来保护和救济学生的合法权益，从制度上给予学生表达自己意志、进行申辩、陈述理由的正当途径，以充分保障学生正当权利的享有和实现。同时这也是对学校管理权的一种监督，是对学校教育、管理权力的约束，有利于防止学校滥用权力，抵制权力对权利的侵害，有利于推进学校依法治校。

---

① 劳凯声. 变革社会中的教育权与受教育权：教育法学基本问题研究[M]. 北京：教育科学出版社，2003：464.

## 三、学生的义务

在我国，权利与义务具有一致性，法律上的权利与义务是相互依存、相互制约的。其中，义务是实现权利的基础，权利是履行义务的前提，没有无义务的权利，也没有无权利的义务。学生在享受权利的同时也必须履行相应的义务。学生的义务是指"学生依照有关法律、法规的规定，对自身行为的约束和必须履行的责任，具体表现是必须做出一定行为或不得做出一定行为"①。因年龄和就读学校类别的不同，学生所要履行的义务也有差别。我国《教育法》第四十四条规定："受教育者应当履行下列义务：(一)遵守法律、法规；(二)遵守学生行为规范，尊敬师长，养成良好的思想品德和行为习惯；(三)努力学习，完成规定的学习任务；(四)遵守所在学校或者其他教育机构的管理制度。"此处的法律法规是指宪法、法律、行政法规、部委规章、地方法规和规章，当然也包括有关教育的各种法律、法规和规章。此处的"学生行为规范"主要指教育部印发的《中小学生守则(2015年修订)》《小学生日常行为规范》《中学生日常行为规范》《高等学校学生行为准则》等。这四个规章集中体现了国家对学生在政治、思想、品德、学习及行为等方面的基本要求。此处的"管理制度"包括学校或其他教育机构的教学管理制度、学籍管理制度、品德行为管理制度和其他管理制度。其中，教学管理制度主要有教学作息制度、学习制度、班级管理制度等；学籍管理制度主要有注册、考试、升级、留级、转学、复学、休学、退学等，考勤记录、纪律教育、奖励处分以及学生毕业资格的审查等管理规定；品德行为制度主要是学校校训、学生日常行为规范等；其他管理制度有图书管理制度、

---

① 黄崴. 教育法学[M]. 北京：高等教育出版社，2002：230.

校园管理制度、体育卫生制度等。需要特别指出的是，这些管理制度必须依据国家有关法律、法规和规章来制定，否则无效，甚至可能会侵犯学生的合法权利。

## 四、学生违法应当承担的法律责任

法律责任是指行为主体因违反法律义务而应当或必须承担的法律后果。学生如不履行法律义务，有关部门将视其违纪违法行为的情节严重程度，要求学生承担相应的法律责任。根据违法性质和情节轻重，违法行为可分为三类：民事违法行为、行政违法行为、刑事违法行为。学生的违法行为依其危害程度可划分为严重违法和一般违法，严重违法指的是触犯《刑法》，也称犯罪，此外则为一般违法。民事违法属于一般违法，学生违反教育法规的民事违法行为多数表现为侵害教师、教学管理人员和同学的人身权与财产权的行为。行政违法也属于一般违法。

法律责任基于违法行为而产生，学生的法律责任及有关法律制裁，依其违法行为的性质，主要分为三类。一是刑事责任和刑事制裁。刑事责任和刑罚，是法律责任和制裁中最严厉的。认定和追究刑事责任的主体只能是国家审判机关。二是民事责任和民事制裁。民事责任主要是财产责任。教育民事制裁是由国家审判机关或教育行政机关对民事违法者或无过错行为者依其所应负的民事责任而实施的强制措施。承担民事责任的方式主要有：停止侵害；排除妨碍；消除危险；返还财产，恢复原状；修理、重作，更换；赔偿损失；支付违约金；消除影响、恢复名誉、赔礼道歉。此外，还有训诫、责令具结悔过、收缴进行非法活动的财物和非法所得，并可依照法律规定处以罚款、拘留。三是行政责任和行政制裁。对学生的教育行政违法实施行政处罚的主体，主要是公安机关和教育行政机关，或由其授权的特定机构如国家教育考试机构。学校依照校纪校规，对学生作出的有关处理，不能称为行政处罚。我国学校对学生的处分方式主要有警告、严重警告、记过、留校察看、开除学籍等。对义务教育阶段的学生可以给予警告、严重警告、记过处分。对高中阶段的学生可以给予警告、严重警告、记过、留校察看、开除学籍的处分。对 8 周岁以下的学生一般不予处分，可以给予口头批评教育，帮助其改正错误。

为保护未成年人的健康成长，我国对未成年人违法犯罪所应当承担的法律责任进行了特殊的保护规定。关于刑事责任年龄，2020 年新修订的《中华人民共和国刑法》第十七条第一、第二、第三款分别规定："已满十六周岁的人犯罪，应当负刑事责任。""已满十四周岁不满十六周岁的人，犯故意杀人、故意伤害致人重伤或者死亡、强奸、抢劫、贩卖毒品、放火、爆炸、投放危险物质罪的，应当负刑事责任。""已满十二周岁不满十四周岁的人，犯故意杀人、故意伤害罪，致人死亡或者以特别残忍手段致人重伤造成严重残疾，情节恶劣，经最高人民检察院核准追诉的，应当负刑事责任。"同时规定，对依照前三款规定追究刑事责任的不满十八周岁的人，应当从轻或者减轻处罚。"因不满十六周岁不予刑事处罚的，责令其父母或者其他监护人加以管教；在必要的时候，依法进行专门矫治教育。"关于民事责任，根据我国法律规定，无民事行为能力人、限制民事行为能力人造成他人损害的，由监护人承担民事责任。监护人尽了监护责任的，可以适当减轻其民事责任。有财产的无民事行为能力人、限制民事行为能力人造成他人损害的，从本人财产中支付赔偿费用。不足部分，由监护人适当赔偿，但单位担任监护人的除外。可见，我国法律除了对未成年人触犯《刑法》所应负的刑事责任年龄进行了严格限定外，还规定，对无民事行为能力人或限制民事行为能力人的违法行为，其监护人要代为承担相应的民事法律责任。

下面，我们通过几个案例来进一步阐述这一问题。

**【案例 1】学生干部体罚学生案**①

日前，沈阳某小学的一位学生家长向记者反映了他上小学二年级的孩子被班干部体罚的经过。5月15日午后3点整，这个班在教室外站队，由于他的儿子刘某在站队时作怪态，就被一名班干部叫了出来，当众被罚下蹲35次（没有教师在场）。学生进了教室以后，班干部觉得罚得还不够，于是又叫刘某再次当众罚蹲50次，还必须连续做不能停，如果停一下就加罚20次，于是刘某又做了50个下蹲。这名班干部认为刘某蹲得不合格，就继续罚刘某下蹲90下。刘某回家后感觉双腿蹲得酸疼，头昏眼花，更严重的是刘某感到当众受到侮辱，第二天说什么也不愿意上学了。次日，家长找到学校，班主任老师态度很好，表示事发时正外出开会，不知道发生了这种事情，教师从来也没给过班干部处罚学生的权力，并表示要处理好此事，对班干部要进行教育，等等。

这是一则典型的学生侵权案。根据《民法典》第一千一百八十八条规定："无民事行为能力人、限制民事行为能力人造成他人损害的，由监护人承担侵权责任。监护人尽到监护职责的，可以减轻其侵权责任。有财产的无民事行为能力人、限制民事行为能力人造成他人损害的，从本人财产中支付赔偿费用；不足部分，由监护人赔偿。"《未成年人保护法》第一百二十九条规定："违反本法规定，侵犯未成年人合法权益，造成人身、财产或者其他损害的，依法承担民事责任。"该案例中，这名班干部属于无民事行为能力人，体罚同学刘某，侵犯了刘某的人身权利，其监护人应承担民事责任。承担责任的方式应该以赔礼道歉为主，也可以酌情消除影响、恢复名誉、赔偿损失等。同时，学校是学生学习的地方，对于未成年的中小学生而言，学校应对他们负有保护职责。学校因为管理、教育、保护失职，也应当承担相应的民

---

① 案例来源：佚名．学生干部体罚学生案[J]．教育，2010(16)．

事责任。由于事情发生在上课过程中，学校的教师也应该负有责任，由于教师不是外出办私事，而是因公外出开会，学校应该承担因本身的管理失误而造成的相应责任。

本案例反映出当前一些中小学校出现的一种不正之风，就是一些学生将当班干部视为一种可以凌驾于其他同学之上、任意发号施令、随意处罚其他同学的职务，而不是为同学服务，出现了学生干部利用个人职权，采取简单粗暴的方法去惩罚同学，使被惩罚的同学身心健康受到影响的现象。有的学校教学秩序较乱，有的教师专门选用班内较厉害的学生当班干部，利用这类班干部管理学生，结果一些班干部觉得自己有特权，对待同学专横跋扈。有的学生被班干部打了，却敢怒不敢言。这种行为不仅使受罚学生的身心健康受到影响，而且也不利于学生干部的成长。

这也提醒我们，教师在对待学生问题时，一定要以身作则，要关心爱护自己的学生，不要动不动就训斥、讽刺、挖苦甚至打骂学生。特别是小学低年级的学生，他们分辨是非能力较差，可塑性强，模仿能力也极强，有时遇到一些事情往往会学着老师的样子去处理问题，甚至学了不好的东西还常常有一种自豪感，却并不知道自己做错了什么。此外，学校也应该加强对教师的师德教育。有个别教师上课时扔下学生，自己去办私事，把管理学生的任务交给个别班干部，这是极不负责任的表现。如果教师因公外出、开会或生病等缺勤，学校应安排好教师代管班级，防止意外事件的发生。家庭也应该对孩子进行关心同学、爱护同学、帮助同学的教育，尽量避免发生这类侵犯其他学生权益的事情。

### 【案例2】网上"口水战"引发的群殴案

某日傍晚5点多，南京市某村中学门前，九年级某班的4名男生和往常一样说说笑笑地走出校门后不久，突然被一伙人强行带到路边的花卉广场。到此之后，并不知道发生了什么事情的4名学生大吃一惊，身边"护驾"的人由原先不到10人，一下激增到近50人。对方简短地几句谩骂之后，这伙人蜂拥而上轮番对他们进行暴打。

　　警方查明参与施暴的 40 多人，都是在校的中学生。3 月 12 日，南京市玄武警方将 19 名涉案嫌疑人抓获。

　　引发这场聚众斗殴的事由，竟是两名学生在网上的对骂。

　　事后，南京市玄武警方宣布，对参与这起群殴行凶的 11 名嫌疑人依法刑事拘留。

　　根据我国《刑法》的规定，已满十六周岁的人犯罪，应当负刑事责任。已满十四周岁不满十六周岁的人，犯故意杀人、故意伤害致人重伤或者死亡、强奸、抢劫、贩卖毒品、放火、爆炸、投放危险物质罪的，应当负刑事责任。已满十二周岁不满十四周岁的人，犯故意杀人、故意伤害罪，致人死亡或者以特别残忍手段致人重伤造成严重残疾，情节恶劣，经最高人民检察院核准追诉的，应当负刑事责任。已满十四周岁不满十八周岁的人犯罪，应当从轻或者减轻处罚。因不满十六周岁不予刑事处罚的，责令其父母或者监护人加以管教；在必要的时候，依法进行专门矫治教育。本案例中的几位行凶的在校学生，使用暴力手段故意伤害他人身体，依法应当承担刑事责任。由于这些行凶的学生年龄为十四至十八周岁，依法应当从轻或减轻处罚。

　　近年来，在校中小学生有的违反校规、扰乱公共秩序、破坏公物或公共设施，有的打群架行凶闹事，有的甚至由小偷小摸发展到入室入库盗窃、敲诈勒索。其中的原因是多方面的：一是由于学生思想单纯，自制能力差，在外界不良环境影响下容易陷入违纪违法的泥坑；二是社会、家庭的一些不良影响，为这些学生走向违法犯罪提供了温床；三是一些学校的教育管理措施不得力，对在校学生违纪违法的预防工作缺乏重视。在校学生违纪违法一般都有明显前兆，往往贪图吃喝玩乐。只要教师、家长及社会随时注意他们的行为变化，及时采取措施防微杜渐，一般就能将许多违纪违法行为消灭在萌芽状态。针对目前学生违纪违法现象，建立以学校为核心、家庭为基础、社会为依托的多渠道、多功能教育和防范网络，各方配合、齐抓共管、综合治理很有必要。

**【案例3】学生辱骂教师案**

某校九年级学生王某在上化学实验课时，不遵守实验规则，被老师批评后不但不收敛其行为，反而发出怪叫声，扰乱课堂实验秩序，经老师多次提醒后仍不改正，还顶撞老师。无奈之下，老师让其出教室到学校教导处，王某不服从。教导处副主任陈某得知情况后，来到实验室让王某到教导处接受批评教育。王某于是当众大骂老师，陈老师便将其揪出教室。一路上王某不停地骂骂咧咧，陈老师忍无可忍，打了王某。事后，该生家长找到学校，称该生被打不能上学，要求学校保留学籍，并赔偿医疗费、营养费 1.5 万元。经医院检查核实，该生被打的程度并不严重，并不会影响其继续回学校上学。

本案属于比较典型的学校纠纷案。显然，九年级学生王某的行为扰乱了课堂秩序，干扰了教学活动的正常进行，侵犯了其他学生的受教育权，在教师的多次提醒下不仅不改正，还口出秽言辱骂教师。教师将其赶出课堂到教导处接受批评教育的行为，属于行使教育教学管理权。但陈老师是否应该责打口出秽言的王某呢？答案是否定的。陈老师打王某，虽然事出有因，但却是违法的。因此，本案例中，学生王某因违纪应该受到学校处分，而陈老师及学校则应当承担因打王某而导致的民事赔偿责任。

该案例启示我们，面对违纪、不听管教的学生，教师要讲究教育方法和策略，教育方式的选择要符合法律的规定，这样才不至于在教育学生的同时自己却违法了。

# 第四章
## 依法实施教育惩戒

长期以来，在教育理论和实践中，教师对教育是否需要惩戒，什么是体罚和变相体罚，怎样区分惩戒与体罚，如何正确行使教师的惩戒权等问题，都存在模糊的认识，从而导致一些教师走向教育管理学生的两个极端，教师惩戒权的行使处于无度状态。一方面，随着社会发展与进步，教育民主、儿童人权的呼声日益高涨，"赏识教育""愉快教育"已成为当前中小学教育的主流选择。诚然，"赏识教育""愉快教育"充分体现了"以人为本"的人性化教育和管理理念，但遗憾的是，一些学校在反思尊重学生的过程中，却走进了重表扬轻批评的误区。另一方面，有的教师冒天下之大不韪，对学生实行体罚，把体罚当作发泄私愤的手段。

鉴于此，教育部于 2020 年 12 月 23 日公布了《中小学教育惩戒规则(试行)》(以下简称《规则》)，自 2021 年 3 月 1 日起施行。本章节结合新颁布的《规则》和典型案例，就"教育惩戒、体罚和变相体罚"进行探讨和分析，以期帮助教师依法履行教育、管理学生的职责，促进学生全面发展、健康成长。

## 一、惩戒、体罚和变相体罚的含义

### (一)惩戒的含义

惩戒，顾名思义，惩，即处罚；戒，即警戒。惩戒，即通过处罚来达到警戒的目的。这与《辞海》中将"惩戒"解释为"惩治过错，警戒将来"，以及《现代汉语词典》中的对惩戒的解释"通过处罚来警戒"是同一个意思。我国教育法学家劳凯声教授认为，惩戒是"通过给学生身心施加某种影响，使其感到痛苦或羞耻，激发其悔改之意，从而达到矫正目的"[①]。《规则》第二条第二款对"教育惩戒"的内涵作了规定，是指"学校、教师基于教育目的，对违规违纪学生进行管理、训导或者以规定方式予以矫治，促使学生引以为戒、认识和改正错误的教育行为"。

从以上对"教育惩戒"内涵的界定可以看出，实施教育惩戒权的主体是学校和具有教育职务的教师。其中，教师是代表学校行使这一权力的；惩戒的对象只能是针对学生的违规违纪行为本身，而不是学生个人；惩戒是发生在教师履行教育职责过程中的一种行为，惩戒的出发点和目的都是教育学生，采用管理、训导或者以规定方式予以矫治，戒除其不符合社会规范的行为，促进其规范行为的产生，而不得以侮辱学生人格和损害学生的身心健康为前提条件。

惩戒教育是教育不可或缺的组成部分，正如孩子需要赏识、需要表扬一样，他们同样需要惩戒。在学校教育中，我们一方面要通过表扬、鼓励来促进学生良好行为的发生、保持和发展，另一方面也要对学生的违纪违规行为予以惩戒，以防微杜

---

[①] 劳凯声．变革社会中的教育权与受教育权：教育法学基本问题研究[M]．北京：教育科学出版社，2003：376．

渐。适宜的惩戒有利于培养学生的责任感，有利于学生的身心健康发展，增强学生的心理抗挫能力。

### (二)体罚和变相体罚的含义

长期以来，我国教育研究者为指导教师正确行使教育惩戒权，从教育学或心理学角度对体罚和变相体罚的内涵加以界定。例如，《现代汉语词典》对体罚的解释是"用罚站、罚跪、打手心等方式来处罚"①。《教育大辞典》将体罚解释为"以损伤人体、侮辱人格为手段的处罚方法"，并对"变相体罚"做了列举性解释，"如留堂、饿饭、罚劳动、重复写字几百几千等"。②《实用教育大辞典》认为"体罚是用触及身体皮肉等有损身体健康和侮辱人格性质的方式来惩罚学生的方法，如罚站、罚跪、打手心、拧耳朵等，是奴隶社会和封建社会学校教育中所实行的'棍棒'教育的具体表现形式"③。《新世纪教师素养》一书的解释是："体罚是指用直接殴打的方式来处罚未成年学生和儿童的错误的行为。其特点是直接殴打人身体的某个部位而使殴打者遭受肉体痛苦，人格受到侮辱。变相体罚是指罚站、罚跪、罚做某种行为等方式来处罚未成年学生和儿童的错误行为。变相体罚不是直接殴打受罚者，而是采用罚做某种行为的方式，使受罚者身心感到痛苦或者疲劳的行为。"④这些注解在一定程度上弥补了法律的模糊解释，方便了教育实践对体罚和变相体罚行为的认定。

国外法学界对"体罚"（corporal punishment）也做了多种描述和定义，例如布莱克法律词典解释为"一种施加于人身体的惩罚"⑤。1988年美国国会在《学校体罚》报

---

① 中国社会科学院语言研究所词典编辑室. 现代汉语词典[M]. 北京：商务印书馆，2016：1287.
② 顾明远. 教育大辞典[M]. 上海：上海教育出版社，1998：1535.
③ 王焕勋. 实用教育大词典[M]. 北京：北京师范大学出版社，1995：446.
④ 张行涛，郭东岐. 新世纪教师素养[M]. 北京：首都师范大学出版社，2003：114-115.
⑤ Bryan A. Garner. Black's Law Dictionary(7 Edition)[M]. St. Paul, Minn, 1999.

依法执教：从理念到行动 ｜

告中定义："体罚是一种惩戒方式，由管理儿童的成人故意地采取引起儿童肉体痛苦的方式，以此作为对其违规行为或是不恰当言语的反应。这种惩戒的直接目的通常是终止儿童的过错、防止其再次发生并为他人树立榜样，它的长远目标是意欲转变儿童的行为使其更符合成人的期望。体罚中，成人通常用手或是藤条、木棒、戒尺、皮带等其他物品打儿童身体的某个部位，希望因此引起儿童的疼痛和害怕。"①

从以上的引述可知，体罚是对儿童的一种惩戒方式。由于东西方家庭文化及社会传统的差异，东西方对体罚的理解难免存在一些差异。在我国，多数学者明确将其视为一种伤害学生身心健康以及侮辱人格的反教育的惩戒行为，因而是受到法律明令禁止的行为。为此，本文将体罚界定为：体罚是教育者在教育教学工作中，对受教育者所实施的一种身体上感到痛苦或者极度疲劳并造成其身心健康损害的侵权行为。体罚是教师滥用职权的表现，体罚造成的后果是对学生身体和精神的双重损害，是对学生身心健康的侵权行为，因而也是国家明令禁止的行为。

对于体罚、变相体罚，《规则》第十二条列举了教师在教育教学管理、实施教育惩戒过程中，不得有以下八种行为：①以击打、刺扎等方式直接造成身体痛苦的体罚；②超过正常限度的罚站、反复抄写，强制做不适的动作或者姿势，以及刻意孤立等间接伤害身体、心理的变相体罚；③辱骂或者以歧视性、侮辱性的言行侵犯学生人格尊严；④因个人或者少数人违规违纪行为而惩罚全体学生；⑤因学业成绩而教育惩戒学生；⑥因个人情绪、好恶实施或者选择性实施教育惩戒；⑦指派学生对其他学生实施教育惩戒；⑧其他侵害学生权利的。由此可见，体罚是指教师直接诉诸身体力量或使用工具作用于学生身体，用直接殴打的方式来处罚学生，现实中常见的体罚方式有殴打、捆绑、罚跪、罚站、关禁闭、揪耳朵、打手心、打耳光扯头

---

① The American Academy of Child and Adolescent, Corporal Punishment in Schools, 1997.

发、掐肉等。变相体罚是指"教师对学生进行肉体惩罚和人格侮辱的间接方式"①，它不是直接殴打受罚者，而是采用间接的方式使受罚者身心感到痛苦或者疲劳的行为，有辱骂、刁难、讽刺、挖苦、威胁、侮辱、呵斥、逐出课堂、课后留校、罚抄作业、罚劳动、剥夺生理需求、叫学生自打或互打等方式。

近年又出现了一个叫"心罚"的概念，心罚主要是指在教育过程中，教师以心灵施暴的方式对学生进行惩罚的错误教育方法。具体表现为讽刺挖苦、嘲笑责骂、冷落排斥、孤立隔离、歧视侮辱、公开学生隐私使其当众出丑等。相对于其他体罚现象，心罚则更隐蔽，是一种精神伤害，其后果是给学生造成巨大的精神压力，使学生产生心灰意冷、孤立无援的心境，导致心理和学习障碍，甚至离家出走，更严重的还可能产生心理疾病，导致精神分裂，出现自杀或杀人的倾向。由于心罚主要侵犯了学生的人格尊严权，也影响了学生的身心健康，侵权人应该根据情节轻重，依法承担相应的法律责任。

## 二、惩戒与体罚的关系

在现实生活中，部分教师在惩戒学生时存在几种普遍的心理忧虑。一是"心里没底"。知道法律明文禁止教师体罚学生，但又不清楚哪些行为是体罚行为，所以在惩戒学生时"心里没底"。二是"心里矛盾"。一方面教师的职责与良心要求要对一些学生进行惩戒，甚至有教师认为适当的惩戒对学生具有明显的教育效果，但另一方面又不敢处罚学生，甚至批评的话都不敢讲重，"心里很矛盾"。三是"心里害怕"。看到媒体对少数极端体罚行为的曝光，案件中施罚的教师都受到法律制裁，

---

① 安文铸. 学校管理辞典[M]. 北京：中国科学技术出版社，1991：173.

依法执教：从理念到行动

"心里很害怕"，所以对学生的错误行为干脆放任不管。四是"心里无奈"。现实中只要学生或家长告教师体罚学生，教师一般都要受到批评或处罚，上级主管部门和舆论界通常都站在学生和家长一边，教师"心里很无奈"。这几种典型的心理忧虑现象反映了教师对惩戒与体罚的区分不清，导致教师对"禁止教师体罚学生"的法律精神的尊重与工作责任心之间产生了强烈的矛盾冲突和心理压力，解决不好，既会影响学生的健康成长，也可能影响到教师对其职业的认同。因此，有必要厘清这两者的关系。

虽然体罚是对儿童的一种惩罚方式，但是绝不能把惩戒理解为体罚，把体罚等同于惩戒，惩戒与体罚有着本质的区别。第一，出发点不同。惩戒重在"戒"，体罚重在"罚"。惩戒是一种能促使学生吸取教训以更好地健康成长的教育手段，是在学生身心能够承受的前提下，以尊重关爱学生、帮助学生认识并改正错误为目的，对学生问题行为进行强制性纠正的教育措施，能对学生起警诫和教育作用；体罚则以治人为目的，是一种造成学生肉体痛苦或精神痛苦的侵权行为，破坏了教育的意义。第二，依据不同。前者实现的依据是教育法规、学校教育管理制度和班纪班规；后者则是教育者个人情绪化的行为，缺乏教育合法性。第三，性质不同。惩戒是在尊重学生的基础上对学生行为和精神上的具有教育意义的处罚，是一种必要的合理合法的教育方法；而体罚则是教师将学生置于"弱者"地位的行为，不仅会侵害学生的生命权、健康权、受教育权等，而且会伤害学生的自尊。第四，后果不同。惩戒能使学生最终心悦诚服地改掉错误，且能增进师生感情；而体罚可能会使学生改正错误，但更多是对学生产生消极影响，助长以势压人，扼杀学习兴趣，打击学生学习积极性，使师生关系紧张。总之，两者之间的本质区别在于，惩戒是不以损害学生的身心健康为前提的教育方法，而体罚则是一种惩戒过度、片面行使并损害受罚者身心健康的违法的教育方法。

因此，禁止体罚和禁止变相体罚并不等于禁止惩戒，惩戒是教育的必要手段。《教育法》第二十九条规定，学校及其他教育机构有"对受教育者进行学籍管理，实施奖励或者处分的权利"。《规则》第三条规定："学校、教师应当遵循教育规律，依法履行职责，通过积极管教和教育惩戒的实施，及时纠正学生错误言行，培养学生的规则意识、责任意识。教育行政部门应当支持、指导、监督学校及其教师依法依规实施教育惩戒。"这些规定，从法律上肯定了教育惩戒权是法律赋予教师的一种管理职能。但是教师不能滥用这种权利，《规则》第四条规定："实施教育惩戒应当符合教育规律，注重育人效果；遵循法治原则，做到客观公正；选择适当措施，与学生过错程度相适应。"因此，教师的惩戒应遵守相应的法律法规，应尊重学生的合法权益，所选择的惩戒方式不仅要符合教育科学和学生发展的规律性，而且要符合社会道德和法律的要求，不能超越其法定的权限，真正做到科学使用惩戒权与杜绝体罚行为相辅相成。

此外，需要指出的是，教师出于正当的行为动机产生的与学生身体上的合理碰撞，应视为合法行为，而非体罚。比如，制止学生威胁到他人人身安全的违规行为，夺取学生用于伤害他人的危险品；正当防卫；保卫他人的人身或财产等。但如果教师的制止行为具有恶意性，超出了其制止学生不良行为的目的和限度，则不受法律保护，且要承担相应的法律责任。

## 三、国内外关于惩戒和体罚的研究及规定

### (一)国外关于惩戒和体罚的研究及规定

在古代，从官方法律、规章之中可看出，不少国家将惩戒和体罚视为必要的合

理的教育手段。比如，古埃及记载教师教训学生："用心地念书，不要把白天玩掉，否则你的身体就要吃苦。"①古印度虽然禁止体罚，但在种姓制度和宗教教育密切相联系的学校教育中，严酷的体罚教育仍很盛行。古代西方教会学校的教师，动辄对学生进行体罚，要求学生绝对服从神的意志。② 当然也有学者贬斥体罚，如古罗马教育家昆体良就明确指出："体罚会使学生憎恶自己的学习，往往导致学生的反抗，或使他们中止在学习上进行的尝试。体罚……往往只能使学生对自己的不良行为的态度更加强硬。"③

在文艺复兴时期，体罚遭到人文主义倡导者的强烈抨击，强调尊重人的价值和尊严，反对过分依赖体罚、要求尊重儿童的呼声不断增高。比较有代表性的有，蒙田推崇无惩戒、无眼泪教育。伊拉斯谟认为可以惩罚，但"我们的惩罚与与人为善而不是打击报复的"④，应将其作为最后的手段。教育家夸美纽斯认为，教育要适应自然的法则，顺应儿童的天性，但也不排除惩罚。他在《大教学论》中专章论述过纪律问题，"严格的纪律是必须的"，"我们可以从一个无可争辩的命题来开始，就是犯了过错的人应当受到惩罚。但是他们之所以应受惩罚，不是由于他们犯了过错，而是要使他们日后不去再犯"。⑤ 英国思想家约翰·洛克在《教育漫话》一书中，对惩戒也进行了精辟的论述。洛克认为既不能给儿童过重的惩罚，但也不能放弃惩罚。他认为善与恶，奖励与惩罚是理性动物的唯一行为动机，是一切人类因之去工作、由之受指引的激励物和约束物，所以也应该用之于儿童。⑥

17世纪后，一些教育学者对惩戒与体罚的认识更趋于理性，出现了两种有代表

① ［苏联］司徒卢威. 古代的东方[M]. 陈文林，贾刚，萧家琛，译. 北京：人民教育出版社，1955：89.
② 王天一，夏之莲，朱美玉. 外国教育史（上）[M]. 北京：北京师范大学出版社，1993：80.
③ 贾晓红，张铁牛. 体罚和变相体罚学生现象评析[J]. 许昌师专学报，2002(1).
④ 瞿葆奎. 教学（中）[M]. 北京：人民教育出版社，1988：440.
⑤ ［捷克］夸美纽斯. 大教学论[M]. 傅任敢，译. 北京：人民教育出版社，1984：215.
⑥ ［英］约翰·洛克. 教育漫话[M]. 徐诚，杨汉麟，译. 石家庄：河北人民出版社，1998：35.

性的主张：一是以赫尔巴特为代表，主张温和的惩罚，认为在确有必要时不回避体罚；另一种是以卢梭为代表，要求完全尊重学生的人格尊严，避免任何不人道的外在强制性教育手段。赫尔巴特认为，教育与管理本身是密切结合的，如果只教不管会徒劳无益，管理是教育的一根缰绳，教师必须"坚强而温和地"抓住它，才可以使存在于儿童身上不驯服的烈性"盲目冲动的种子"以及"率真的欲望"得到束缚，特别是在教育开始阶段，很难做到以教育代管理，这时期对学生采取"惩罚性威胁"是完全必要的。由此看出，他主张惩戒，但应力避体罚，防止以罚代教。18世纪法国思想家卢梭则极力反对人为惩戒，而主张自然惩罚，且自然惩罚要在教师的密切监控之下。他在自己的《爱弥儿》中，提出对儿童的过失应靠"自然后果法"去惩罚。"对儿童的惩罚永远是他们的过失的自然结果，一定不要为惩罚孩子而惩罚孩子，应该使他们觉得这些惩罚正是他们不良行为的自然结果。"时隔一个世纪，苏联教育家马卡连柯坚持教育要有合理的惩戒，他指出："合理的惩戒制度不仅是合法的，而且是必要的。这种合理的惩戒制度有助于形成学生的坚强性格，能培养学生的责任感，能锻炼学生的意志和人的尊严感，能培养学生抵抗引诱和战胜引诱的能力"，"凡需要惩罚的地方，教师就没有权利不惩罚，在必须惩罚的情况下，惩罚不仅是一种权利，而且是一种义务"。① 而在欧洲，19世纪中叶以后，受人文主义思想的影响，谴责暴力、要求废除体罚并改进学校惩戒方式的呼声越来越强烈，荷兰、法国等国先后立法禁止体罚。

进入20世纪后，随着教育民主化进程的加快，儿童的权益保护日益受到人们的重视，对惩戒和体罚的研究已经引起了有关国家和地区的重视，研究也进一步深入，但不仅限于学者的理论论述，而且进一步上升到了法律规定层面。1924年，国

---

① ［苏联］马卡连柯. 论共产主义教育[M]. 刘长松，杨慕之，译. 北京：人民教育出版社，1955.

际联盟第五届会议通过了《日内瓦儿童权利宣言》，首次表现出国际组织对儿童权利的关心，成为儿童权利保护的里程碑；1959年，联合国大会通过的《儿童权利宣言》则标志着儿童权利观念在世界范围内的初步确立；1989年，联合国大会通过的《儿童权利公约》是第一个为儿童人权拟订各种保障的国际法律文件，其中的许多条款，都涉及保护儿童免遭各种形式的虐待和凌辱，这些条款包括第二、第十一、第十九、第二十一、第二十八、第三十二至第三十八和第四十条，其中第十九、第二十八和第三十七条直接与保护儿童免遭体罚有关。第十九条要求所有的缔约国"采取一切适当的立法、行政、社会和教育措施，保护儿童在受父母、法定监护人或其他任何负责照管儿童的人的照料时，不致受到任何形式的身心摧残、伤害或凌辱，忽视或照料不周，虐待或剥削，包括性侵犯"。第二十八条要求缔约国应采取一切适当措施，确保学校执行纪律的方式符合儿童的人格尊严及本公约的规定。第三十七条则规定，任何儿童不受酷刑或其他形式的残忍、不人道或有辱人格的待遇或体罚。

此后，很多国家都相继加入了《儿童权利公约》，越来越多的国家通过法律宣告废除体罚，禁止用不人道或侮辱性的方式来教育儿童。体罚一般是被法令禁止的，但体罚现象仍不同程度地存在，各国对体罚的规定也存在不同程度的差异。

一些国家明确禁止体罚，把体罚学生视为违法行为，如日本、法国、荷兰、挪威、西班牙、瑞典等。例如，日本的《学校教育法》第十一条明文规定："校长和教员，根据教育上的需要，可按主管部门的有关规定，对学生进行惩戒。但是不许体罚。"由此得知，校长和教师不得对学生进行体罚，但可以加以惩戒。此外，日本政府在其公布的有关体罚的注意事项中列举了六项禁止体罚实例：①不让学生如厕，超过用餐时间后仍留学生在教室中，因为会造成肉体痛苦，属于体罚范围，违反学校教育法；②不让迟到的学生进入教室，即使是短时间，在义务教育阶段也是不允许的；③上课中，因学生偷懒或闹事，不可把学生赶出教室，而在教室内让学生罚站，只要不变成体罚学生，基于惩戒权观念可被容许；④偷窃或破坏他人物品等，为了给予警告，在不致造成体罚范围内，放学后可将学生留校，但须通知家长；⑤偷窃，放学后可以留下当事人和证人调查，但不得强迫学生写下自白书和供词；⑥因迟到或怠惰等事，增加扫除的值日次数是被允许的，但不当差别待遇和过分逼迫不行。① 从以上规定看出，日本政府对体罚进行了列举，倾向于通过细致性规定来规范教师的惩戒行为，但由于对合法的惩戒和体罚没有做出明确的区分，日本的中小学校仍存在大量以惩戒之名行体罚之实的现象。在瑞典，法律禁止家长殴打孩子，学校里也严禁使用戒尺。瑞典为此还颁布了《埃科塔赫尔法》，禁止对 18 岁以下少年儿童进行公开的或私下的体罚。

一些国家允许体罚，但对体罚做了明确限定，如美国、英国、加拿大、韩国等。美国关于体罚的法律规定，各州均有差异。目前在美国，立法禁止体罚的有 21 个州，其他州则无明文规定。可见美国大多数州的法律，是允许体罚存在的。在那些允许体罚的州，学校委员会会进一步规范体罚的运用。例如，佛罗里达州达得县的教育委员会政策第五千一百四十四条规定，教师可使用一定规格的木板打不听话的学生的臀部，但不能超过五下，并且不能造成学生身体的明显伤害。随着体罚敏感度的提升，许多学校委员会对体罚的范围及其实施方式做了诸多限制。许多学区要求校长而不是教师个人去决定是否运用及怎样运用体罚。这些学区还进一步要求体罚时必须有另一个成人在场。很少有学校和法院允许单纯为了教导而实施体罚。例如，规定教师使用体罚需要遵守一连串的严格法定程序：学生犯规—教师找一个见证人—命学生摆好姿势—教师持木板—心平气和—打—填写书面报告—见证人签

---

① 李小伟，沈祖芸. 教育惩戒，在雷池边缘行走[N]. 中国教育报，2002-11-28.

字—送交校长室存档。① 在美国，法院一般支持学校为维持学校秩序和纪律而实施体罚的权利。法院的判决一般都是解决体罚的度及其合理性，而不是能否实施的问题。根据1973年和1974年的法院判例来看，教师可对学生以下几个方面的行为进行体罚：①殴打教师；②往学校带低俗作品和图片；③骂人；④争吵和打架；⑤在学校大厅里扭打；⑥对教师的侮辱行为，包括校内外。② 此外，美国还规定了教师惩戒学生的权利必须服从于合理性原则，教师实施体罚行为要遵循两个标准：一是合理性标准，即其实施必须在理智和人道的范围内；二是诚实标准。根据诚实标准，教师不能出于恶意去体罚学生，也不能过度地体罚学生。如果一个教师不是出于导致伤害的本意或这是他诚实的行为，该教师就不会为他错误的判断而负法律责任，即使体罚太过严厉。③ 总之，美国法院虽承认学校对学生可施予体罚，但是必须经由正当程序。上述这些旨在限制教师体罚范围和程序的规定，有效地避免了学生的身体受到严重的伤害。

韩国1998年曾明确规定，禁止教师对学生的体罚行为，但面对体罚作为一种教育手段仍被人们认同的实际情况，韩国教育人力资源部于2002年6月26日公布了一项名为"学校生活规定预示案"的方案，规定对违反学校纪律的学生，教师可在规定范围内进行一定程度的体罚，从而使教师对学生的体罚"合法化"。这项方案适用对象包括小学四年级以上学生及所有初高中学生，方案对体罚的对象、程度、方式都做了详细规定。此法案内容包括以下方面。①可进行体罚的情况包括不听教师的反复训诫和指导、无端孤立同学、学习态度不端正、超过学校规定的罚分等。②实施体罚的场所要避开其他学生，在有校监和生活指导教师在场的情况下进行；

① 张志静，徐蕾. 关于体罚的几点思考[J]. 现代中小学教育，1997(4).
② 赵平. 中小学生在校伤害事故纠纷处理与防范运作全书[M]. 北京：中国言实出版社，1999：777.
③ Kern Alexander，M. David Alexander. American Public School Law[M]. Belmont，CA：Wadsworth Cengage Learning，2009.

实施体罚之前要向学生讲清理由，并对学生的身体、精神状态进行检查，必要时可延期进行体罚。③实施体罚所用的工具：对小学生、初中生，用直径 1 厘米、长度不超过 50 厘米的木棍；对高中生，木棍直径可在 1.5 厘米左右，长度不超过 60 厘米。同时规定教师绝对不能用手或脚直接对学生进行体罚。④关于体罚的部位及体罚的程度：男生只能打臀部，女生只能打大腿部；实施体罚时，初高中生不超过 10下，小学生不超过 5 下，程度以不在学生身体上留下伤痕为准，受罚学生有权提出以其他方式，如校内义务劳动，来代替体罚。①

综合上述国家和地区对体罚的规定，可以发现，这些被允许的体罚的限定条件集中在：①专人执行；②特定的时间和场合；③特定的体罚部位和方式；④严格的体罚程序。这些限定条件便于教师把握惩戒的度，在一定程度上保证了学生的身体免于遭受严重伤害。

除上述列举的这些国家和地区的规定外，还有一些国家规定禁止体罚的教育法只针对公立学校，在私立学校中体罚并不违法，如澳大利亚；有的国家虽然禁止学校体罚，但是仍授权儿童的监护人、委托照管人施行体罚，如加拿大。英国在 1986年以前还默许体罚的存在，但在 1986 年以后，也在法律上明确规定不得体罚。②

综上所述，当今世界大多数国家和地区普遍认可教师具有对违规学生的惩戒权，大多数国家和地区已经废除了学校教育中的体罚，即使允许一定体罚的国家也对其作出种种限制。虽然各国关于体罚的法律规定不一，实际操作也有分歧，但是不管是禁止体罚的国家，还是允许一定体罚的国家，他们都倾向于采用较为细致的法律条文来规范教师的惩戒行为，避免实际操作中的随意性。这些规定对完善我国关于惩戒和禁止体罚的规定，具有借鉴意义。

---

① 杨光富. 美英韩泰四国教育体罚现象透视[J]. 当代教育科学, 2003(9).
② 李茂. 英国教师将获明确惩戒权[N]. 中国教师报, 2005-10-26.

　　　　　　　　　　　　　　　　　　　　依法执教：从理念到行动　|

## (二)国内关于惩戒和体罚的规定

我国自古以来就有"棍棒底下出孝子""严师出高徒""不打不成才"的说法,在这种思想的影响下,体罚被当作达到教学目的的一种手段,十分盛行。我国古代教育著作《礼记·学记》中记载"夏楚二物,收其威也",这"夏""楚"就是古代用以惩戒学生的树条。惩戒学生、体罚学生贯穿了我国的封建教育史。

到清末,受西方资产阶级人文思想的影响,王国维、梁启超等一批具有改良思想和资产阶级革命思想的知识分子提倡平等,反对体罚。梁启超对儿童教育中的体罚提出了严厉的批评,他认为:"教匪之风,但凭棒喝。"①《奏定初等小学堂》规定:"夏楚(体罚)只可示威,不可轻施,尤以不用为善。"《奏定高等小学堂》规定:"学童至十三岁以上,夏楚万不可用:有时只可罚直立、禁假、禁止出游、罚去体面之诸事足以示敬。"②这是中国第一次在教育法令中对体罚作出的明确规定。1912年民国政府颁布的《小学法令》明令反对体罚,"小学校长教员,认为教育上不得已时,得加儆戒于儿童,但不得用体罚"③。

中华人民共和国成立以后,我国政府多次明令禁止体罚学生。1952年4月,教育部发布了有关废止对学生体罚或变相体罚的指示,禁止采取使学生肉体和心灵遭受痛苦与摧残的体罚和变相体罚,如留堂、饿饭、罚劳动、重复写字等。1984年5月4日,教育部办公厅专门发布了《关于坚持正面教育,严禁体罚和变相体罚学生的通知》。1986年4月26日颁布的《义务教育法》第十六条第二款明确规定禁止体罚学生,并规定违反该条款的,"依据不同情况,分别给予行政处分、行政处罚;造

---

① 劳凯声,郑新蓉.规矩方圆——教育管理与法律[M].北京:中国铁道出版社,1997:298.
② 劳凯声,郑新蓉.规矩方圆——教育管理与法律[M].北京:中国铁道出版社,1997:299.
③ 劳凯声,郑新蓉.规矩方圆——教育管理与法律[M].北京:中国铁道出版社,1997:299.

成损失的，责令赔偿损失；情节严重构成犯罪的，依法追究法律责任"。该法于2018年12月重新修正后再次强调："教师应当尊重学生的人格，不得歧视学生，不得对学生实施体罚、变相体罚或者其他侮辱人格尊严的行为，不得侵犯学生合法权益。"1991年，我国批准加入了《儿童权利公约》。同年，颁布了《未成年人保护法》，该法于2020年10月重新修订颁布，明确规定："学校、幼儿园的教职员工应当尊重未成年人人格尊严，不得对未成年人实施体罚、变相体罚或者其他侮辱人格尊严的行为。"1993年发布的《教师法》第三十七条明确规定，教师体罚学生，经教育不改的，由所在学校、其他教育机构或者教育行政部门给予行政处分或者解聘；情节严重，构成犯罪的，依法追究刑事责任。1996年国家教委第26号令发布的《小学管理规程》第二十三条规定："不得讽刺挖苦、粗暴压服，严禁体罚和变相体罚。"《幼儿园管理条例》也明确规定："严禁体罚和变相体罚幼儿。"《学生伤害事故处理办法》第九条规定，学校教师或者其他工作人员体罚或者变相体罚学生，造成的学生伤害事故，学校应当依法承担相应的责任。上述诸多法律的规定，体现了我国政府对儿童的爱护和关心，更重要的是体现了我国政府对儿童权利的认识和尊重，将保护儿童权利纳入法制轨道。

为进一步落实立德树人根本任务，保障和规范学校、教师依法履行教育教学和管理职责，保护学生合法权益，促进学生健康成长、全面发展，2020年12月23日，教育部公布了《规则》，自2021年3月1日起施行。《规则》共二十条，对教育惩戒的原则，校纪校规的制定与施行程序，实施教育惩戒的情形、方式、程序，体罚与变相体罚的表现，家校协作与沟通以及学生救济方式等，进行了比较具有可操作性的规定，客观上可以指导教师在教育实践过程中正确使用教育惩戒权，有效减少体罚与变相体罚的行为发生。

我国台湾地区教育部门虽然明令禁止学校体罚，但未在相关规定中对体罚做出

依法执教：从理念到行动

明确解释，主要通过限定教师惩戒范围来遏制教师体罚。台湾教育部门1997年出台的《教师辅导与管教学生办法》明确了教师具有一定的惩戒权，并对此作了详细具体的范围限制，规定教师管教学生应依学生人格特质、身心健康、家庭因素、行为动机与平时表现，采取诸如劝导改过、口头纠正，取消参加课程表列以外之活动，责令道歉或写悔过书，扣减学生操行分数等措施。如果管教无效时，或学生违规情节重大，教师可以申报学校对学生作出记过、留校察看之类的处分，并对教师管教行为的内容和程序作了原则性规定。

## 四、教师惩戒权的正确行使

"惩戒权"是教师权利的重要组成部分，是教师依法对学生进行惩戒的权利，同时，也是教师的一种职业性权利。在教育民主日益发展、学生权利不断得到重视的今天，怎样认识教育惩戒并正确行使教师的惩戒权，在充分发挥惩戒的教育意义的同时，最大限度地保护学生权利的不受侵犯，已经成为当前教育法规领域探讨的热门课题，也是现代社会教师面临的不可回避的重要问题。实践证明，恰当的惩戒有利于培养学生的责任感，有利于学生心理的健康发展，有助于学生形成坚强的性格，有利于促进教育的健康发展。惩戒教育与激励教育一样，是教育必不可少的组成部分。但同时应该看到，现实教育生活中由教师不恰当地行使惩戒权而引起的各种法律纠纷越来越多，教师如何准确恰当地行使惩戒权、保障学生的合法权益不受侵犯，已成为当前教育界、司法界正在解决的问题。

正确行使教师惩戒权，要弄清几个基本的问题：谁有权行使惩戒权？对什么进行惩戒？行使惩戒应把握哪些原则？具体有哪些惩戒方式可以使用？这些问题即惩戒的主体、对象、实施原则、实施程序、惩戒方式、救济等。

### (一)对学生行使惩戒权的主体只能是学校和教师

惩戒的主体，是指惩戒权利的享有者和惩戒行为的具体执行者。一般来说，惩戒行为不同，其所要求的相应惩戒主体也有所不同，而不同惩戒主体的惩戒权限也是不同的。[①] 在我国，法律规定教师有管理学生的权利，但却没有处分学生的权利；处分学生的权利只有学校才能行使。《规则》第三条规定："学校、教师应当遵循教育规律，依法履行职责，通过积极管教和教育惩戒的实施，及时纠正学生错误言行，培养学生的规则意识、责任意识。"因此，在学校，对学生行使惩戒权的主体只能是学校和教师。任何非惩戒主体做出的惩戒行为或者虽是惩戒主体但却做出超越自身权限范围的惩戒行为都是非法的。比如，教师可以对违纪学生进行批评教育、暂时隔离教室等处罚，但却无权对学生进行记过、停学等处分，记过、停学、开除等严重的处分决定，只能由学校做出。

【案例】

某小学五年级的班主任杨某，为培养学生干部的管理能力，经常在自习课、午休时间让本班的班干部管理学生。一次，在午休期间，学生孟某讲话影响到了其他同学午休，班干部王某上前制止，孟某不听，王某就和其他班干部将孟某拉到厕所的水龙头前，用冰冷的水给孟某洗头，以示对其违纪行为的惩罚。事后，孟某因此得了重感冒，不敢再上学了。孟某的家长找到学校校长，班主任杨某给家长道了歉，并对班干部进行了教育，孟某也重新回到学校。

这个案例涉及学生违规要受到惩戒的问题。学生干部代替教师行使惩罚其他学生的"特权"的做法是违法的，因为学生干部不具备行使教育惩戒权主体的资格，教

---

[①]  劳凯声. 变革社会中的教育权与受教育权：教育法学基本问题研究[M]. 北京：教育科学出版社，2003：388.

师也不能将法律赋予自己的惩戒权力授权于学生干部行使。教师培养学生干部的管理能力是教育应有之义，但却不能放纵放任学生干部任意妄为，必须加以正确的指导与监督，否则既侵犯了其他学生的权利，也不利于班干部的健康成长。

### (二)教育惩戒的对象只能是学生的特定越轨行为本身

惩戒的对象，是指惩戒行为所指向的对象，即学生的特定越轨行为。[①] 也就是说，惩戒的对象不能是学生的身体或人格，只能是学生的特定越轨行为本身。这要求教师在惩戒学生时，"对事不对人"，客观公正合理，过罚相当，从而达到教育学生、帮助学生戒除越轨行为的目的，促进其合规范行为的产生。

越轨行为又称偏离行为，《教育大辞典》将其界定为"违反一定社会的行业准则、价值观念或道德规范的行为"。学生的越轨行为是指学生违反或偏离了国家规定的学生行为规范以及学校制定的校规、班规等的行为，这种行为造成了或可能会造成一定的不良影响，不惩戒就无法维护正常的教育教学秩序，就不能保证学生个体的教育利益及健康发展。可见，教育惩戒的对象针对的是学生不合乎道德或纪律的行为，对于学生的非道德过错或触犯《刑法》的严重越轨行为，则不属于教育惩戒的范畴。一般情况下，在校学生的下列越轨行为会受到相应的惩戒：一是影响教育正常活动秩序的行为，该行为会影响他人的合法权利，如扰乱课堂、打架斗殴、偷窃、携带危险物品进校等；二是对他人影响不大，但不惩戒不利于学生个人发展的行为，如作弊、逃学、吸烟等。学生越轨行为的严重程度不同，所受的惩戒相应的也应不同。

教师在什么情况下可以使用教育惩戒？《规则》第七条明确，在确有必要的情况

---

① 劳凯声. 变革社会中的教育权与受教育权：教育法学基本问题研究[M]. 北京：教育科学出版社，2003：391.

下，学校、教师可以在学生存在不服从教育、扰乱秩序、行为失范、具有危险性行为、侵犯权益等情形时实施教育惩戒。具体包括：①故意不完成教学任务要求或者不服从教育、管理的；②扰乱课堂秩序、学校教育教学秩序的；③吸烟、饮酒，或者言行失范违反学生守则的；④实施有害自己或者他人身心健康的危险行为的；⑤打骂同学、老师，欺凌同学或者侵害他人合法权益的；⑥其他违反校规校纪的行为。学生实施属于预防未成年人犯罪法规定的不良行为或者严重不良行为的，学校、教师应当予以制止并实施教育惩戒，加强管教；构成违法犯罪的，依法移送公安机关处理。

根据学生越轨行为程度的轻重，《规则》第八至第十条将教育惩戒分为一般教育惩戒、较重教育惩戒和严重教育惩戒三类。一般教育惩戒，适用于违规违纪情节轻微的学生，包括点名批评、做口头或者书面检讨、增加额外教学或者班级公益服务任务、一节课堂教学时间内的教室内站立、课后教导等。较重教育惩戒，适用于违规违纪情节较重或者经当场教育惩戒拒不改正的学生，包括德育工作负责人训导、承担校内公共服务、接受专门的校规校纪和行为规则教育、被暂停或者限制参加游览以及其他集体活动等。严重教育惩戒，适用于违规违纪情节严重或者影响恶劣，且必须是小学高年级、初中和高中阶段的学生，包括停课或者停学、法治副校长或者法治辅导员训诫、专业人员辅导矫治等。

【案例】

某七年级学生李某，虽然很努力但却总是记不住英语单词，不是错写就是漏掉单词中某个字母。在英语测验中，李某连续三次测验都将"because"一词写错。英语老师十分气愤，就罚李某将该词重写一千次，试卷中其他写错的单词每个重写100次。由于李某试卷中写错的单词很多，每个都要重写100次，李某不堪负荷，为躲避老师惩罚，就干脆逃学了。后虽经学校和家长劝回学校，但李某却再也不愿意学英语了。

根据《规则》第十二条规定，教师在教育教学管理、实施教育惩戒过程中，不得对学生采取超过正常限度的罚站、反复抄写等行为。上述案例中英语老师的行为，已经超出了教育惩戒的权限，其行为已构成了体罚。对学生由于智力而造成的学业成绩不理想进行惩罚，致使学生从心理上恐惧学习、厌倦学习发展到行为上逃学，这不能不说是由于教师的错误教育方法和手段引起的。教师面对学生学业上的错误，更多的应该是帮助学生发现错误原因，耐心辅导，尽量找到解决问题的办法，对屡次挫败的学生应该多鼓励，而不是简单地以罚了事。

### (三)教师惩戒权的实施原则

《规则》第四条规定："实施教育惩戒应当符合教育规律，注重育人效果；遵循法治原则，做到客观公正；选择适当措施，与学生过错程度相适应。"惩戒作为一种教育辅助性手段，最终达到的是教育的目的。手段是否科学、合理，分寸是否恰当都将影响到对学生的教育效果的好坏，所以教师在行使惩戒权时要遵循一定的原则，要尊重和保护学生的合法权益。

1. 惩戒要以爱和尊重为出发点

教育的本质是爱，没有爱就没有真正的教育，爱是教育的出发点和归属。尊重学生也是一种爱的体现，惩戒应当本着对学生的人格抱以尊重、关切与爱护的态度施行。联合国《儿童权利公约》第二十八条规定："缔约国应采取一切适当措施，确保学校执行纪律的方式符合儿童的人格尊严及本公约的规定。"惩戒要以尊重为前提，以爱护为目的，避免给学生心理带来副作用。教师要充满爱心，要依据学生心理，善于设身处地，启发学生自己反省，对学生的改进要及时肯定。惩戒是一种教育手段，也是一种爱的表达方式，教师在对学生实施惩戒时要表明善意，让学生认识到惩戒包含着教师对他的爱心。爱与尊重，是达到惩戒目的的前提。

2. 惩戒必须具有教育性、适当性

在惩罚学生的过程中，一定要使学生认识到自己的错误及其危害，弥补过失，防患于未然。由于学生年幼、经验不足、心理水平低下、认知能力缺失等，他们有时认识不到自己的错误，这就需要教师在对学生惩罚时做到动之以情、晓之以理，引导学生分析、认识、反省自己的错误，制止学生的某些不当行为，刺激和激励学生把正确的观念同化到自己的认知结构当中，以达到教育的目的。同时，惩戒的措施选择要适当，与学生过错程度相适应。另外，惩戒要与奖励结合起来，当被惩戒的学生有改进的表现时要及时地给予表扬、奖励，积极引导学生向好的方向努力。

3. 惩戒应当合法合理、客观公正

对惩戒的合理合法的认识，劳凯声教授认为，合法表现为行使惩戒权的只能是惩戒的主体，其惩戒行为必须遵循权限要求和法律约束，其所采用的惩戒方式应该是法律允许的，惩戒过程应该严格遵守法律程序的要求；合理则表现为教师在对学生特定越轨行为进行惩处时，其自由裁决权的使用应符合教育活动的价值要求，与对学生的教育相一致，有充分客观的事实根据和法律依据，同学生的违规程度相对应，不带有任何个人偏见与感情因素。[①] 此外，要求学生遵守的校规班规本身内容的规定，必须是合法的，其制定应遵守相应的法律法规，其实施也必须始终尊重学生的人格尊严和各项权利。

为保证惩戒的公正合法性，《规则》第五条对校纪校规、班规的制定进行了规定，要求："学校应当结合本校学生特点，依法制定、完善校规校纪，明确学生行为规范，健全实施教育惩戒的具体情形和规则。""学校制定校规校纪，应当广泛征

---

① 劳凯声. 变革社会中的教育权与受教育权：教育法学基本问题研究[M]. 北京：教育科学出版社，2003：399-400.

求教职工、学生和学生父母或者其他监护人（以下称家长）的意见；有条件的，可以组织有学生、家长及有关方面代表参加的听证。校规校纪应当提交家长委员会、教职工代表大会讨论，经校长办公会议审议通过后施行，并报主管教育部门备案。"

"教师可以组织学生、家长以民主讨论形式共同制定班规或者班级公约，报学校备案后施行。"除对校纪校规、班规制定程序进行规定外，《规则》要求"教育行政部门应当支持、指导、监督学校及其教师依法依规实施教育惩戒"。对教育惩戒权的监督，进一步保障了教育惩戒的法治性。

此外，《规则》从法律上保障了实施教育惩戒的程序正当性。在实施《规则》规定的一般教育惩戒时，可以由教师当场实施，也可以事后根据情况告知学生家长；在实施《规则》规定的较重教育惩戒时，教师应当报告学校，由学校决定实施，且学校应及时告知家长；在实施《规则》规定的严重教育惩戒时，只能由学校实施，且必须事先告知家长。同时，《规则》规定在实施严重教育惩戒和给予纪律处分时，应当把听取学生的陈述和申辩作为必经的前置程序。学生或者家长申请听证的，学校应当组织听证。这些程序性规定，有利于减少教育惩戒的恣意和任性，进一步规范教师行为，保障学生权益。

4. 实施惩戒要注意个体差异性

学生的身心会因为先天遗传因素和后天环境不同而存在差异性，所以教师在对学生实施惩戒时，要考虑学生的个性特点和年龄特点，针对不同年龄和个性的学生采用不同的惩戒措施。《中国儿童发展纲要（2001—2010 年）》明确指出："学校纪律、教育方法应适合学生身心特点。"针对学生不同的体形、年龄、性别采取不同的方式。注意性格因素，惩戒女生更应慎重，以言语为主，个别学生以不公开为原则，要因人而异，因时而异，既达到惩戒目的，又不伤害学生的身心健康。这要求教师要针对学生不同的情况做深层次的分析，从对学生负责、对学生有利的角度去设计惩戒教育方式，力争实现对学生错误的有效矫正和对学生成长的真正促进。

### （四）惩戒的形式

在各国法律规定及实际运用中，教育惩戒的具体实施方式主要包括言语责备、隔离措施、剥夺某种特权、没收、留校、警告、记入学生档案的处分、停学和开除等几种。[①] 我国关于惩戒的形式，根据《规则》规定，对于违规违纪情节轻微的学生适用一般教育惩戒，包括点名批评、做口头或者书面检讨、增加额外教学或者班级公益服务任务、一节课堂教学时间内的教室内站立、课后教导等；对于违规违纪情节较重或者经当场教育惩戒拒不改正的学生适用较重教育惩戒，包括德育工作负责人训导、承担校内公共服务、接受专门的校规校纪和行为规则教育、被暂停或者限制参加游览以及其他集体活动等；违规违纪情节严重或者影响恶劣，且必须是小学高年级、初中和高中阶段的学生，适用严重教育惩戒，包括停课或者停学、法治副校长或者法治辅导员训诫、专业人员辅导矫治等。此外，《规则》为学校留下了一定的自主空间，即"学校校规校纪规定的其他适当措施"。学校可以根据实际情况，按照《规则》规定的程序，采取公开、民主、科学的方式，制定有针对性的具体规定。

## 五、反教育性惩戒的法律责任

反教育性惩戒是指学校组织或个人采用不正当手段企图消除受教育者某种行为的劣性管理方法。常见的形式有：一是体罚和变相体罚，是中小学中最一般、最常见的一种形式；二是心罚即精神惩戒，通常指教师用不当的语言或行为方式对学生

---

① 王辉. 对国外中小学学生惩戒的方式探析[J]. 教学与管理, 2001(23).

施行的心灵惩罚；三是罚款，即经济制裁，对违反规定的学生实施经济制裁。由于前文已对罚款做过论述，在此不再赘述，我们重点探讨前两种形式。

## (一)中小学体罚和变相体罚

在我国，尽管《教师法》和《义务教育法》等法律法规都明文规定"禁止体罚和变相体罚学生"，但一部分学校仍然存在体罚或变相体罚学生的现象，学生的权益仍未得到应有的尊重和保护，而由体罚引起的侵权纠纷和损害赔偿案件也屡有发生。调查显示，在一些学校，罚站或罚跑的发生率最高，其次是罚抄作业、罚留校、讽刺或责骂、打和不让进教室听课。

体罚学生的原因涉及多方面，如不按时完成作业、作业的质量不佳、课堂讲话、上课迟到、学业不良、违反其他方面的纪律等。

体罚或变相体罚学生是一种侵权行为。下面我们通过一些案例来更直观地说明这一问题。

### 【案例1】7岁女童被老师拧裂耳朵

东莞某小学二年级(3)班7岁的程美(化名)说什么也不去学校。她说，她怕回学校再被老师打。原来几天前，程美上课走神了，被老师拧着耳朵来回地摇。下课后，程美觉得耳朵一直火辣辣地疼，用手一摸发现流血了，回家后，父母看到程美耳朵后面裂开一条口子，还不断渗着血，于是马上带着孩子去了医院。医院诊断为外力致伤。

### 【案例2】变相体罚"劳动改造"

某校七年级学生李某比较散漫，上课常常迟到。一天早晨，她来到学校，第一节课已经上了10分钟，由于老师正在上课，她没敢敲门进教室，正好被出来巡视的政教主任马某遇见。于是马某对李某予以严厉的批评，要求李某写检讨，并罚她打扫教学楼前面的卫生，结果李某打扫了整整一上午卫生，并在打扫卫生时不慎将脚扭伤。李某的父亲知道后，来到学校闯进办公室大骂政教主任并动手打了马某，使马某头部受伤并导致轻微脑震荡。

**【案例3】教师让学生自罚引发的事故**

某校某班数学课上，有几名学生在做练习题时屡做屡错。数学教师王某发现并不是学生不会做，而是马虎不认真所致。为了提醒学生注意，王老师便提出了一个要求：学生每做错一道题，就打自己一个耳光。当场两名做错题的男生象征性地打了自己耳光，一名女生出于自尊没有打自己，受到教师的批评。中午回家后，这名女生自杀，幸亏抢救及时才未酿成大祸。

体罚或变相体罚学生会侵犯学生的多种权利。上述几个案例，除了不同程度地侵犯了学生的生命健康权外，还侵犯了学生的其他权利。《规则》第十二条规定了教师在教育教学管理、实施教育惩戒过程中，不得有这些行为：①以击打、刺扎等方式直接造成身体痛苦的体罚；②超过正常限度的罚站、反复抄写，强制做不适的动作或者姿势，以及刻意孤立等间接伤害身体、心理的变相体罚；③辱骂或者以歧视性、侮辱性的言行侵犯学生人格尊严；④因个人或者少数人违规违纪行为而惩罚全体学生；⑤因学业成绩而教育惩戒学生；⑥因个人情绪、好恶实施或者选择性实施教育惩戒；⑦指派学生对其他学生实施教育惩戒；⑧其他侵害学生权利的。

对照《规则》所列的上述教师禁止性行为，案例2中，学生被学校老师罚劳动一上午、不让学生听课的做法，剥夺了学生在教室听课的权利，其实质是使学生不能进行正常的听课和学习活动，从而侵犯了学生的受教育权。案例3中，教师虽未直接打学生耳光，但向学生下达自己打自己耳光的命令，所以仍然属于体罚行为，学生的生命健康权和人格尊严都受到了侵害。此外，教师对学生实施的长时间罚站、罚抄、罚跪，放学后留学生长时间写作业、面壁等，无疑在一定的时间与程度上限制了学生的人身自由，侵犯了学生的人身自由权。这些案例警示我们，由于学生身心正处于发育阶段，体罚或变相体罚不仅会给他们的身心发展带来严重后果，而且也容易引发师生冲突，发生类似案例2中家长殴打教师的暴力事件。

## (二)心罚

关于"心罚"，前面的章节已有所论述。心罚是教师在教育过程中，以心灵施暴的方式对学生进行惩罚的错误教育方法。具体表现为讽刺挖苦、嘲笑责骂、冷落排斥、孤立隔离、歧视侮辱、公开学生隐私使其当众出丑等。在现今的中小学校园，直接体罚学生的现象在逐渐减少，但变相体罚中的心罚被一些教师自觉或不自觉地实施，以惩罚那些不听自己教导或自己不满意的学生。共青团中央、教育部等共同主办的"中国少年儿童平安行动"做过的调查发现："语言伤害""同伴暴力""运动伤害"成为小学生心目中最主要的三大校园伤害问题。其中"语言伤害"以81.45%的比例成为小学生最关注的、认为最亟须解决的问题。学生认为教师或同伴对自己的侮辱讥讽的语言是危害最大的软暴力。这里所指的"软暴力"即属于"心罚"的主要表现形式之一，它区别于传统意义上的体罚，是以嘲讽、谩骂、奚落学生的缺点或隐私为主的语言惩罚。

从表面上看，心罚虽然没有体罚那样的显性伤害，既不伤学生身体，又不增加额外的经济负担，但它带给学生的隐性伤害可能却是很深的。特别是处于自我意识形成期的中小学生，心理承受能力差，长期受到这种惩罚，会使学生的自尊受到伤害，自信被打击，会使学生自暴自弃、厌学。性格内向的学生容易产生自卑心理和退缩行为，甚至精神抑郁、出现自杀的恶性事故；性格外向的学生易产生攻击他人、敌视他人的行为，甚至违法犯罪。因此，它的伤害力可能远超过肉体上的伤害。

心罚目前已经引起了人们的重视，心罚行为主要侵犯了学生的人格尊严。目前，对于心罚，主要从师德层面上对教师进行约束。教师心罚学生属于侵权行为，故教师应当根据情节轻重，依据法律规定，承担相应的法律责任。

### (三)反教育性惩戒应承担的法律责任

根据前文的论述，反教育性惩戒既是违反教育规律的行为，也是一种侵权行为。教师应视情节轻重，依法承担相应的法律责任。根据《规则》第十五条规定，教师违反本规则第十二条中不得实施的行为的，"情节轻微的，学校应当予以批评教育；情节严重的，应当暂停履行职责或者依法依规给予处分；给学生身心造成伤害，构成违法犯罪的，由公安机关依法处理"。《教师法》第三十七条规定："教师有下列情形之一的，由所在学校、其他教育机构或者教育行政部门给予行政处分或者解聘：(一)故意不完成教育教学任务给教育教学工作造成损失的；(二)体罚学生，经教育不改的；(三)品行不良、侮辱学生，影响恶劣的。教师有前款第(二)项、第(三)项所列情形之一，情节严重，构成犯罪的，依法追究刑事责任。"第(二)、第(三)项都属于反教育性惩戒的内容，要负行政责任、刑事责任。此外，还要对造成的损害承担民事责任。

1. 行政责任方面

在我国，教师"体罚学生，经教育不改的或者品行不良、侮辱学生，影响恶劣的"，未达到犯罪程度的，要由所在学校、其他教育机构或者教育行政部门给予行政处分或者解聘。教育行政部门的处分包括警告、记过、记大过、降级、降职、撤职、开除留用、开除或解聘。《教育行政处罚暂行实施办法》第十八条还规定：教师品行不良、侮辱学生影响恶劣的，由教育行政部门给予撤销教师资格、自撤销之日起五年内不得重新申请认定教师资格的处罚。

## 2. 民事责任方面

未成年学生合法权益受到学校或者教师侵害时，学校是承担民事责任的主体。《最高人民法院关于适用〈中华人民共和国民事诉讼法〉的解释》第五十六条规定："法人或者其他组织的工作人员执行工作任务造成他人损害的，该法人或者其他组织为当事人。"由此可见，只要是在学校教育管理中发生的侵害未成年人合法权益的行为，即使行为人是某个教师，学校也应首先承担责任。如果行为人有过错，学校可以向其追偿全部或部分赔偿费用，但学校不能以行为人是某个教师而不是学校为由拒绝承担责任。适用于学校的承担民事责任的方式有：停止侵害，消除危险，返还财产，恢复原状，赔偿损失，消除影响、恢复名誉，赔礼道歉等。

## 3. 刑事责任方面

体罚学生是否构成犯罪应根据其社会危害程度的大小来判定。比如，因体罚、侮辱学生而使受害人身体伤残、死亡、自杀的，就可能因触犯《刑法》而构成犯罪。根据我国《刑法》罪责自负原则，谁犯了罪谁承担刑事责任，而不能连累无辜者。教师对学生进行严重的体罚，无论是过失伤害罪还是故意伤害罪，犯罪的主体只能是实施了犯罪行为的人。对于从事教育的教学机构学校来说，不能由于种种原因，如惩戒不守纪律的学生、维护正常听课学习的学生利益、提高学校升学率等，从而放任教师体罚学生，更没有任何理由放任犯罪行为。所以，教师体罚学生构成犯罪的，其过错肯定在于实施体罚的教师的主观方面，在责任划分中，实施体罚造成犯罪的教师承担刑事责任，该学校应承担连带民事责任。就司法实践来看，教师体罚学生，常见的触犯的罪名主要包括故意伤害罪、故意伤害致死致重伤罪、侮辱罪、过失致人重伤罪、过失致人死亡罪、非法拘禁罪等。

综上所述，法律禁止体罚或变相体罚学生，在现实生活中具有重要意义。它不仅是一个法律问题，而且涉及教师的教育水平、职业道德的问题。首先，法律禁止体罚或变相体罚，是为了保护受教育者的身心健康不受侵犯，防止教育者滥用手中权力对学生造成人身伤害、人格侮辱等。儿童由于其身心的柔弱性，缺乏自我保护的意识和能力，身心更容易受到伤害，因此法律禁止体罚或变相体罚，对保护儿童身心健康具有重要意义。

其次，从建设和谐社会的角度看，也必须禁止教师体罚儿童，因为体罚以暴力的方式使儿童屈服，不仅侵犯儿童权利，压制儿童的个性的发展，而且处于成长期的儿童，其人格可塑性非常强，体罚容易诱发学生的暴力行为和仇恨心理，不利于和谐社会的建设。有些被体罚的儿童可能会对教师产生畏惧心理，继而产生厌学情绪，对今后的学业造成影响。

最后，法律禁止体罚或变相体罚，实际上也是对教师的法律意识、专业水平和道德水平提出了更高的要求。研究发现，引发体罚行为的部分因素来源于教师，主要表现在：心理状况不佳的教师往往会通过体罚学生来宣泄自身的情绪；部分教师的职业素质低；我国中小学教师在实际中运用教育学、心理学、教育法学等学科知识的能力不强，致使部分教师在教育和管理学生的过程中采取了极不恰当的手段；部分教师法治观念淡薄等。应试教育导致了教育目标的严重偏离，是造成教师体罚学生的现实因素之一；传统的教育理念所形成的不平等的师生关系的教育传统，是导致体罚的深层原因。

因此，要杜绝体罚或变相体罚，必须加强教师对法律法规的学习，提高依法执教的意识、能力和水平，加强师德修养，提高专业水平。

# 第五章
## 学生伤害事故的依法防治

近些年来，学生伤害事故时有发生，学生伤害事故因其多发性、不易预测性、不易防范性、巨损性、复杂性，已越来越引起社会各界的广泛关注。学生伤害事故的发生，不仅给学生本人和其家庭造成痛苦，而且给学校和教师的正常教育教学工作带来很大压力。如果学生伤害事故的善后处理不当，容易激化矛盾，增加社会不稳定因素，不利于和谐社会的建设和学校正常的教育教学秩序的维护。因此，对学生伤害事故的预防、处理、维权等相关问题进行深入研究，十分必要。

## 一、学生伤害事故概述

学生伤害事故是学校在教育教学管理过程中经常遇到的教育法律问题。要解决学生伤害事故的法律问题，应该先了解学生伤害事故的内涵、常见伤害事故发生的时段与场所等问题。

### (一)学生伤害事故的内涵

我国理论界学者对学生伤害事故的称谓有多种，如"校园伤害事故""在校学生伤害案件""学生意外伤害事故""学生伤害事故"等，这些称谓在内容上本无太大区别，在概念外延上却有交叉。本部分根据教育部颁布的《学生伤害事故处理办法》（以下简称《办法》）及部分地方性法律文件，采用"学生伤害事故"这一常见称谓。

对学生伤害事故含义的理解，学者们对此有不同的看法。有的学者认为，校园伤害事故，是指学生在学校学习、生活、活动期间，其人身权利受到侵害，导致伤、残、死亡或者其他无形损害的情形。[①] 有的认为，学生伤害事故是指学生在校期间所发生的人身伤害事故。[②] 有的认为，学生伤害事故是在与学校的教育教学工作相关的活动中所发生的学生人身伤害事故。还有一部分人认为，凡是学生受到人身伤害的事故都属于学生伤害事故。上述关于学生伤害事故含义的理解，都存在一定缺陷，不利于司法实践和学校实践。

学生伤害事故有其特定的含义。根据《办法》第二条的规定，学生伤害事故是指在学校实施的教育教学活动或者学校组织的校外活动中，以及在学校负有管理责任的校舍、场地、其他教育教学设施、生活设施内发生的，造成在校学生人身损害后果的事故。由此，对学生伤害事故含义的理解要从学生伤害事故的主体、时间、空间、伤害的含义等几个方面来把握。

第一，受伤害的主体是在校上学读书学习的学生，即"在校学生"，对于非在校读书的学生，如已退学、因休学暂停学籍者、被开除的学生等受到伤害的事故，就不属于此处所说的学生伤害事故。

第二，从空间上看，学生伤害事故是发生在学校负有管理职责的区域内，既包括校园内的全部范围（学校负有管理责任的校舍、场地、其他教育教学设施、生活设施等）和校门前可控范围（指门卫和值日教师在力所能及的情况下对校门口附近的

---

① 兰小平. 论校园伤害事故中学校的法律责任[J]. 浙江教育学院学报，2001(3).
② 方益权. 论学校事故及其处理和防范[J]. 政法论坛，2002(1).

学生活动的管理范围），也包括发生在校园外的、由学校组织的校外活动中的事故，如春游、秋游、不属于教学计划内而应邀由学校安排学生参加的社会活动，以及为更好地完成学校教育教学任务而附设的接送学生的交通服务活动等。此外，需要明确的是，对有些学校将学校房屋或场地出租，承租人在租赁期间造成学生损害的，也属于学生伤害事故范畴。

第三，从时间上看，凡学校正常开展活动的期间都属学校管理范围，即学校对学生承担教育、管理、指导和保护等职责的期间内。该期间包括学生按学校作息表上午上学至放学期间（课前、课间期间），下午上学至放学，晚上上学至放学期间，以及其他学校负有管理责任的期间，不包括学生自行上学放学途中期间（学校接送学生的除外），学生自行外出或擅自离校期间（但学校应及时通知家长），学生自行比学校作息表规定时间早到学校的期间，放学后（含中午、下午及晚自习后，但住宿生午睡、晚睡期间属学校管理期间），节假日（含周六、周日，但补课期间除外），假期。如果属封闭管理的学校，如某些民办学校，时间范围则为自学生入校至离校的全部期间。

第四，此处的学生伤害事故仅限于人身伤害。伤害应分为人身伤害和精神伤害。关于人身伤害，是指直接对身体造成有损害后果的创伤，造成的后果有明显征兆，或通过普通医学手段的身体检查可以作出伤害鉴定，对造成伤害的原因能够作出准确判断。而精神伤害则是指给被伤害人造成的思想、情绪、精神痛苦而引发的被伤害人的精神疾病。[①] 由于引起精神伤害的原因十分复杂，且与个体差异有较大关系，引发的精神疾病一般具有一个渐变的过程，难以客观准确界定造成伤害的直接外因，所以《办法》中的学生伤害也仅限于造成的学生人身伤害。

---

① 教育部政策研究与法制建设司.学生伤害事故处理办法释义及实用指南[M].北京：中国青年出版社，2002.

由此可见，学校安全管理的范围非常广泛，责任十分重大，对学生伤害事故含义的理解必须全面。学生伤害事故既是一个时间概念，也是一个空间概念，不能把两者割裂开来。把学生伤害事故仅仅理解为"学生在学校期间发生的人身伤害事故""在学校管理下的学生所发生的事故""就是在校园内发生的事故"等，都是不全面、不科学的。学生伤害事故可能发生在校园内，也可能发生在校园外；可能发生在教学上课期间，也可能发生在放学及下课期间；还可能发生在寒假、暑假期间，关键要看是不是学校组织的教育教学活动或者是否在学校负有管理责任的范围之内。对学生伤害事故在认识上产生错误和混乱，必然不利于确定当事各方在学生伤害事故中的责任，以及责任认定后赔偿原则的适用，不利于学生伤害事故的科学合理解决。

### (二)中小学生伤害事故发生的变化状况

我国一直重视防范和降低中小学生伤害事故的发生，特别是近十几年来，国家、社会、学校和家庭等各方都加强了中小学生的安全防护，学生伤害事故发生的类型、频率等，发生了积极的变化，总体上显示事故发生率得到了较好的控制。2002 年 5 中国青少年研究中心"中小学生人身伤害的处理与防范"研究课题组的调查结果显示，"游戏和运动中受伤"居校园伤害之首，其次是"由于学校楼梯或其他通道拥挤所导致的事故""上实验课时受伤""上学、放学的时候，学校门口从来没有专门维持交通秩序的人员"。容易发生伤害的环节依次是：学生自由活动时间、放学以后、体育课和实验课上。它们均是少年儿童活动较多的时间段，在这一时间段，没有成人在场。这一调查结果引起了教育管理部门和学校对学校安全管理的重视，推动了学校安全管理制度的制定和安全管理措施的落实，不少学校加强了对特殊时段和空间的安全管理，以及对少年儿童的安全教育和自我保护教育。

　　　　　　　　依法执教：从理念到行动 |

2006 年，教育部公布了的 2006 年中小学安全事故总体形势分析报告①，2006年全国各省、自治区、直辖市上报的各类安全事故中，事故灾难（溺水、交通、踩踏、一氧化碳中毒、房屋倒塌、意外事故）占 59％；社会安全事故（斗殴、校园伤害、自杀、住宅火灾）占 31％；自然灾害（洪水、龙卷风、地震、冰雹、暴雨、塌方）占 10％。其中，溺水占 31.25％，交通事故占 19.64％，斗殴占 10.71％，校园伤害占 14.29％，中毒占 2.68％，学生踩踏事故占 1.79％，自杀占 5.36％，房屋倒塌占 0.89％，自然灾害占 9.82％，其他意外事故占 3.57％。在这些事故中，61.61％发生在校外，主要以溺水和交通事故为主，两类事故发生数量占全年各类事故总数的 50.89％，造成的学生死亡人数超过了全年事故死亡总人数的 60％。报告指出，农村是校园安全事故多发地区，低年级学生更容易发生安全事故（主要是小学和初中），校园伤害事故增多，节假日是事故多发期，事故多发地点主要集中在上下学路上、江河水库和学校及周边。数据结果提醒公众，要重视学生在校外的安全工作，防溺水、防交通事故，成为防范学生伤害事故工作的一个重点。

自 2015 年起，校园欺凌现象逐渐成为中小学校园安全的比较突出的问题。2017 年 1 月最高人民检察院公布的数据显示，2016 年 1 月至 11 月，全国检察机关共受理提请批准逮捕的涉嫌校园欺凌和暴力犯罪案件 1881 人。② 全国各地校园欺凌事件的频发，引发了社会各界的重视，教育部也出台了相应的整治措施加以防范与应对，有效遏制了校园欺凌行为的蔓延。关于校园欺凌问题，将在本书后面章节中专门论述，在此不再赘述。

学生发生伤害事故的原因是多方面的。从学生自身来讲，一方面，中小学生正处于长身体、长知识的阶段，天性好动，喜爱游戏和运动，对各类新鲜事物抱有强烈的

---

① 2006 年全国中小学安全形势分析报告[N]. 中国教育报，2007-03-22。
② 李萍. 校园欺凌如何筑起法律"防火墙"[N]. 中国教育报，2017-01-03。

好奇心，喜欢冒险和刺激；另一方面，他们的身体和心理发展还不成熟，缺乏自我保护的知识和能力，安全意识淡薄，情绪容易冲动，自控能力差，容易发生伤害事故。从学校方面来看，一些学校内部安全管理不健全，对学生缺乏有效的安全教育与演练。从政府方面来看，一方面是政府经费投入不足，特别是对农村地区教育教学安全设施的投入不足；另一方面是政府有关部门对学校安全监督管理职责落实不够。从家庭方面看，一些家长只关心自己的工作和子女的学习，较少对孩子进行安全教育；有部分家长教育方法不当，也会带来一些伤害事故。

## 二、学生伤害事故的责任认定

当前，由于中小学生人身受到伤害而引起的法律纠纷较多，在处理这些纠纷时，会涉及适用哪些法律、如何归结法律责任等一系列问题。

### (一)学生伤害事故处理的主要法律依据

处理学生伤害事故的主要法律依据包括《民法典》《教育法》《未成年人保护法》《义务教育法》等法律，以及教育部颁发的《学生伤害事故处理办法》。这些法律法规规定了学校等教育机构负有对未成年人学生教育、管理、保护的义务，这是确定学校等教育机构职责范围的基本法律依据。

1.《民法典》的相关规定

《民法典》的出台为学生伤害事故责任认定规则带来了新的变化。学生伤害事故的责任认定主要根据《民法典》第一千一百九十九至第一千二百零一条的规定。第一千一百九十九条规定："无民事行为能力人在幼儿园、学校或者其他教育机构学习、生活期间受到人身损害的，幼儿园、学校或者其他教育机构应当承担侵权责任；但是，能够证明尽到教育、管理职责的，不承担侵权责任。"无民事行为能力人是指不满八周岁的未成年人，或者不能辨认自己行为的成年人及未成年人。第一千二百条规定："限制民事行为能力人在学校或者其他教育机构学习、生活期间受到人身损害，学校或者其他教育机构未尽到教育、管理职责的，应当承担侵权责任。"限制民事行为能力人是指八周岁以上的未成年人或不能完全辨认自己行为的成年人及未成年人。第一千二百零一条规定："无民事行为能力人或者限制民事行为能力人在幼儿园、学校或者其他教育机构学习、生活期间，受到幼儿园、学校或者其他教育机构以外的第三人人身损害的，由第三人承担侵权责任；幼儿园、学校或者其他教育机构未尽到管理职责的，承担相应的补充责任。幼儿园、学校或者其他教育机构承担补充责任后，可以向第三人追偿。"

针对参加具有一定风险的文体活动可能带来的学生伤害事故，《民法典》第一千一百七十六条规定："自愿参加具有一定风险的文体活动，因其他参加者的行为受到损害的，受害人不得请求其他参加者承担侵权责任；但是，其他参加者对损害的发生有故意或者重大过失的除外。"

上述规定，细化了学生伤害事故责任认定适用原则，对文体活动适用自甘风险原则的规定，对第三人导致伤害事故的补充责任等的规定，对解决体育运动伤害事故、第三人引发的伤害事故、学校场地及设施引发的事故等带来的一系列问题，以及推动学校积极履行义务、加强程序和证据意识等法治意识，依法治理"校闹"，都具有重要的现实意义。

2. 教育法律的相关规定

《教育法》对学校及其他教育机构的校舍、设施和设备的安全责任进行了规定。第四十五条规定："教育、体育、卫生行政部门和学校及其他教育机构应当完善体育、卫生保健设施，保护学生的身心健康。"第七十三条规定："明知校舍或者教育教学设施有危险，而不采取措施，造成人员伤亡或者重大财产损失的，对直接负责的主管人员和其他直接责任人员，依法追究刑事责任。"

《义务教育法》从校舍安全、校园周边秩序、学校安全管理制度等方面进行了规定，以保障校园安全。第十六条规定："学校建设，应当符合国家规定的办学标准，适应教育教学需要；应当符合国家规定的选址要求和建设标准，确保学生和教职工安全。"第二十三条规定："各级人民政府及其有关部门依法维护学校周边秩序，保护学生、教师、学校的合法权益，为学校提供安全保障。"第二十四条规定："学校应当建立、健全安全制度和应急机制，对学生进行安全教育，加强管理，及时消除隐患，预防发生事故。县级以上地方人民政府定期对学校校舍安全进行检查；对需要维修、改造的，及时予以维修、改造。学校不得聘用曾经因故意犯罪被依法剥夺政治权利或者其他不适合从事义务教育工作的人担任工作人员。"

《未成年人保护法》第三十四至第三十七条，对校园安全有关制度、安全教育、事故处理等进行了规定。第三十四条规定："学校、幼儿园应当提供必要的卫生保健条件，协助卫生健康部门做好在校、在园未成年人的卫生保健工作。"第三十五条规定："学校、幼儿园应当建立安全管理制度，对未成年人进行安全教育，完善安保设施、配备安保人员，保障未成年人在校、在园期间的人身和财产安全。学校、幼儿园不得在危及未成年人人身安全、身心健康的校舍和其他设施、场所中进行教育教学活动。学校、幼儿园安排未成年人参加文化娱乐、社会实践等集体活动，应当保护未成年人的身心健康，防止发生人身伤害事故。"第三十六条规定："使用校车的学校、幼儿园应当建立健全校车安全管理制度，配备安全管理人员，定期对校车进行安全检查，对校车驾驶人进行安全教育，并向未成年人讲解校车安全乘坐知识，培养未成年人校车安全事故应急处理技能。"第三十七条规定："学校、幼儿园应当根据需要，制定应对自然灾害、事故灾难、公共卫生事件等突发事件和意外伤害的预案，配备相应设施并定期进行必要的演练。未成年人在校内、园内或者本校、本园组织的校外、园外活动中发生人身伤害事故的，学校、幼儿园应当立即救护、妥善处理，及时通知未成年人的父母或者其他监护人，并向有关部门报告。"

与学生伤害事故有关的还有《刑法》等法律中的相关条款。《刑法》第一百三十八条规定："明知校舍或者教育教学设施有危险，而不采取措施或者不及时报告，致使发生重大伤亡事故的，对直接责任人员，处三年以下有期徒刑或者拘役；后果特别严重的，处三年以上七年以下有期徒刑。"

3.《学生伤害事故处理办法》

《办法》是教育部 2002 年颁布实施的、专门用于预防与处理在校学生伤害事故的部门规章，《办法》共四十条，按照其相应的立法权限，明确规定了教育主管部门的管理职责，学校等教育机构负有的教育、管理、保护学生方面的义务和责任，并指导学校等教育机构正确处理学生伤害事故。《办法》的颁布实施对积极预防、妥善处理在校学生伤害事故，保护学生、学校的合法权益，起到了积极的指导作用。由于《办法》是教育部颁布的部门规章，在法律效力上属于级别低、效力低的规范，而学生伤害事故首先是一种民事侵权行为，因此，对于学生伤害事故的责任认定原则和赔偿范围，应依据民事法律和司法解释中的相关规定进行确定。对《办法》中确立的与人身损害赔偿法律、法规司法解释相一致，不相冲突的，可以作为认定教育机构职责范围的参照。

## (二)学校与学生的法律关系

如何认定学校和学生之间的法律关系，直接关系到如何适用法律；要厘清学生伤害事故的法律责任，必须首先弄清学校与学生的法律关系。

学校与学生关系的法律性质是妥善处理学生伤害事故、确定学校事故责任的法律基础，一直以来，这一法律关系的性质在学术上都存在颇大争议，主要有以下四种不同观点。

一是基于民法理论的监护关系说。这一观点一直以来都占据主导地位，但同时又颇具争议。在认定学校和学生之间的监护法律关系中，有两种理论，一种是自然取得监护权说。该观点认为，学校在未成年学生的父母将学生送到学校之后，就自动取得对未成年学生的监护权，有义务对未成年学生进行监护。另一种是监护权转移说。该观点认为父母将学生交到学校，父母的监护权就转移到学校，由学校负担对未成年学生在学校期间的监护责任。这两种观点都没有确切的法律依据。首先，没有任何法律规定或认定学校在未成年学生入校以后取得监护权。监护权的成立，要么法定，要么指定，除此之外没有监护权产生的根据。学校对未成年学生的教育既不是法定监护，又不属于指定监护，故学校与未成年学生不存在监护关系。其次，从关系的内容上看，学校承担的责任不同于监护责任。监护人的职责是一种比较严格的责任，要比学校的教育管理职责广泛得多。最后，监护权转移，需要有转移的手续，即在当事人之间订立监护权转移的合同。而事实上一般的中小学校和家长之间并没有订立这种合约，因此认定监护权转移，也没有确切根据。当然，家长与学校签订了监护权转移合同的除外。

二是准教育行政关系说，即公法上的特别权力关系说。持此观点者提出，学校对学生承担着教育、管理和保护的职责，这是一种社会责任，特别是在由国家提供经费的义务教育阶段尤为明显，类似于行政管理，属于准行政关系。在理论支配下，学校与学生之间的关系是一种严重不平等关系：学校作为特别权力主体对学生具有总体上的支配权，为了实现教育目的，学校可以以内部规则的方式限制学生的一些权利，对学生采取其认为可以的各种必要手段，为学生设定各种义务，而学生必须在广泛的范围内接受来自学校的多方面的控制，使学校与学生之间产生严重的不平等。其结果不但不能有效地调节学校与学生之间的关系，反而会导致一系列纠纷的发生。随着依法行政观念的发展，特别权力关系理论受到多方面质疑。

三是基于平等主体的民事上的"教育契约说"。该观点认为，学校与学生之间的法律关系应该是契约关系，即学校与学生之间的法律地位完全平等，双方基于平等、自由、自主自愿的民事原则，为实现教育目的而缔结一种教育契约；在这种教育契约里，学生(或者其监护人)以"契约"的方式将教育权赋予学校，并自愿接受学校的各种管理约束。学校对学生所有的行为，甚至于管理行为，都是根据这种契约关系而产生的行为。这种契约关系既不是行政管理关系，也不是一般民事关系，而是一种以特定的权利义务为内容的契约关系，教育管理是其主要内容。这种学说在目前我国民办学校快速发展的现状下有一定发展，但在公立学校则不能成立，因为它错误地理解了教育作为公益性事业的基本特征，把学校简单地市场化，因而该观点未取得大多数人的支持。

四是教育法律关系说。这种观点认为，学校和学生之间形成社会法律关系是在实现教育目的、开展教育活动中产生的，是由国家颁布的教育法律、法规进行规范和调整的，体现着教育本质特征的教育法律关系。在这种关系中，学校和学生作为独立的法律关系主体，依法享有权利、承担义务，尤其强调对学生权利的保护。学生一旦权利受到侵害，可以通过必要手段，包括司法手段寻求救济保护。教育法律关系既包含行政法律关系的一些因素，也具备民事法律关系的一些特征，但又不完全是上述两种法律关系中的一种。它是一种全新的、独立的、综合性的法律关系，是学校与在校学生之间在教育与被教育、管理与被管理的过程中产生的权利义务关系，是学校依据国家的教育方针和教育教学标准，依法实施教育教学活动而产生的关系。决定这种法律关系的权利义务都是由《教育法》明确规定的，而不是通过学校与学生家长双方协商达成的。在教育教学活动期间，学校对学生负有进行安全教育、通过约束指导进行管理、保障其安全健康成长的职责。这一观点以《教育法》《义务教育法》《未成年人保护法》等法律法规为依据，相对而言争议较少，也越来越被社会各方所接受。

因此，可以确认，中小学校与在校学生之间的法律关系的性质，是教育法律关系。学校承担学生伤害事故民事责任的基础，就是学校依照《教育法》等法律取得的对学生的教育、管理和保护的权力与义务。学校未尽这种义务，就应当承担相应的民事责任。

### (三)学生伤害事故的归责原则

#### 1. 归责原则的基本内涵

学生伤害事故发生后，在处理学生伤害事故时，首先需要明确在认定事故责任时应当遵循的归责原则。所谓归责，顾名思义，就是指确定责任的归属，亦即在侵权行为人的行为或者物件致他人损害的事实发生以后，侵权的责任或者说所造成的损失归属何人承担。归责原则就是归责的基本规则，是确定行为人侵权行为的民事责任的根据和标准。归责原则是全部侵权责任规范的基础，一定的归责原则决定着侵权责任的构成要件、举证责任的承担、损害赔偿的方法及原则、免责条件等问题。归责原则与损害赔偿原则是一般与特殊的关系。损害赔偿原则是责任认定后，确定损害赔偿范围的依据，是以侵权责任的归责原则为基础并受其制约的。只有根据归责原则明确了责任的归属，才能适用损害赔偿的原则具体确定事故的赔偿数额。[①]

根据我国《民法典》关于归责原则的规定，侵权行为的归责原则主要有过错责

---

① 教育部政策研究与法制建设司. 学生伤害事故处理办法释义及实用指南[M]. 北京：中国青年出版社，2002：32.

任、过错推定责任、无过错责任及公平责任等。

所谓过错责任原则，又称过失责任原则，是指以侵权行为人的主观过错为归责根据的归责原则。这种归责原则以过错作为归责的最终要件和确定责任范围的依据，概括来讲就是"有过错就有责任"，"无过错即无责任"。我国《民法典》第一千一百六十五条第一款规定："行为人因过错侵害他人民事权益造成损害的，应当承担侵权责任。"过错责任原则贯彻的是"谁主张，谁举证"的原则，即受害人在主张加害人承担民事责任时，要证明加害人对加害的发生具有主观过错，如不能够证明，则其主张不能成立。

所谓过错推定责任原则，是指根据法律的特殊规定和案件的具体需要，在受害人举证发生阻碍的情况下，采取"举证责任倒置"的方法，由加害人负责举证证明其主观上无过错，如果不能证明自己无过错就应当负赔偿责任。我国《民法典》第一千一百六十五条第二款规定："依照法律规定推定行为人有过错，其不能证明自己没有过错的，应当承担侵权责任。"从本质上讲，过错推定责任是过错责任的补充形式，是过错原则在司法审判中的发展，其目的是减轻受害人举证的难度，更大限度地保护受害人的合法权益。

无过错责任，也称严格责任归责，是指行为人的行为造成他人的损害，不论该行为人是否具有过错，如不存在法定的免责事由，都应当承担侵权责任。严格责任归责的基础在于风险活动，行为人的免责事由受到严格限制。这种归责原则的目的不是制裁侵权行为人，而是强调对受害人损害的弥补。《民法典》第一千一百六十六条规定："行为人造成他人民事权益损害，不论行为人有无过错，法律规定应当承担侵权责任的，依照其规定。"从我国《民法典》的规定看，这一原则适用如下责任：国家机关及其工作人员的职务侵权行为、产品责任、高度危险作业致害责任、环境污染责任、动物致害责任、被监护人致害责任等情形。

公平责任又称衡平责任，是指在当事人对所造成的损害均无过错，又不能适用过错责任和无过错责任的情况下，由法院根据公平的观念，在考虑当事人的财产状况和其他情况的基础上，责令行为人对受害人的损害给予适当补偿的一种归责原则。公平责任原则的法律依据是我国《民法典》第一千一百八十六条的规定："受害人和行为人对损害的发生都没有过错的，依照法律的规定由双方分担损失。"

2. 学生伤害事故的归责原则

关于学生伤害事故的归责原则，从国际惯例来看，应排除无过错责任，目前基本没有国家规定学校必须对学生的人身伤害承担无限风险，学校事故的有限责任论是世界各国普遍采用的观点。具体来讲，无论是欧洲大陆法系还是英美法系，在处理学生伤害事故时均采用过错责任原则或过错推定原则。

适用过错推定原则的主要有德国、意大利、希腊、葡萄牙、日本、澳门、俄罗斯等国家。例如，《德国民法典》第八百三十二条规定："依法对因未成年或因其精神或身体状况而需要监督的人负有监督义务的人，对此人给第三人不法造成的损害，负有赔偿的义务。其尽其监督义务的，或损害即使在进行适当监督时仍会发生的，不发生赔偿的义务。因合同而承担实施监督的人，负有相同的责任。"可见，在德国，监护人承担的是过错推定责任，只要未成年人受到伤害，就推定学校有过错，除非学校证明自己已尽到监护职责方可免责。

适用过错责任原则的有法国、比利时、卢森堡、荷兰、西班牙、美国、英国等国家。例如，《法国民法典》第一千三百八十四条第六款规定："小学教师与家庭教师及手艺人，对学生与学徒在受其监视的时间内造成的损害，负赔偿之责任。"第八款规定："涉及小学教师与家庭教师时，其受到指控的造成损害事实的过错、轻率不慎或疏忽大意，应由原告按照普通法于诉讼中证明之。"可见，对于学校的责任，法国要求原告"按普通法于诉讼中证明之"。也就是说，要由原告负举证责任，证明

依法执教：从理念到行动

被告的过错。美国也是依据过错原则审理此类案件的，即只有证明学校未尽"谨慎的义务"时，并且因此引起损害发生的，方能要求学校承担责任，否则学校即可免责。如果法律上没有规定学校额外的义务，则学校没有确保学生和学校其他成员安全的义务。换言之，法院并不对每一起学生伤害事故追究学校的责任，而仅仅是追究由故意或过失而导致的伤害的责任。①

在我国，认定学生伤害事故的责任时应采用何种归责原则，理论和实践上都曾经存在争议，争议主要集中在是采用过错责任原则还是采用无过错责任原则上。在司法实践中，有些法院认为学校对学生承担监护职责，因此只要学生在学校中受到伤害，就认为学校需要承担责任，而不考虑学校在主观上是否存在过错、在管理上是否存在疏漏，特别是往往从事故的损害后果出发认定学校的责任，实际上是采用了无过错责任原则来进行归责。根据前文对学校与学生法律关系的分析，在学生伤害事故的处理中，无过错原则是不能被采用的。因为以无过错原则承担民事责任必须按照法律的明确规定，任何人不能扩大适用的范围。采用无过错原则处理学生伤害事故，既不符合国际惯例，也不符合我国法律的规定和教育规律，学校也难以承担由此而来的重负，并且不利于学校明确自身的责任。

根据我国相关法律法规的规定，学生伤害事故中的归责原则适用过错责任原则与过错推定责任原则。过错推定责任原则主要依据《民法典》第一千一百九十九条的规定："无民事行为能力人在幼儿园、学校或者其他教育机构学习、生活期间受到人身损害的，幼儿园、学校或者其他教育机构应当承担侵权责任；但是，能够证明尽到教育、管理职责的，不承担侵权责任。"适用过错责任原则的依据是《民法典》第一千二百条的规定："限制民事行为能力人在学校或者其他教育机构学习、生活期

---

① 谭晓玉．美国法院如何认定校园伤害事故[N]．人民法院报，2001-08-15.

间受到人身损害，学校或者其他教育机构未尽到教育、管理职责的，应当承担侵权责任。"此外，针对第三人侵权行为的责任，《民法典》第一千二百零一条规定："无民事行为能力人或者限制民事行为能力人在幼儿园、学校或者其他教育机构学习、生活期间，受到幼儿园、学校或者其他教育机构以外的第三人人身损害的，由第三人承担侵权责任；幼儿园、学校或者其他教育机构未尽到管理职责的，承担相应的补充责任。幼儿园、学校或者其他教育机构承担补充责任后，可以向第三人追偿。"

此外，《办法》第八条明确将过错责任原则作为认定学生伤害事故的归责原则。学校承担责任的基础，是其对学生具有教育、管理和保护职责。承担责任的条件，就是学校一定未尽这种职责。这些规定既符合我国民事立法和司法审判实践的一般原则，也有利于减少事故发生，保护学校和学生的合法权益。

### (四)学生伤害事故责任的构成要件

学生伤害事故责任的构成要件指的是构成学生伤害事故责任需要满足什么样的条件。当需要满足的条件都具备时，才能构成学生伤害事故责任。在民法理论中，一般民事责任的构成要件包括四项：过错行为、损害后果、过错行为和损害后果之间有因果关系、存在主观上的过错。这是适用过错责任的责任行为的构成要件。根据《办法》第八条的规定，在认定学生伤害事故责任时，不仅要考虑相关当事人的行为与所形成的损害后果，而且要考虑两者之间是否存在因果关系，并根据民事法律的有关规定进行判断和认定。

1. 过错与过错行为

这是产生学生伤害事故责任的前提。所谓过错，是指行为人通过违背法律的、道德的行为表现出来的主观状态。过错分为故意和过失。故意是指行为人预见或应当预见自己行为的损害后果，但希望或放任损害后果发生的心理状态。它是民事过错的最高形态，法律除不免除或减轻行为人的民事责任外，一般还将其作为加重行为人责任的因素。① 过失则是指行为人应当预见或者能够预见自己行为的后果而没有预见，或者虽然预见到了其行为的后果但轻信能够避免该后果的主观状态。

根据上述理论，学校在学生伤害事故中是否存在过错，其判断标准主要看学校是否尽到了相应注意义务，即根据通常的预见水平和能力，学校应该预见到潜在危险或认识到危险结果而没有注意，或没有采取避免危害结果的措施。如果根据法律法规或者教育行政部门对学校提出的强制性要求，以及学校一般的管理和保护能力，事故原因是可以预见的，而学校未能预见，未能给予必要的注意与防范，则学校就是有过错的。学校的过错程度则可根据事故原因引起学校注意的难易程度确定，即学校及其教师不仅要尽到一般人的注意，而且，在特定场合下，要根据自身的经验与知识对学生的安全尽到更高程度的注意。如果学校在合理预见的范围内做到了应做的，没有不该做的，则学校就没有过错。具体而言，可从以下几个方面判断学校是否尽到了其注意义务。第一，学校的各种教育教学设施是否符合安全要求，对存在的安全隐患是否及时排除。如果学校人员明知或本应发现教育教学设施和建筑物存在危险，却仍置危险状态于不顾，让其继续存在，则应认定学校有过错。第二，学校是否制定了合理、明确的安全规章制度，并对学生进行了思想教育、法制教育以及安全教育。第三，学校为避免人身损害事件的发生，是否已采取必要的防范措施。如果按照学校的职责要求，其应该预见发生人身损害的危险，而没有采取相应的预防措施，应认定为未尽相应注意义务。第四，学生伤害事故发生后，学校有义务及时采取措施救护受伤害的学生，如因学校延误治疗造成结果加重，则应认定学校对结果加重部分负有过错。第五，学校是否故意对学生实施了伤

---

① 张俊浩. 民法学原理[M]. 北京：中国政法大学出版社，1997：831.

害行为，如果是，则应认定学校有过错。

与过错相应的是过错行为。过错行为包括了作为的过错行为与不作为的过错行为，其实施会造成对他人合法权利的侵害。《办法》第九条列举了学校应当承担法律责任的过错情形，如果学校存在第九条所列举的过错行为，就属于学校责任事故，学校应当承担相应的责任。

2. 有损害后果

有损害后果，专指造成学生人身伤害的后果，它必须具有以下特征。一是具有法律上的可补救性，也即伤害后果应达到一定程度，如果仅是一些极其轻微的伤害，如皮肤被擦破等情形，经及时处理就可以解决的，则不属于法律上的伤害。二是这种伤害应当具有补偿的可能性，对不具有补偿可能性的损害，则不属于法律上的损害。三是具有确定性，即损害必须是已经发生的、在客观上能够认定的事实。对尚未发生的或当事人凭主观臆想的损害，不能认定为法律上的损害。

3. 有因果关系

有因果关系是指过错行为与损害后果之间存在内在的、本质的、必然的联系时，才具有法律上的关系。这种因果关系，应当是客观的关系，不是主观上的关系，不能主观假设和猜想。

在学生伤害事故中，一般情况下因果关系是复杂多样的，既有一因一果、一因多果，也有多因一果、多因多果的现象，判断过程比较复杂，人们可能有不同的认识。但是，其根本必须是客观上过错行为造成了伤害事故的发生和损害后果的出现。在具体判断学生伤害事故的责任时，先要全面考察事故的原因，将与事故发生有关系的各种原因都列入考察的范围，包括是否有当事人的过错行为、是否有意外因素等，在此基础上根据过错程度认定相应的赔偿责任。在实践中，引发争议的事故多数是由多种因素共同造成的混合型事故，如学校管理的疏忽、学生行为的过

依法执教：从理念到行动 |

错、其他当事人的过错等往往在同一事故中存在，这种情况下认定事故的责任就需要分清不同行为对损害后果的影响，合理地确定不同当事人应当承担的事故责任。

**【案例】学生课间玩耍受伤，谁之责？**[①]

某小学课间休息时，学生 A 在操场玩耍，被正在追逐打闹的学生 B、C 撞倒在地，并被压在身下，造成阴茎包皮挫裂伤。但 A 受伤后，并没有立即告诉老师，接着上课了。下课放学回家后，A 感到下身极不舒服，便将受伤情况告诉了家长。家长立即将其送往医院治疗。在医院，A 做了包皮环切手术，但未住院治疗，并于一周后到校继续上课。其间，学校派人多次到医院看望 A。经公安部门法医活体检验鉴定，该包皮环切手术属正常手术，不会对 A 的身体造成不良影响，属于轻伤。学校同时通知了 3 名学生的家长。A 的医疗费已由 B、C 的监护人支付。

其后，A 的家长作为代理人，以 A 因伤害造成生殖器畸形，可能对今后生活产生影响为由，以另两名学生及该学校为被告，提起诉讼，要求三方赔偿其医疗费、交通费以及误工减少的收入和精神损伤费 15 万元。

一审法院经审理认为：A 在课间被 B、C 撞倒造成身体伤害，B、C 均系未成年人，其在校期间，学校应当承担教育、管理的责任。因此，对 A 在校期间身体被伤害，该小学也有一定的过错，应承担一定责任。但学校不认为自己存在管理过错，遂提起上诉。

二审法院经审理认为：B、C 作为限制民事行为能力人，在学校课间嬉戏时致杨某受伤，有过错，应承担民事赔偿责任，由两名学生的监护人承担民事责任。在他们不慎致 A 受伤的过程中，学校不存在管理过错，故不应承担民事赔偿责任。一审判决认定事实、适用法律均有错误，予以撤销。

---

① 案例来源：教师素质研究中心．教师综合素质培养读本·教师法制知识读本[M]．北京：人民日报出版社，2003：74-75．

本案是典型的由未成年学生彼此间追逐、玩耍、打闹等行为引发的学生伤害事故。发生此类事故，学校是否有责任呢？本案中的学生均为限制民事行为能力人，根据《民法典》第一千二百条的规定："限制民事行为能力人在学校或者其他教育机构学习、生活期间受到人身损害，学校或者其他教育机构未尽到教育、管理职责的，应当承担侵权责任。"本案中，两级法院虽然都是采用过错责任原则来判断学校的责任，但是结论却相反，争议的焦点则在于对学校过错的认定上。一审判决是建立在只要未成年学生是在校期间发生的伤害，学校就一定有过错的因果推断上。这种判断缺乏法律支持，因为本案中学校并没有实施具体的侵权行为，与损害结果之间也就谈不上有因果关系。这种判决的后果必然会给教育活动带来负面影响，学校因此可能会选择消极的措施来限制学生课间活动，最终导致学生权利得不到充分实现和发展。二审判决认为此案中学校无管理过错，未成年学生课间追逐打闹是孩子的天性，学校不应当限制学生在正常的范围内玩耍，如果这种玩耍由于偶然的和难以防范的意外而造成了事故，这种事故不应该属于学校管理上的疏忽和过错，因此学校不负责任。当然，由于学生是未成年人，其对危险的认知和判断是有限的，学校和教师有义务制止他们明显的危险行为，如在危险的地方玩耍、以危险的方式游戏、以危险的手段开玩笑等。如果学校、教师发现了而未及时予以制止，那么就应对事故后果承担部分责任。

## 三、学生伤害事故的责任分类

学生伤害事故责任的分类，就是指学生伤害事故的责任有哪些类型。对学生伤害事故责任进行分类，有助于分清具体事故的类型，认清事故的状况，从而有利于责任的认定与法律的适用，有利于当事人正确处理事故和解决纠纷。学生伤害事故责任的分类可以有多种，下面我们根据事故的原因和性质两方面来进行划分。

## (一)按照事故发生的原因或责任主体进行分类

按事故发生的原因不同或责任主体的不同将学生伤害事故责任分为四类，即学校责任事故、学生及未成年学生监护人责任事故、第三方责任事故、混合型的责任事故等。

1. 学校责任事故

学校责任事故，指事故的发生完全是由学校的过错造成的，因而学校对事故后果承担全部责任。学校的过错包括学校或者实施职务行为的教师及其他工作人员的过错。根据《办法》第九条的规定，常见的学校责任事故主要包括以下几种。

(1)学校校舍及设施设备不安全事故

学校校舍、场地、其他公共设施，以及学校提供给学生使用的学具、教育教学和生活设施设备不符合国家规定的标准，或者有明显不安全因素造成学生伤害的，学校应负相应的责任。在此，校舍是指学校的教室、图书阅览室等用于教学的建筑物，行政办公用房，学生宿舍等建筑物，以及这些建筑物的附属物，如门窗、栏杆、教室中的黑板、吊扇、吊灯等；场地是指学校的操场、运动场地等；其他公共设施是指学校中其他的公共性建筑、设施，如学校的校门、旗杆、厕所、水房、体育运动设施等。学具是指学生按照教育教学的要求，在教学活动或课外活动中进行动手加工组装或操作，所需的基本的材料和器具；教育教学和生活设施设备则包括学校为教育教学的需要而装备的各种仪器设备、教具、体育器械、实验器具等，教学楼、学生宿舍中的各种生活设备或固定设施。

【案例1】

四川德阳市某村小学发生校舍垮塌事件，在教室内玩耍的小学生被垮塌下来的房顶砸伤，1名学生当场死亡，另有18人受伤。

**【案例2】**

某小学课间时，几个学生在课室内追逐，其中一学生冲出课室门口，刹不住，翻越栏杆，坠楼身亡。经查，该校栏杆高只有90厘米(按国家标准应为110厘米)。

**【案例3】**

某中学学生吴某在上体育课时，被一同玩耍的同学推倒在学校操场正在施工的管道沟内致伤，导致左臂多发性骨折。法医鉴定为十级伤残。吴某家长遂将某生和学校起诉到法院，要求学校承担部分赔偿责任。

以上三个案例，都属于学校的校舍、场地等不合格或存在着不安全因素造成的学生伤害事故，故学校应承担相应的责任。案例3中，该校对已挖成的坑道未做充分的防护设施，因此对于吴某的伤害，学校有过错，应当承担赔偿责任。目前，我国一些农村学校的基础设施依然存在一些问题，部分城市学校办学经费也很紧张，因此，政府应加大教育投入，改善学校的办学条件，杜绝因办学条件不合格而造成学生伤害事故。学校要及时向上级报告设施设备缺陷，定期检查，发现问题及早解决。

(2)学校安全管理事故

学校的安全保卫、消防、设施设备管理等安全管理制度有明显疏漏，或者管理混乱，存在重大安全隐患，而未及时采取措施，造成学生伤害的，学校一般也应负相应责任。

**【案例1】**

某甲，女，6岁，是某小学学前班的学生。一天下午，在学校放学之前，有一名西装革履的男子大摇大摆地从学校门口进入学校，门卫也未加询问。该男子看见某甲在学校的操场边站着，于是将某甲骗到学校的一间废置的房间内奸淫。事发后，某甲的家长向公安局报案，犯罪人被判处有期徒刑七年，某甲的家长同时向法院提起民事诉讼，请求判令学校赔偿某甲的精神损失费。

【案例 2】

某初中学校在下午第三节课时召集全体教师开会，故学生上活动课，无辅导教师。大部分学生都在操场打篮球、羽毛球或参加其他活动。其中七年级有五个调皮的学生爬到篮球架上玩。由于篮球架基生锈了，不牢固，经不起五个学生的摇晃，突然倒塌。篮球圈砸到下边打篮球的同学陈某头部，陈某当场昏过去。当学生跑到会议室报告情况时，校长立即拨打急救电话求助医院，并立即通知家长，果断地从校总务处支取 3000 元钱，组织教师马上将学生送往医院。幸亏救治及时，这个学生脱离了生命危险。在整个事故过程中，校方与学生家长相互体谅，积极配合，及时治疗，医护得力，使得陈某恢复较快，已能参加正常学习，情况良好。事后，家长虽然感谢学校的教师和校长急救及时，使他儿子能转危为安，但却对学校提出如下要求：①学校必须承担全部医疗费用；②学生现在暂时恢复正常，但以后如果有脑部的后遗症，学校必须负责，或一次性赔偿营养费、交通费、护理费、生活补助费若干万元；③学生所耽误的学习，学校必须负责补上。这一事故来得突然，学校与家长之间一时间意见分歧较大。几经调解，最后还是大事化小，和平解决：①由校方承担医疗费用；②安排有关老师为陈某补课；③校方担保此学生在校的安全。

【案例 3】

据有关媒体报道，2014 年 11 月 14 日 6 时 13 分许，某商学院宿舍楼 602 室发生火灾，4 名女生被大火围困，情急之下先后从 6 楼跳下，当场死亡。发生火灾的建筑为 7 层宿舍楼，钢混结构，着火房间位于该宿舍楼的 6 楼 602 室。该室全部着火，烧毁蚊帐、棉被、书籍等物品。据知情人士透露，事故原因可能是 602 寝室违规使用"热得快"导致。

事故发生后，有记者在事发宿舍楼现场看到，楼内有消防栓但无灭火器，起火大楼内部及公用卫生间内亦无自动喷淋器。记者质疑该宿舍楼内消防设施是否完善，对此，某商学院副院长冯某表示，这栋楼建于 2000 年，他对楼内有无喷淋器尚不清楚。

以上三个案例表明，学校在安全、保卫、消防等安全管理制度上，都存在着明显的疏漏。案例1中，学校门卫制度的管理有明显疏漏，学校门口虽有值勤保卫人员把守，但对非本校人员进入校园并没有建立规范的登记、询问制度，致使学生受到意外伤害，学校因此负有不可推卸的责任。目前，一些学校的安全管理存在以貌取人的现象。少数心怀不轨的人，利用一些人以貌取人的心理和学校门卫管理制度松散情况，伺机进校伤害学生，这种情况应该引起学校注意。案例2中，学校存在明显过错：①运动场的设施陈旧，学校篮球架不牢固，没有及时发现、及时翻新，留下了危急事故发生的隐患；②全体教师开会没有安排护导教师，管理制度不健全；③学校的管理和监督制度不完善，学校负有主要责任。五个学生违纪爬上篮球架，应负次要责任。案例3中，虽然发生火灾的原因在于学生违规使用"热得快"，作为成年人的大学生应对自己的违规行为负主要责任，但是学校也有过错，其过错在于消防设施不完善、消防管理明显疏漏，说明学校的安全管理存在较大漏洞，学校应该对此次火灾造成的损失承担相应的责任。

上述案例进一步揭示了：学校作为一个特定组织的管理者，应当在主观上预见到由于自身行为特点所可能带来的风险，并从制度上、管理措施上保证将这些风险置于可控制的范围之内。如果学校没能对风险给予必要的注意，或者未按照有关部门的要求建立相应的控制风险的制度，则学校在管理上就存在过失。这种过失，既可能是学校制度上存在疏漏，也可能表现为学校在管理上的不作为，如有制度而没有人执行，或者分工不明确、责任不清晰，或者认识到安全隐患，却没有及时采取措施加以消除等情形。安全管理必须有规范的制度约束，才能真正保障安全。

(3)学校饮食安全事故

学校向学生提供的药品、食品、饮用水等不符合国家或者行业的有关标准、要求而产生的学生伤害事故，学校应当承担相应的责任。这要求学校在统一向学生提供药品、食品及饮用水时，应履行基本注意义务，主要包括两种情形：一种是学校向其他供应者采购，并直接向学生提供上述物品时，应尽到相应的谨慎和注意；另一种则是指学校对食品、饮用水进行加工处理后，再向学生提供，或者需要通过注射、指导服用等方式向学生提供药品的情况。由此，学校对内部涉及食品卫生安全的部门和工作环节都负有管理的职责。

需要指出的是，此处所指的食品、饮用水等，应当是学校向学生提供的，即是指学校采购、加工或者处理后，以统一或公开的方式提供给学生的，如果是学生自行在学校(有些学校可能设有售货点)购买或者在学校外购买而在学校中食用药品、食品或者饮用水的情况，则不属于此项所规定的学校责任的范畴。另外，关于由恶意向学校的食品、饮用水中投毒而造成的中毒事故，该行为构成了危害公共安全的投毒罪，对此种犯罪行为的防范已经超出了学校行为能力，应依法追究犯罪嫌疑人的刑事责任。

【案例1】

某大学附属小学爆发集体食物中毒事件。237名学生在食用学校课间餐后，出现发烧、呕吐、腹痛、腹泻等症状，被送进医院治疗。市卫生局调查后证实有185人食物中毒，事件的起因是课间餐供应商某食品有限公司加工食品的用具清洁消毒不严格，使食品受到金黄色葡萄球菌污染，加上食品存放时间过长，产生肠毒素，从而发生食物中毒事件。事后查明，该校原校长窦某利用职权，收受贿赂款52500元，帮助连工商营业执照都没有的食品公司承揽学校的配餐业务，导致全校185名小学生食物中毒。随后，区人民法院以受贿罪判处窦某有期徒刑一年，缓刑二年，并处没收财产人民币 5 万元。

**【案例 2】**

广东省英德市某镇某学校发生 83 人中毒事件。经英德市卫生监督所对呕吐物进行化验，证明是有机磷农药中毒。经检查，该校食堂卫生状况差，没有必备的洗、冲、消三级用池及洗菜、洗肉的专用池，不具备学校食堂及集体食堂的条件。

上述两起事故都应由学校承担责任。学校应该吸取的教训：一是食堂采购必须实施定点采购和食品留样制度；二是学校的食堂必须具备开办的条件，达到有关部门规定的考核量化标准。凡是学校向学生提供的药品、食品、饮用水等不符合标准，造成学生伤害事故的，学校都应依法承担相应的责任。触犯《刑法》，达到犯罪程度的，相关责任人还应受到刑事处罚。

(4)学校教学或课外活动事故

学校组织学生参加教育教学活动或者校外活动，未对学生进行相应的安全教育，并未在可预见的范围内采取必要的安全措施的，由此造成的学生伤害事故，学校应承担相应责任。

**【案例 1】**

黄某是河源市龙川县某小学五年级男生。某日下午，该校五、六年级的学生由体育老师黄某组织上体育课。课前，黄老师宣布参加乒乓球等项目比赛的同学进行训练，其余学生自由活动，同时要求学生不要去玩单双杠，不要影响其他学生训练。由于黄某不是参加比赛的运动员，便与几位同学擅自去玩单杠。黄某因身高不够，几次跳起都没能抓住单杠，便爬上单杠旁边的砖墙，跳过去抓单杠，但因没抓着而跌落在地上，摔伤右手，造成严重骨折致 7 级伤残，并花去医疗费等相关费用66316 元。事后，黄某认为自己受伤虽然自己有过错，但是在学校上体育课时受伤，学校负有一定的管理责任。于是黄某将该学校告上法庭，要求依法赔付其受伤致残造成的经济损失。

法院认为，原告黄某在上体育课时违反学校管理制度，不听从老师的要求，在没有体育老师组织和指导的情况下，擅自并且不按要求去抓单杠，以致受伤，黄某应负该事故的主要责任。被告校方(体育老师)虽在上体育课时对学生提出不要去玩单双杠的要求，但校方并未在可预见的单杠区内采取必要的安全措施，以致学生受伤，校方应承担一定的责任。依照《民法典》和《学生伤害事故处理办法》等法律规定，黄某花费的66316元由学校负责赔偿20%，即13263元，其余由原告黄某自负。

**【案例2】**

金秋十月，某小学组织五年级学生外出秋游，到某烧烤场进行烧烤。活动快结束时，刘某等几位学生想将炉火烧旺一些，以便把剩下的食物烤熟。于是，他们便将带来生火用的煤油全部倒入炉中，不料炉中的火焰将其中一位学生李某的衣服点燃，致李某四处乱跑，全身大面积烧伤。

事故发生后，在场学校领导及教师立即将李某送往医院治疗，并及时通知了家长。在治疗期间，学校支付了大部分医疗费用，而且发动全校师生捐款，组织师生到医院探望该同学。由于校方和家长相互体谅，积极配合，及时治疗，医护得力，李某终于转危为安。

上述两个案例提醒我们：一是学校组织学生集体活动，必须保证活动地点、活动内容等方面的安全；二是学校首先要在活动前尽到安全教育的义务。学校应将活动的风险通过教育的形式让学生了解、注意，让家长知晓并配合教育。在实施教学过程中要加强对学生的安全教育、操作规范教育，同时在活动当中，要采取安全保护措施，尽到必要的注意义务。

(5)学校教师管理疏忽事故

学校知道教师或者其他工作人员患有不适宜担任教育教学工作的疾病，但未采取必要措施，由此造成的学生伤害事故，学校应承担相应责任。此处所称的不适宜担任教育教学工作的疾病，主要是指可能通过接触扩大染病人群的传染性疾病，以及可能使教师产生暴力倾向或者心理扭曲的精神性疾病。这要求学校作为教师的直接管理者，有关心教师身心疾病的注意义务，这种注意义务除了每年例行体检、教师治疗的诊断证明以外，还包括从一般常识的角度对教师心理状况的观察。但对于突发性的，或学校难以预见、没有征兆的、无法事先采取必要措施的疾病，则不属于学校注意义务。

【案例】

某小学一年级学生明明，因未完成作业，被班主任刘老师体罚。事后，只要一提起学校和老师，明明就大哭不止，捶头撞墙，双手抽搐，医院诊断为急性应激障碍。经查刘老师患有间歇性精神障碍。

本案例中的教师属于"患有不适宜担任教育教学工作的疾病"的情形。学校有责任查明其所管理的教师或其他工作人员是否患有不适宜担任教育教学工作的疾病。若学校明知该教师患有间歇性精神障碍，仍然安排其从事教育教学工作，对此造成的学生伤害事故，学校应依法承担相应的责任。对突发性的、学校难以预见的教师疾病引发的学生伤害事故，则由加害人承担相应的责任。

(6)学校组织未成年学生参加不当活动事故

学校违反有关规定，组织或者安排未成年学生从事不宜未成年人参加的劳动、体育运动或者其他活动而造成的学生伤害事故，学校应当承担相应的责任。这要求中小学校在组织学生参加活动时，应该考虑未成年人的心理与生理特点，所开展的运动项目及其强度应当适合学生的生理承受能力和体质健康状况；严禁以任何形式、名义组织学生从事接触易燃、易爆、有毒、有害等危险品的劳动或者其他危险性劳动。学校除了遵守法律法规的规定外，还应该依靠自身的经验和常识判断某项活动是否符合未成年学生的身心特点和认知能力。

【案例】

某初中八年级学生王某是宿舍长，周末带领宿舍同学例行打扫宿舍卫生，她负责擦玻璃窗。当她擦完里面的玻璃窗后，又搬来凳子爬上窗台去擦外面的玻璃窗。同学们见危险赶忙提醒她，但她不在意。当她擦完想下来时，忽然一脚踩空，身体失去平衡，结果从五楼窗台上掉下来，当场死亡。事后，王某家长要求学校对女儿的死亡负责任，要求学校赔偿。

本案例中，学校安排学生打扫卫生，应该预见到在楼上的学生擦玻璃外窗的危险性，对此学校应该教育学生不要站在危险地方擦窗，或者采取一些保护措施，如装防护网等。对此事故学校负有主要责任。王某明知站在窗台上擦玻璃窗危险，经同学提醒仍不改正，应负次要责任。

(7)学校对学生身体状况关照不力事故

学生有特异体质或者特定疾病，不宜参加某种教育教学活动，学校知道或者应当知道，但未予以必要的注意而造成的学生伤害事故，学校应当承担相应的责任。在此，学校知道是指学校通过对学生的体格检查、学生或未成年学生家长的告知，已经发现学生的特殊体质或者已经掌握了学生病情，并对这种情况下学生不应参加的活动已经有清楚的了解；应当知道是指根据教育教学经验和基本的常识，以及如体育教师、学校校医这样受过相关专业训练的人员的知识水平，在正常注意的状态下能够认识到学生可能患有某种疾病的情况。在这种情况下，学校针对学生的特异体质和疾病，只要在可预见的范围内采取了在一般情况下可以保证安全的措施，应该视为履行了安全管理责任。

**【案例】**

某甲是某中学七年级学生，从外表上看，身体状况良好。在该校组织的常规体检中，学校医务人员诊断出某甲心脏有杂音，学校医务室将体检报告单交给学生所在的班主任。该学生是学校集训队的一名成员。一天下午，学校集训队在学校操场上跑步，突然，某甲口吐白沫昏倒在地，学校急忙将某甲送往医院抢救，但终因心脏病发作身亡。某甲的监护人将学校告上法院，要求学校承担全部责任。

该案例中，由于班主任对学生的特殊体质未予以必要的注意，未将情况告知学校集训队的老师而造成学生伤害事故，学校应该承担全部责任。这说明，一方面，学校应该为每一位学生建立健康档案，每年必须组织学生体检；另一方面，班主任一定要了解学生的体检状况，并将体检结果告知学生家长、学生本人和相关教师，以尽关心保护之责。

(8)学校救护不力事故

学生在校期间突发疾病或者受到伤害，学校发现，但未根据实际情况及时采取相应措施，以致不良后果加重而造成的学生伤害事故，学校应当承担相应的责任。这主要是指学校对学生在校期间发生的疾病或受到的伤害，没有及时采取措施，而是消极地不作为，致使学生的疾病或者伤害因为延迟治疗而加重的情形。

及时采取措施救助学生是学校义不容辞的责任，学校履行救护义务应当是无条件的，不能因为学生所受到伤害原因的不同而区别对待，无论是对由于学校造成的事故，还是与学校无关的事故和学生发生的疾病，在发现后都应及时救助。但是学校履行这种救护义务的对象、范围、程度等则要受学校具体的条件与能力的限制。超过学校条件和能力限制的，学校不应该承担责任。

**【案例1】**

徐某与蔡某是浙江温州市某镇小学同班同学。有天在课堂上，徐某与蔡某互做小动作，结果导致徐某受伤。正在上课的校长潘某接到报告，在询问情况后仅要求双方遵守课堂纪律，却不去了解徐某受伤的情况。课后，徐某母亲将徐某送医院治疗。经鉴定，徐某右眼穿孔，视力下降至0.3，属十级伤残。法院认为学校在课堂管理上存在明显过错，并未及时采取适当的救治措施，遂判决学校承担30%（16930元）的损害赔偿责任。

## 【案例2】

某甲为某中学的学生，一天上午对其班主任讲自己不舒服，想下午请假看病，班主任同意了，但某甲回到教室后便在课桌上趴着，这种状态一直持续到下午上课时间。其间，大家以为某甲只是一般不舒服，故无人过问此事。就在下午上课时，某甲突然用头向身边的窗户撞了两下，然后倒在地上，口吐白沫。上课的老师和学生以为某甲是癫痫病发作，就让某甲平躺在地上，然后继续上课，同时通知学生家长。等家长到学校后，才将某甲送往医院救治，但因某甲脑出血过多，不治身亡。据医生讲，某甲患有先天性脑血管畸形，突发性脑血管破裂、出血是导致其死亡的原因。但这种病如果抢救及时，有生存的可能。正因为该校老师对某甲病情的怠慢，失去了挽救某甲生命的宝贵时间，因此，学校对损害的发生要承担一定的赔偿责任。

以上案例告诉我们：学校消极不作为造成的学生伤害后果加重，学校应当依法承担相应的责任。

（9）教师错误行为事故

教师或者其他工作人员体罚或变相体罚学生，或者在履行职责过程中违反工作要求、操作规程、职业道德或者其他有关规定，对学生的人身造成伤害的，学校应该承担相应的责任。在此，教师违反法定义务的情形主要包括两种情形。一是体罚和变相体罚学生。这部分内容前面已专门论述过，在此不再赘述。二是教师在教育教学活动当中违反了专业规范，或者违反了在特定教育教学活动中应遵循的操作规程，也可能成为造成学生伤害事故的过错行为。

【案例】

某天，某校八年级(1)班正在上数学课，任课老师比较懒散，上课上了一半，就走出教室，前往小卖部买东西。学生就在课室里乱成一团，有的坐到课桌上，有的坐在窗户上，有的走来走去，你推我拉的。突然坐在窗户边的一个学生被人推下去了，结果造成该生伤残。事后，家长找到学校，要求学校赔偿。

本案例中，教师在上课期间没对课堂进行有效管理的情况下，擅自离开教室，教师离开的行为和离开期间学生发生的伤残事故有直接的因果关系，属于教师擅离职守造成的事故。根据《办法》第二十七条规定，学校应负主要责任，事后学校可以按照有关规定向该教师追偿。

(10)教师不作为事故

教师或者其他工作人员在负有组织、管理未成年学生的职责期间，发现学生行为具有危险性，但未进行必要的管理、告诫或者制止，由此造成的学生伤害事故，学校应该承担相应的责任。该类事故主要针对未成年学生的危险性行为。教师构成不作为的要件之一，是教师已发现学生的危险性行为，但怠于履行职业道德与职责要求的情形，具体表现为对学生的危险性行为视而不见，对学生的人身安全漠不关心。教师履责的主要行为方式是对学生的不当行为进行必要的管理、告诫或制止。管理，就是以强制性手段，在学生行为出现危险性倾向时，对其进行控制、约束，制止危险倾向的发展；告诫，是指在发现学生行为具有危险性而其本人没能认识到的情况下，向其指出该行为的危险所在，要求其不要继续进行此类活动；制止，是指教师在发现学生正在进行危险性活动，采取措施中断学生的行为，以避免伤害后果的发生。如果教师已经采取了必要的措施，但因为能力所限，以及其他客观因素的影响，仍不能避免事故发生的，则不构成不作为的情形。

**【案例】**

某校七年级学生甲，由于经常被高年级的学生欺负，因此随身带着一把匕首，以备在受欺负时自卫。同学发现后就报告了老师，老师批评甲后就没有再管这事，而甲仍照常携带匕首。一天，甲和同学发生口角。甲在一怒之下拔出匕首，刺伤了该同学，致使该学生住院花了一万余元医药费。

本案例属于学校、教师对学生管理不善而造成的学生伤害事故。如果学校教师或者其他工作人员在负有组织、管理未成年学生的职责期间，发现未成年学生有不良行为或其他危险行为时，应及时制止，正确引导，避免恶性事件的发生。若学校未进行必要的管理、告诫或者制止，造成学生伤害事故的，学校应当依法承担相应的责任。甲作为加害人，同时又是未成年人，应由其监护人承担主要责任。

(11)未及时履行告知义务

对未成年学生擅自离校等与学生人身安全直接相关的信息，学校发现或者知道，但未及时告知未成年学生的监护人，以致未成年学生因脱离监护人的保护而发生伤害的，学校应承担相应的责任。在此情形中，学校的过错为未履行告知义务。学校需要告知家长的信息应当是与学生人身安全直接相关的，即这些信息所包含的内容，能够直接促使家长继续采取相应的保护措施，否则将使学生的人身安全处于可预见的危险当中。

**【案例】**

吴某是某中学八年级的女生，在校住宿。一天下午课间时，她因与同学吵架而擅自离开学校。晚自修时，班主任检查人数，发现吴某不在教室，问吴某的同桌同学，该同学说吴某因与他人吵了架，可能回家了。班主任以为吴某真的回了家，未予追问，原想待吴某回校后再予批评。到第二天上午第二节课时，发现吴某仍未返校，班主任才与吴某的家长联系，但吴某的家长说孩子昨晚并未回家。家长多方寻找，仍无下落，无奈之下报了案。吴某的家长悲愤之余把学校告到法院，要求学校依法承担赔偿责任。法院认为，学校老师知道吴某擅自离校后，未及时与家长取得联系，致使吴某的父母丧失了最佳的寻找时机，故学校应该对吴某出走带来的一系列后果承担民事赔偿责任。

上述案例除了班主任在班级管理中的疏忽大意外，学校的住宿管理制度也不严格。这提醒学校必须加强安全管理，建立点到制度，并做好记录，发现学生擅自离开学校或未到校及时报告学校领导和告知家长，尽到教育、保护、管理的义务。

(12)其他责任事故

《办法》第九条第十二款概括了以上11种情形所未包括的学校过错行为。除上述情形外，在其他情况下，学校是否有过错的判断只能依据法律法规或者国家、主管部门的有关规定做出，即学校没有履行上述规定中明确设定的职责，才可能因为行为的违法性承担过错责任。

2. 学生及未成年学生监护人责任事故

《办法》第十条对学生或者未成年学生监护人的过错情形进行了描述和列举，如果这些过错情形造成学生本人或者其他学生人身损害的后果，学校则应当承担相应的责任。如果行为人就是受伤害学生本人或者监护人，没有其他行为人的侵权行为的，则责任由其自身承担；如果行为人侵害了其他学生的人身健康，则应承担相应责任。这些过错的具体情形包括以下几种。

(1)学生违法违纪实施危险行为的情形

在这种情形下，首先，学生行为违反了法律法规的有关规定，违反了社会公共行为准则、学校的规章制度或者纪律规定，具有明显的不正当性。其次，学生的行为还要具有其可以认知和预见的危险性，即学生所实施的行为是按其年龄和认知能力应当知道具有危险或者可能危及他人的。在这里，学校的管理制度要考虑到不同年龄段的学生对危险认知能力的差距。

**【案例1】**

甲和乙系某中学八年级同学。甲伙同外校学生一起在放学路途中拦住乙，要乙交所谓的"保护费"。乙反抗，结果被甲及其同伙殴打。乙腹部被捅了一刀。学校得知情况后立即将乙送到最近的医院抢救，使乙脱离了危险。事后，乙的家长向法院提起刑事附带民事诉讼，将学校列为刑事附带民事诉讼的共同被告人，要求学校赔偿其医疗费、继续治疗费、精神损失费等计人民币50万元。法院最后认定学校无过错，判决学校不承担责任。

**【案例2】**

某日，某区中学七年级学生小锋(化名)和同学们正在上课，同班的小涛(化名)做小动作被任课老师发现。任课老师摘取了小涛佩戴的学生卡转身离去时，小涛就拿书本拍打桌面泄愤，夹在书本中的圆珠笔飞出，刚好刺中坐在前面回头观望的小锋的左眼，经法医鉴定为七级伤残。小锋认为，小涛伤害自己的行为是在学校学习期间，学校没有尽到监护管理的责任，故要求小涛和学校赔偿医疗费、残疾补助费等近46万元(其中精神损失费20万元)。法院认为，小涛弄伤小锋的行为发生在任课老师和小涛的争执之后，老师没有过错，故学校不承担赔偿责任。

上述案例中学校均没有过错，属于学生违法违纪的行为，由此造成的损失应该由违法违纪的学生及其监护人承担。以上两个案例的判决体现了未成年学生对伤害事故负有责任的，由其监护人承担相应赔偿责任的法律规定。

(2)学生执意妄为的情形

这种情形主要是指，学生已经过学校、教师告诫、纠正，应该已经认识了行为的危险性，但不听劝阻、拒不改正，仍然去实施该行为的情形。

【案例】

某中学为保障学生安全，规定上课时间非经年级主任的放行条批准，学生不得离开学校。学校还设了门卫把守。一天，门卫发现学生李某正准备翻越围墙，便大喊："给我回来，不准爬墙！"李某见自己被发现，非但不听门卫劝阻，反而迅速爬墙。在慌乱中，李某不慎从围墙上摔下来，造成左脚骨折。

学校、教师主要承担的是教育的职责，虽然学校制定了校纪校规，但是无法完全限制学生的主观动机和行为方式。实践中，教师和其他员工也不可能时时关注学生的行为，往往会出现教师制止、纠正，学生当时停止了危险行为，但在教师未能注意时又会继续实施此行为的情形。在这种情况下，学生处于明知危险而作为的状态中，因而属于明显的过错行为。本案例就属于此种情形，李某作为有一定行为能力及判断危险能力的人，明知自己的行为危险仍不听劝阻而实施，从而违反了校规，由此造成的损失应由李其个人承担。

(3)学生或者未成年学生监护人不及时告知必要信息的情形

这种情形是指，学生或未成年学生监护人在知道学生有特异体质或者患有特定疾病的情况下，但未告知学校，使学生在本不应参加且可以避免的教育教学活动中受到伤害的情形。学生的许多疾病特别是先天性疾病，学校一般是难以知道的。此种情况下，学生尤其是未成年学生的监护人应当履行告知义务，保证学校对学生实施有效保护。如果由于种种原因，学生或监护人不愿让学校知道，由此所增加的学生人身安全的风险，应当由行为人自己承担。

【案例】

某中学高二某班正在上体育课，教师要求全班学生围绕 200 米的小操场慢跑 3 圈，共 600 米。小王在班长身后慢跑。当跑到第 2 圈时，小王突然倒地，不省人事。

　　　　　　　　依法执教：从理念到行动　|

教师立即将其送至附近医院，经抢救无效死亡。法医解剖结果为小王患有先天性心脏病，因心脏供血不足导致死亡。而小王及其家长并没将小王患有先天性心脏病的情况告知学校，依照有关规定，该情况下校方无责。后经学校、家长、第三方协调，学校按公平责任原则予以了适当补偿。

(4)监护人不履行对学生人身安全与健康的监护职责的情形

这种情形是指，当监护人知道或已被学校告知，被监护人的身体状况、行为、情绪等有异常的情况，但监护人却未履行相应的法定监护职责的情形。这种情形通常出现在未成年学生可能由于各种原因，在校期间出现身体不适、情绪不稳定或者行为异常等情况，在校期间并未发生后果，却有延续性地在家中发生了损害后果的情况。由于此时学生处于监护人的保护之下，监护人在知道或者已被学校告知的情况下，不采取积极的、必要的措施，以致造成后果发生的，则存在未完全履行监护职责的过错。

【案例】

小刘学习十分刻苦勤奋，但不爱说话。初中升高中考试中，小刘以全校第一名的优秀成绩考进了某市一所高中。进入高一后，小刘学习仍然十分努力，但成绩总是不太理想，在班里总是倒数第几名，为此小刘总是郁郁寡欢，也很少与同学交往。小刘的班主任老师多次找她谈心，也经常打电话找其家长沟通，但小刘的父母因忙于生意而无法顾及小刘。在高一升高二的期末考试中，小刘成绩不但没有提高，反而更差。结果暑假时，小刘在自己家中自杀。

近几年，经常出现学生受到挫折时一时想不开而发生的自伤、自杀、攻击他人或者离家出走等案件。这类案件提醒我们，学校和家长一定要关心学生的身心健康，学校与家长之间要及时沟通，学校发现学生的异常行为或情绪要及时疏导，并要及时告知家长。同时，家长也应该履行监护职责，不可将孩子推给学校。

(5)学生或者未成年学生监护人有其他过错的情形

其他由于学生或未成年学生监护人的故意或者过失，造成的学生人身伤害后果，学生或未成年学生监护人应当依法承担相应的责任。

3. 第三方责任事故

第三方责任事故是指伤害事故的发生既不是由学校造成的，也不是由学生造成的，而是完全由学校、学生之外的第三方加害人的过错行为造成的，由此，伤害事故的责任完全由第三方来承担。《办法》第十一条规定："学校安排学生参加活动，因提供场地、设备、交通工具、食品及其他消费与服务的经营者，或者学校以外的活动组织者的过错造成的学生伤害事故，有过错的当事人应当依法承担相应的责任。"在这种情形下，学校虽与事故的发生有关联，但学校此时的法律特征主要是产品或者服务的消费者，或者活动的被组织对象，因此，如果经营者或者学校所参加活动的组织者出现了过错行为，侵害了学生的生命健康权，造成了人身伤害的后果，则应由他们承担相应的侵权责任。

【案例】

某校要组织地理专业的学生到野外勘探实习，考虑到路途较远，就同某旅行社联系，以组团形式出行，双方签订了团体旅游协议，学校也派有教师全程跟随。途中，学生乘坐的一辆汽车发生意外翻车，六名学生不同程度受伤，随团教师在现场组织协助抢救，并及时向学校汇报，学校也第一时间告知受伤学生家长。其中，一名学生重伤致残，家长状告学校要求赔偿。法院驳回学生家长的诉讼，之后，判令接团旅行社承担全部责任。

本案例有两点需要注意。一是学校与旅行社签订合同后，不论是随团的学校教师，还是参加活动的学生，都已成为旅行社的签约对象，学生与教师的人身安全依法受到保障。二是学校组织学生外出实践，是正常的教学教育活动，且事故发生后，学校教师在现场组织协助抢救，履行了教育保护的职责；又及时汇报校方，校方在第一时间告知家长，依法履行了管理和告知职责，完全符合职业要求。

4. 混合型的责任事故

混合型的责任事故指的是伤害事故的发生可能是由多方因素造成的，是多方当事人的过错行为导致的结果，此时，事故责任应当按照各过错当事人的过错程度的比例来承担责任。其主体一般包括学校、学生或未成年学生监护人、其他第三方或者保险公司等。在实践中，混合型的责任事故较为常见，学生伤害事故多是由多种因素造成的，需要由多个主体来承担责任。

【案例】

某甲，女，系某小学二年级的学生。一天下午放学时，某甲的父亲到学校接其回家，见到某甲哭过，问某甲发生了什么事情，某甲说同班的一个男同学打她。于是，某甲的父亲带着某甲回到班里找那位男同学，走到某甲所在班级门口时，恰逢学生某乙走出门口，某甲指着某乙对其父亲说："就是他打我。"某甲的父亲一把抓住某乙的衣领，打了某乙一个耳光。这时，某乙的班主任从教室走出，看见此情景，便对某甲的父亲说："有什么事跟我说，怎么能打人呢?"某甲的父亲则说："他打我女儿时你怎么不管?"班主任气愤地说道："你打吧，一切后果你负责。"班主任说完便转身回办公室了。之后，某甲的父亲继续用手指着某乙的头教训某乙，某乙则往某甲的父亲身上吐口水，某甲的父亲又打了某乙两个耳光，并将某乙推倒在地，才带着某甲回家。当年级级长听完班主任的反映后，就同班主任一起到出事地点，只见某乙一边哭，一边擦鼻血，某甲和其父亲已不在现场。于是，班主任帮某乙止住鼻血，嘱咐某乙说"以后不要再惹是生非了"。这时，某乙的家长也到学校接某乙，听班主任说明情况后，便带某乙到医院检查。经医院诊断，某乙右耳膜穿孔，听力下降。某乙及其监护人将某甲的父亲及学校告到法院，要求赔偿各项损失合计 5 万元。法院最后判决认为，某乙的班主任在发现本班学生的合法权益被他人侵犯时，虽出面制止，但方法不当，没有能够有效地制止他人的侵权行为，班主任的行为属于执行职务不当，因此，学校应承担 20％ 的责任。

### (二)按照事故的责任性质进行分类

按照事故的责任性质可以将事故责任认定分为学校责任型伤害事故、学校可免责的伤害事故、学校管理职责外的伤害事故、故意伤害事故等。

1. 学校责任型伤害事故

这类事故主要指学校要承担相应责任的事故。前文已有详细论述，在此不再赘述。

2. 学校可免责的伤害事故

这类事故主要指学校不承担责任的事故。由于在学生伤害事故中，学校并不具有过错，因此《办法》第十二条规定了学校在已履行了相应职责，行为并无不当时的免责情形。概括起来，学校可免责的伤害事故包括：

①由不可抗力造成的。所谓不可抗力是指人们不能预见、不能避免并不能克服的客观因素，如地震、雷击、台风、洪水等。

②由学校能力所不能预见和克服的因素造成的，主要指来自学校外部的突发性、偶发性侵害。其特征是来自校外，突然发生，事先并无预兆，超出了学校的预见能力或者防范能力。

③由难以预见的学生特殊身体状况的因素造成的。

④由学生自主意识行为造成的，即学生自杀、自伤的。自杀、自伤都是行为人的自主选择，主观上存在着直接故意，因此要自负其责。教师即使有不正当的教育行为，也只能是最终学生自杀后果的诱因，与学生死亡的损害后果之间并不存在直

接的因果关系。

⑤由学生自主参加的风险活动本身的意外因素造成的。这主要是指一些对抗性或者具有风险性的体育竞赛活动，本身就存在着难以控制的意外风险。学生在参加这些活动时，本身包含有甘冒风险的故意。

⑥由其他意外因素造成的，主要是指法律上、司法实践中所认可的非当事人的故意或者过失而偶发的情形。

【案例1】

2017年1月5日，某工业学校进行期末考试。一女生作弊被监考老师发现，老师即按规定在其试卷上写下"作弊"二字。该女生见状哭着跑出教室，跑回宿舍后在一张纸上写下"再见了，同学们，我无脸见人了"，然后跳楼身亡。事后，该女生家长闹到学校，向学校索赔30万元。后经法院审理判决，学校不承担赔偿责任。

【案例2】

某小学四年级的学生某甲，因未完成作业，被班主任罚站并补做作业。放学时，班主任将某甲的情况向其母亲做了说明。在吃饭时某甲受到母亲的批评，独自哭了一阵后，在自己的房间里自缢身亡。某甲的监护人认为，班主任对某甲有长期的体罚行为，最近的体罚更是导致某甲自杀的原因，学校应承担相应的责任。法院审理后认为，某甲是在家中自缢的，不在学校管理的时间和范围内，原告不能提供教师的职务行为与某甲的死亡存在因果关系，因而驳回了原告的诉讼请求。

【案例3】

2016年5月3日下午的课外活动时间，某校举行庆五四青年节篮球活动。比赛进行得很激烈，九年级学生小黄（化名）抓住机会夺了球，一个箭步往前抢着上篮，与前来拦人的小李碰个正着，两人同时跌落地上。由于篮球先落地，小黄的膝盖刚好垫在球上，而小李的屁股正坐在小黄的小腿上，导致小黄的两条小腿骨骨折。这时候，正在旁边的班主任和科任老师马上将小黄送进医院，进行了紧急处理。小黄住院花去医疗费3万多元。小黄家长以儿子是在学校组织的集体活动中受伤为由，要求学校承担全部责任。

学生自杀后，学校究竟要不要承担责任，关键看在引发学生自杀的原因中，学校是否有过错行为。一般来说，学生自杀，按原因不同，可分为学生个人原因或其家庭原因引发的自杀，以及与学校有关联的自杀引发的自杀。对于不同原因引发的自杀，处理的结果自然不同。如果是由于学生个人原因或其家庭原因引发的自杀，后果应由学生个人及其家庭自己负责，学校不负责任。而如果是由于与学校有关联的原因引发的自杀，学校应根据过错程度承担相应的责任。判断学生的自杀与学校教师的行为有无关系，取决于两个条件：一是学生自杀与教师的行为有无一定的因果关系；二是教师的行为是否违法。例如，教师或工作人员侮辱、体罚学生，对学生进行搜身、处罚不当等，导致学生自杀，教师的行为是学生自杀的因，学生的自杀是教师行为的果，而教师的违法行为属于职务行为，学校要为自杀事件承担相应的后果，相关教师还要承担相应责任。但是，如果教师的行为是合法的，或者教师的过错与学生自杀没有直接的因果关系，同时也没有证据显示学校存在过错，则学校不承担责任。案例1中，学生考试作弊，被监考教师当场抓住，并按考场规定进行了处理，学生因羞愧而跳楼自杀。尽管教师的行为与学生自杀有因果关系，但教师的行为是合法的，因此，教师和学校都不承担责任。案例2中，如果学生的自杀行为是由教师严重体罚、辱骂所致，则学校是应当承担责任的。案例3则是一起学生参加对抗性或者具有风险性的体育竞赛活动而发生的伤害事故，由于体育竞赛本身就存在着难以控制的意外风险，事故发生后学校也及时采取了恰当的救护，学校并无过错，因此学校不应当承担责任。《民法典》第一千一百七十六条规定："自愿参加具有一定风险的文体活动，因其他参加者的行为受到损害的，受害人不得请求其他参加者承担侵权责任；但是，其他参加者对损害的发生有故意或者重大过失的除外。"当然，学校可以从人道主义角度出发，给受伤害学生适当的经济补偿。在体育课或体育活动中发生的学生伤害事故在学校比较常见，大致包括这几种情况：第一，体育器材放置不当而存在危险因素，竞争选手搭配不当，诱导学生从事其身心没有准备的活动，或在险象环生场合实施几种不同的体育活动，导致学生人身伤害，学校应承担责任；第二，体育运动本身具有的风险，学校并无过错则不承担责任；第三，若学生未按教师指导行事，造成人身伤害的，则根据加害人、受害人双方责任的大小，由加害人或者其监护人承担相应责任。学校若有管理过失，则与加害人、受害人形成混合过错，根据各自过错程度承担责任；学校如无管理过失，则可免责。

### 3. 学校管理职责外的伤害事故

学校管理职责外的伤害事故，指的是学校对学生伤害事故没有管理职责，而是由于其他当事人的过错行为造成的学生伤害事故，这样的伤害事故责任就由其他相关当事人来承担。《办法》第十三条对此予以了规定，具体情形包括以下几种。

(1)在学生自行上学、放学、返校、离校途中发生的

此类事故发生在一个特定的时空中间，即学生往返于家与学校之间的时间内和路途中。从空间的角度看，学生此时尚未进入学校的管理职责范围之内。但需要指出的是，学生应是自行往返的。如果学生往返乘坐的是学校提供的校车，或其中的某一环节是由学校组织的，如中小学、幼儿园的门口位于交通繁忙的街道，在学生放学时，学校要安排教师在门口组织学生过马路，则在此过程中发生的学生伤害事故，学校仍然有管理的职责。

(2)在学生自行外出或者擅自离校期间发生的

此种情况的主要特征是学生自主脱离了学校的管理职责范围。自行外出是指学

生在学校没有对学生的在校时间提出要求，或者学校虽有要求但得到学校允许的情况下，自己主动到学校以外活动的情形。擅自离校则是指学生违反学校的有关规定，在学校不允许、不知情的情况下离开学校管理职责范围的情形。

(3)在放学后、节假日或者假期等学校工作时间以外，学生自行滞留学校或者自行到校发生的

此种情况下，事故虽然发生在学校之内，但是时间却在学校工作时间之外。此时，学校的教育教学活动已经结束，对学生管理和保护的职责也相应结束，因此，应当属于在学校管理职责的范围之外。此种情形下，学生留在学校内活动应当是自愿的，是学生自主选择的结果。但在假期学生应学校要求返校或补课的情形除外。另外，学校的管理和注意的主观义务能够排除，但学校对公共设施设备的安全所负的职责并不能完全排除。

(4)其他在学校管理职责范围外发生的

上述四种情形，虽然与学校的教育教学活动相关，但是在学校管理职责外的时间或者空间范围内发生的事故，事故原因不属于学校应预见、应防范的范围，因此与学校无关，不属于《办法》所称的学生伤害事故。事故责任应当按有关法律法规或者其他有关规定认定。

**【案例 1】**

周某是某小学五年级的学生，一天下午放学后，他躲藏在学校的一个角落里，等学校清场完后，偷偷跑到学校操场上玩单杆，不慎摔下，造成脾脏破裂，住院手术花去各项医疗费用 3 万多元。经伤残鉴定，确定为六级伤残。后经检查，学校的单杆质量合格，不存在事故隐患。法院审理认为，周某放学后滞留校园，擅自玩有危险性的体育活动器械，而学校提供的体育活动器械没有质量问题，活动专场也不存在事故隐患，学校在管理上没有不当之处，故其本人应承担全部责任。《办法》第

十三条第三款规定：在放学后、节假日或者假期等学校工作时间以外，学生自行滞留学校或者自行到校发生的人身伤害事故，学校行为并无不当的，不承担事故责任。

**【案例2】**

2017年5月的一天下午放学后，某中学九年级一名男生在校外受到其他三名同学围攻，他为了取得学校保护，跑回到学校，在男厕所里又被打。值日教师发现后，立即予以制止，并通知其家长来校解决。当时，该生没发生不良反应，过了半个月后，出现不良症状，经医院检查确定为脑积水，生命垂危，需要立即做手术，医药费花了3万多元。经派出所协调，医药费由另外三名学生的监护人承担。后受害学生家长向学校索赔，并向法院起诉，经法庭调解，学校免于责任。

4. 故意伤害事故

故意伤害事故主要指由于其他人故意造成的学生伤害，即便是在学校范围内，如学校不存在过错，学校也无须承担责任。《办法》第十四条规定："因学校教师或者其他工作人员与其职务无关的个人行为，或者因学生、教师及其他个人故意实施的违法犯罪行为，造成学生人身损害的，由致害人依法承担相应的责任。"此类事故虽然是由学校的教职员工或者学生实施的，但是由于这些主体所实施的伤害行为，不属于其职务职责所要求的范围，与学校的教育教学活动没有直接的关系，或者是具有明显故意的违法犯罪行为，其责任不应由学校承担，而应由侵权行为人自己承担。

在此，需要明确几个概念。"职务行为"是指学校的教职员工在其工作岗位上，为完成学校规定的任务与要求，按照其职责的规定所实施的教育教学及管理行为，在法律上称为职务行为。职务行为所造成的侵害，其责任要由行为人所属的组织承担。"个人行为"是指行为人脱离其岗位与职责的要求而实施的行为。"故意实施的违法犯罪行为"是特指行为人侵犯学生人身权的行为违反了《治安管理处罚条例》或者《刑法》的规定的情况。

关于"故意实施的违法犯罪行为",需要特别说明的是,必须是行为人故意实施的违法犯罪行为,才完全由侵权行为人承担责任。对由于教职员工的过失犯罪所造成的侵害,学校并不能完全免责,而可能承担连带的赔偿责任。目前,比较突出的问题是教师对学生的体罚和性侵导致的犯罪行为。教师造成严重后果的体罚行为可能构成过失伤害罪,也可能构成故意伤害罪,要视教师侵权时的动机而定。如果教师体罚学生的动机主要是对学生进行惩戒和威慑,且在履责期间,超过了惩戒的力度而过失造成的学生伤亡事故,学校应当承担相应的民事赔偿责任。如果教师体罚学生的动机并非教育职务行为的不当行使,而是故意报复或出于其他目的,构成故意犯罪的,则由教师承担相应的民事责任和刑事责任。关于教师对学生进行性侵的问题,从行为性质看,这种犯罪是故意犯罪,只不过在罪犯犯罪的过程中运用了教师职务所给予的便利条件,但这种行为明显与其履行职责的要求无关,因此是一种个人的故意犯罪行为,应当由其个人承担相应的民事责任和刑事责任。

【案例1】

林某,在某职业高中高三年级学习,19岁,其班主任以个人的名义在校外承包了一项装修工程。林某在班上学习优秀,动手能力强,但家庭经济比较困难,听说班主任在外面承包了工程,便主动提出跟着班主任干活,班主任也同意并答应给林某一些劳动报酬。一天下午,因没有安排课程,学生在教室上自习,班主任没有向学校请示,便带着林某到自己承包的住在五楼的人家搞装修。班主任只是嘱咐林某注意安全,并没有采取其他安全措施。结果当林某在安装室外线路时,不慎从五楼摔到地面上,当场死亡。

本案例中,班主任的行为与学校的教学实践任务无任何的关系,完全是一种超越学校教学职责范围的行为，班主任不但没有按规定程序履行报批手续，而且事实上企图隐瞒承包工程的事情，其个人行为造成的一切后果应由其承担主要责任。林某作为成年人，对其行为的风险具有识别能力，应该承担次要责任。

**【案例 2】**

某小学的一名男老师，工作勤恳，多次被评为优秀教师。然而，他后来利用教师的身份，利用让个别女学生到自己的办公室去交作业或者谈话等机会，对学生实施性侵害，先后共对三名女学生实施了奸淫行为。学生对此不敢做任何反抗，也不敢向家里人说，直到一名学生家长看到孩子情绪异常，一再追问，才知道事情的真相。该学生家长遂向当地公安机关报案。

本案例中，该教师的行为已经触犯了《刑法》，应当对自己的犯罪行为承担全部责任。

## 四、学生伤害事故的处理程序

学生伤害事故的处理程序是指事故处理主体处理学生伤害事故时应当遵循的方式、步骤、时限和顺序。在学生伤害事故中，有些学校是因为在事故发生过程中学校存在过错而被判定承担责任，还有相当一部分学校是因为在事故发生后学校处理程序不当而被判定承担责任。那么，在事故发生后学校该怎样处理学生伤害事故，以规避或减少风险责任呢？对此，我们根据《办法》第三章的规定，以及实践经验，对学生伤害事故发生后的处理程序，提出下列建议，以供参考。

### (一)及时救助与及时告知

及时救助。学校在履行救助义务时，应当根据情况，采取多种救助方式救助。

学校在发现学生受伤害后，无论是谁的责任，学校都有义务根据学生伤害的程度采取妥善方法救治受伤学生。如果学生伤势明显轻微，学校能够安全进行处理的，可由学校处理。学校如果没有能力处理或学生伤势比较严重的，或者学校对于伤害程度无法确定的，应当及时地将学生送往医院治疗，千万不可大意，贻误治疗时机。在治疗过程中，学校还应尽可能地安排专人看护。

及时告知。学校在发现学生受伤害后，在及时救助的同时，在手段（如电话、手机、电子邮件等）和信息（如学生监护人的姓名、联系方式等）允许的范围内尽可能快地告诉监护人，避免因不告知、拖延告知而导致的纠纷。如果伤害案件有可能涉及刑事责任，那么学校要及时保护现场并向公安部门报案。

## (二)及时报告与搜集证据

及时报告。除轻微伤害事故外，对情形严重的学生伤害事故，如可能导致学生残疾、影响学生正常学习和生活的，以及学生个体死亡的，或者伤害情形虽然不严重，但涉及的学生面比较广、可能影响到学校正常教育教学秩序的，等等，学校应及时向主管教育行政部门及其他有关部门报告。属于重大伤亡事故的，教育行政部门应当按照有关规定及时向同级人民政府和上一级教育行政部门报告。对此千万不能隐瞒，否则，若造成事态扩大将追究主要领导人员的责任。

搜集证据。对于较大的伤害事故，学校应成立专门的调查小组对事故发生的原因和过程进行调查，并做好证据收集工作，包括人证、物证和当事人陈述等。调查取证过程应该坚持公开、公平、公正原则，并让当事人各方参与调查取证的全过程。调查取证可以为解决纠纷提供第一手证据，使当事人各方对自己是否承担责任、要承担多大的责任有一个大致的了解。

## (三)指导与协助

学校可以根据事故处理的需要，请求教育行政主管部门给予必要的指导与协助，特别是当学校与事故当事人之间的利害关系比较难处理以及赔偿资金难筹措时。教育行政部门通过指导与协助，帮助学校做好事故善后工作，将事故造成的影响和损失减少到最低程度，尽快恢复学校正常的教育教学秩序。

## (四)组织协商、调解或诉讼

组织协商。与民事诉讼相比，协商解决的成本要低得多，因此对于只涉及民事责任的伤害事故纠纷，当事人各方首先应该选择协商解决。协商的内容包括当事人各方承担责任的大小和赔偿的多少。学校应根据自身的过错程度承担相应的赔偿责任。如果当事人各方均没有过错，那么学校可以按照公平原则给予受害学生适当的经济补偿。学校是否补偿以及补偿多少，取决于受害学生家庭的经济条件和学校自身的经济状况。协商成功后，当事人各方应签订书面协议。

如果当事人各方协商未果，则可以邀请第三方进行调解。如果涉及学校责任，则一般由学校主管部门出面调解。如果不涉及学校责任，则可以由学校进行调解，也可以由当事人认可的其他第三方出面主持调解，如各乡、镇、街道司法所、派出所、人民法庭等。调解时要讲究方法，无论学校是否有责任，首先应表现出对受害人(及其家属)的同情，不能得理不饶人，要有耐心，避免冲动。如果受害人的监护人不肯接受调解，或者调解不成，要尽可能引导受害人及其监护人向法院起诉。如果受害学生的监护人、亲属和其他有关人员，在事故处理过程中，无理取闹，扰乱学校正常教育教学秩序，或者侵犯学校、教师或者其他工作人员的合法权益的，学校应当报告公安机关依法处理，造成损失的，可依法要求赔偿。调解成功后，当事人各方也应签订书面协议。

如果协商或调解不成，当事人可以向侵权行为所在地或被告所在地的基层法院提出诉讼。

### (五)整理、保存相关资料，写出事故处理报告

无论事故解决采取何种方式，当处理完毕后，学校都要妥善保存相关案件资料，并写出事故处理报告向上级汇报或存档备查，以防止一些当事人在事后又提出无理要求。报告内容应包括：事故发生的时间、地点；当事人的姓名、年龄，所在年级、班级；事故概况和事故原因；事故造成的损害及救助情况；伤残程度鉴定；事故责任和赔偿争议及争议的解决方式；事故赔偿金额；事故责任人的处理及追偿；事故的教训和改进工作的措施。

### (六)其他注意事项

关于索赔和追偿。在学生伤害事故的处理中，学校应协助已办理意外伤害保险的受伤学生索赔，对于参加学校责任险的也要依法索赔。对事故发生有一定责任的教职工，学校可以根据情况进行处理，可根据其过错大小进行适当追偿，追偿时应注意以下几点：追偿金额以学校支付的损害赔偿金额为限，追偿金额的多少与过错程度相适应，同时考虑被追偿者的工资收入。追偿具有惩戒性质，学校在行使追偿权时，应充分考虑当事人过错程度及经济承受能力，追偿不能涉及个人家庭财产及收入。

关于安抚工作。一是学校应注意在整个处理过程中对受伤学生的安抚工作。学校对于受伤学生的积极安抚工作，有利于加强事故各方的理解和事故的协商解决。二是学校要做好未受伤学生的安抚工作。一般来说，未受伤学生容易因惊吓而情绪

紧张，所以学校应通过班主任、心理教师等人员及时对这些学生进行安抚，及时恢复课堂教学，对事故做出正确的解释，这样既有利于防止事故再次发生，又可以防止误传给事情的解决带来不必要的麻烦。

## 五、学生伤害事故的预防

减少学生伤害事故，重在预防。预防和减少学生伤害事故，需要政府、学校、学生及其家庭、社会等多方面的共同努力，需要建立社会各界联动机制，形成学校、社会、家庭共同参与的青少年安全防护体系。

### (一)政府层面

就政府来讲，应依法加大对教育的投入，特别是要对相对贫困地区的教育给予扶持，解决教育经费不足以及校舍改造等实际困难。政府相关部门应切实履行各自职责，公安、交通、工商、卫生防疫等部门应与教育部门共同维护学校及周边地区的治安消防、交通、市场经营秩序和食品卫生安全，消除各种隐患，净化校园周边环境，加强对学校安全的指导、监督与管理，为学校安全创造一个良好的外部条件。

### (二)学校层面

就学校来讲，要预防与减少学生伤害事故的发生，必须做到以下几个方面。

1. 健全学校安全制度，落实安全责任

制度不健全是学生伤害事故发生的重要原因之一。学校必须建立健全各项安全制度，如门卫制度、食堂卫生制度、教师值勤制度、宿舍管理制度、体育器材管理制度、实验室管理制度、校舍及设施设备的安全检查制度等。同时，要层层落实安全责任和责任追究制，形成校长、教导主任、班主任、教职工等从学校到班级的安全责任共同体，各责任人严格履行自己的安全职责，增强工作责任心，以预防或减少学生伤害事故的发生。

2. 增强预防意识，落实安全防范制度

这是安全工作的重要保证。学校在教育教学活动中，应严格遵守法律法规和学校制定的各项规章制度，提供符合国家安全标准的教育教学设施、设备、食品、饮用水、文具及其他物品。按照国家相关法律法规关于校舍、实验室的建筑规定，搞好设施建设。加强对体育器材、设施设备的管理。严格检查，及时消除校舍、实验室等设施设备存在的安全隐患，为学生提供一个安全的学校环境。学校在组织、开展各种教育教学活动时，应采取严密的预防措施，对活动的组织者和参加者(学生)提出明确的要求，落实教师职责，预防事故的发生。此外，针对不同年龄段学生，制定不同的管理措施。学校应根据实际情况和需要，针对可以预见的风险或事故隐患，特别是重大安全事故隐患，如大型校外活动中应当预见可能发生的突发事件，并事先做好活动的组织和预防突发事件的应急预案，从而有效地预防学生伤害事故的发生，或在突发事件发生时，积极应对，减少事故损失。

3. 依法履行教师职责，提升教师职业道德水平和法治意识

依法履行教师职责，是预防学生伤害事故发生的有效手段。这就要求教师在教育教学活动中，要以高度的责任感，认真遵守教师职业规范，依法履行自己的教育和管理职责，不擅离工作岗位，细致观察和了解学生中存在的安全问题并及时解决。在实训、实验课上，教师要遵循专业规范和操作规程。例如，体育课教师要先让学生做热身活动，做危险动作时要予以指导和保护；化学实验课教师要向学生讲解实验中应注意的事项并指导学生实验，以避免学生在实验课中受到伤害。与此

同时，要用法律和师德规范教师行为。学校要通过多种方式教育教师要尊重学生的情感和人格尊严，防止和杜绝教师侮辱、体罚学生等现象的发生。此外，学校还应注意减轻教师的工作压力和心理压力，关心教师的生活，从根本上减轻教师的各种心理负担，使教师以积极健康的心态投入工作，从而减少对学生造成的伤害。

4. 加强学生安全意识教育，提高学生自护自救能力

对学生进行安全教育是预防和最大限度地减少伤害事故的重要措施。现实中，一些学校由于受升学的压力或者思想观念上不重视、教师本身缺乏安全教育的知识和能力、安全教育资源缺乏等原因，无法有计划地实施安全教育，师生的自救、自护和互救能力比较低。我国的《义务教育法》《未成年人保护法》等法律都明确指出学校应该加强对学生的安全教育，制定应对各种灾害、传染性疾病、食物中毒、意外伤害等突发事件的预案，配备相应设施并进行必要的演练，增强未成年人的自我保护意识和能力。学校应该按照有关法律法规以及《中小学公共安全教育指导纲要》的规定，对学生进行安全教育。

5. 加强家校沟通，增强家长对学生的安全教育意识和监护能力

学校可以通过开家长会、电话家访、家校通、假前安全指南等方式方法，帮助家长增强对学生的安全教育。

## 六、学生伤害事故的赔偿机制

学生伤害事故赔偿是处理学生伤害事故善后事宜的重要内容。目前，学生伤害事故赔偿的主要法律依据是 2021 年 1 月起实施的《民法典》。同时，《国家赔偿法》《道路交通安全法实施条例》《医疗事故处理条例》《学生伤害事故处理办法》等，在与

《民法典》的规定不冲突的情况下可以作为补充。

**(一)学生人身伤害赔偿的范围和标准**

我国《民法典》第一千一百七十九条规定："侵害他人造成人身损害的，应当赔偿医疗费、护理费、交通费、营养费、住院伙食补助费等为治疗和康复支出的合理费用，以及因误工减少的收入。造成残疾的，还应当赔偿辅助器具费和残疾赔偿金；造成死亡的，还应当赔偿丧葬费和死亡赔偿金。"此外，《国家赔偿法》第二十七条、《道路交通事故处理办法》第九十五条、《医疗事故处理条例》第五十条规定，学生人身伤害赔偿范围主要包括以下四个方面的赔偿。

①常规赔偿：医疗费、陪护费、交通费、营养费、住院伙食补助费、误工费、住宿费等。

②残疾赔偿：赔偿残疾用具费、残疾生活补助费。

③死亡赔偿：丧葬费、死亡补助费。

④残疾赔偿金、死亡赔偿金等精神损害抚慰金。

至于赔偿项目的标准和计算方法，司法实务提出了许多标准，如实际需要、平均工资、平均生活费、余命计算法、费用计算法、综合计算法，还有精神抚慰金的酌定计算方法等。行政法规以及地方性法规对具体的赔偿标准和计算方法的规定不尽相同。在处理学生伤害事故时法律的适用，应当依据上位法、特殊法优先的原则，赔偿的损失需在合法与合理的限度内。需要强调的是，精神伤害与精神伤害赔偿有着严格的规定和复杂的计算公式，一般难以界定，所以凡涉及精神伤害与精神伤害赔偿的，可以到法院起诉，由法院裁定判决。

## (二)学校的赔偿原则

根据《民法典》以及《办法》第二十三条的规定，凡学校对事故有过错且依法应当赔偿的，要承担相应的赔偿责任。学校对受伤害学生的赔偿，前提必须是学校对学生伤害事故负有赔偿责任，并且要根据对事故所负的责任大小予以适当的经济赔偿。学校只赔偿受伤学生的直接损失，不承担赔偿与受伤害学生无直接关系的其他经济损失及事项。

此外，《办法》第二十六条第二款规定了学校经济帮助的原则。该原则的适用需要具备四个条件：第一，学校在学生伤害事故中没有损害赔偿责任，这是适用经济帮助原则的前提；第二，学校有经济帮助的条件；第三，学校本着自愿和可能的原则给予适当帮助；第四，帮助的对象是受害学生，而不是家庭。如果受伤害学生的家庭需要帮助，那属于社会救助的范畴，已不属于学生伤害事故的处理范畴。

需要注意的是，经济帮助原则基于人道主义而不是法律义务，它与公平原则不同。公平原则是法律原则，经济帮助是人道主义原则，两者的性质、适用条件不同。

## (三)学生的赔偿原则

关于学生承担损害赔偿责任，《办法》第二十八条分别规定了两种情况。

一是未成年学生对学生伤害事故负有责任的，由监护人依法承担相应的赔偿责任。依照《民法典》有关监护人责任的规定，未成年学生对其他未成年学生造成人身伤害，其侵权行为需要承担民事赔偿责任的，应当由其监护人承担相应的赔偿责任。

二是学生的行为侵害学校教师及其他工作人员以及其他组织、个人的合法权益，造成损失的，成年学生或者未成年学生监护人应当依法予以赔偿。这些规定可以更好地教育学生遵纪守法，维护学校教师及其他工作人员的合法权益以及学校正常的教育教学秩序。

### (四)完善事故赔偿责任社会化机制

学生伤害事故发生后，学校应该根据协商或者调解、诉讼方式所形成的法律文书确定的赔偿金额来进行赔偿。目前，我国学校在发生学生伤害事故后，缺乏相应的风险分担机制。有些学生伤害事故所引发的巨额赔偿直接影响到学校特别是中小学校的生存与发展。如何解决事故赔偿或补偿经费来源问题？一些国家一般推行事故赔偿责任的社会化机制。如何通过社会化途径实现风险转移，将责任承担与损害赔偿分离，实现损害赔偿的社会化？对此，研究者根据国内外经验，对赔偿经费来源提出了四种解决方式[①]：一是设立校内学生伤亡事故赔偿基金，由学校从每年的教育经费中按规定的比例划出一定的金额作为专项基金，不断累积，需要赔偿时从中拨付；二是由学校出资、按学校学生人数向保险公司投保学校责任险；三是建立非营利性教育保险公司，最好采取一种更具公益性、更普及的学生医疗保障体系来代替目前的这种纯商业式的保险；四是由上级行政部门拨专款，通过国家财政建立专项伤害赔偿基金，参照《国家赔偿法》的有关办法，所需费用从教育经费中专项列支，这适用于公办学校。

与此同时，教育部规章，上海、北京等地的条例都要求积极探索有中国特色的伤害赔偿风险分担机制，形成学校、家庭、社会、国家共同负担的社会机制。《办法》第二十九至第三十一条提出了解决学校赔偿金的三种途径：一是学校自筹与学

---

① 徐伟康. 中小学生伤害事故赔偿分担机制探索[J]. 教学与管理，2007(22).

校的主管部门协助筹措相结合；二是多种途径设立学校赔偿准备金；三是提倡学生参加意外保险，提倡学校参加校园责任保险。

校方责任险，是保险的一种，由学校作为投保人，因校方过失导致学生伤亡的事故及财产损失，由保险公司来赔偿。学校是受益方，是一种责任保险。目前，许多地区都通过推行学校责任险的方式来转移学校教育风险，使学校可以把有限的教育经费投入教育教学中。同时应推广学生意外伤害保险制度，运用个人意外伤害保险和学校责任险，共同解决学生伤害事故。校方责任险的推行，极大地解决了长期以来由校园意外伤害引发的各种社会矛盾。为建立和完善校园意外伤害事故风险管理机制，2008年4月，教育部、财政部、中国保险监督管理委员会联合下发了《关于推行校方责任保险 完善校园伤害事故风险管理机制的通知》，明确指出："九年义务教育阶段学校投保校方责任保险所需经费，由学校公用经费中支出，每年每生不超过5元。其他学校投保校方责任保险的费用，由省、自治区、直辖市教育行政、财政部门和保险监管机构，按照《中共中央 国务院关于加强青少年体育 增强青少年体质的意见》（中发〔2007〕7号）的精神，制定相关办法。""各省级教育行政、财政部门和保险监管机构负责本行政区域内校方责任保险投保工作，依据本通知提出的推行校方责任保险制度的基本原则，制订本行政区域实施校方责任保险制度的政策和办法。可根据保险公司提供的保险产品的特点、本行政区域的网点覆盖情况、服务能力、保障条件和本地区的财政能力，经济发展状况，通过招标等形式合理选择承保机构实施统一投保。"这些规定，对所有学校都要建立校园意外伤害事件的应急管理机制，建立和完善青少年意外伤害保险制度，推行由政府购买意外校方责任险等提出了明确要求，这对形成中国特色的伤害赔偿风险分担机制具有积极的推动作用。

## 七、学生伤害事故的法律责任

法律责任是指违法行为人或违约行为人对其违法或违约行为依法应承受的某种不利的法律后果。一般而言,违法行为是法律责任的前提和依据,没有违法行为就不会产生法律责任问题。法律责任分为民事责任、行政责任和刑事责任三类。根据《办法》第五章的规定,承担学生伤害事故法律责任的主体主要包括学校、教育行政部门、学生及未成年学生的监护人、第三人等。这些以积极或者消极方式实施了导致学生伤害事故发生的行为的主体,都可能涉及这三类法律责任的承担问题。但是,相对于学生伤害事故的受害方而言,主要是指民事法律责任的承担问题,或者说是涉及民事赔偿责任的问题。

### (一)民事责任

学生伤害事故的民事责任是一种侵权的民事责任,不是违约或者其他民事责任。侵权的民事责任是指侵权人由于过错侵害他人的财产权和人身权(在学生伤害事故中仅指人身权而不包括财产权)而依法应当承担的民事责任。《办法》把学生伤害事故的民事责任主体分为三类,即学校、学生及未成年学生的监护人、第三人,并分别规定了三类主体在学生伤害事故中应承担的法律责任范围。

### (二)行政责任

法律上的行政责任,是指政府工作人员除了遵守一般公民必须遵守的法律法规外,还必须遵守有关政府工作人员的法律规范。如果违反了后一种法律规范,则要担负法律上的行政责任,由行政机关或其他特定机关根据《行政法》或其他有关法律予以惩罚。政府、教育行政部门、学校、教师等主体违反我国《教育法》《义务教育法》《教师法》等法律，根据具体情节要承担相应的行政责任。承担行政责任的方式主要有包括警告、记过、记大过、降级、撤职、开除等。《办法》第三十二至第三十四条则明确规定了教育行政部门、学校、教师等主体应承担的行政责任。

### (三)刑事责任

刑事责任是指行为人触犯了《刑法》、达到了犯罪程度所必须承担的法律责任。《办法》第三十二至第三十五条规定了对造成学生伤害事故的有关责任人的行为触犯刑律的，应当移送司法机关依法追究刑事责任。

在学生伤害事故中，学校及教师可能承担的刑事责任的主要罪名有以下几点。①故意伤害罪。学校、教师或者其他工作人员体罚或者变相体罚学生，导致严重后果的，会构成此罪。②过失致人重伤罪。③过失致人死亡罪。④侮辱罪、诽谤罪。⑤猥亵儿童罪。⑥非法拘禁罪。⑦教育设施重大安全事故罪。《刑法》第一百三十八条规定，明知校舍或者教育教学设施有危险，而不采取措施或者不及时报告，致使发生重大伤亡事故的，对直接责任人员，处三年以下有期徒刑或者拘役；后果特别严重的，处三年以上七年以下有期徒刑。

# 第六章
## 校园暴力与欺凌的依法治理

近几年，校园暴力与欺凌事件屡见于各种媒体，如 2019 年上映的《少年的你》直白地揭露了校园问题中的校园暴力与欺凌现象。这些不断发生在在校学生身上的各种暴力事件，以及被敲诈勒索、被恐吓威胁等涉及人身权利和财产权利内容的欺凌事件，警醒我们：以打架斗殴、欺侮学生、勒索钱财、残害师生、逞凶作歹为典型表现形式的校园暴力与欺凌，已成为中小学不容忽视的、令人担忧的、亟待治理的"毒瘤"。研究和剖析校园暴力与欺凌的成因、表现形式及相关影响因素，制定相应的校园暴力干预措施，预防其发生、发展，成为保障学生的合法权利、促进学生健康成长、维护社会安定的一项重要任务。

## 一、校园暴力的界定及表现形式

### (一)校园暴力与校园欺凌

所谓暴力(violence)，世界卫生组织将其解释为蓄意运用躯体的力量或权力，对自身、他人、群体或者社会进行威胁或伤害，造成或极有可能造成损伤、死亡、精神伤害、发育障碍或权益的剥夺的行为。[①]

校园暴力(school violence，SV)是针对近几十年来发生在校园里或与校园有直接关系的暴力事件而提出的一个概念，不同的学者有不同的看法。吴武典认为，校园暴力指学生在校内的暴力行为，以及在校外发生的暴力行为而其动机与原因与学校有密切关系者。汪宇峰认为校园暴力是指侵犯学校师生人身和财产等权利的行为。有外国学者认为，校园暴力不仅指身体暴力或性暴力，而且包括由于强行控制导致的情绪和心理痛苦，种族、性别和阶层歧视导致的人际关系伤害，以及集权引起的冲突。[②] 张旺将校园暴力定义为发生在校园内外、施加于学校成员(既包括学生也包括老师)的能导致身体和心理伤害的行为。[③]

纵观学者们对校园暴力的界定，有广义和狭义之说。广义来说，校园暴力包括发生在校内、上下学途中、学校组织的活动中及其他所有与校园环境相关的暴力行为，是指行为人针对在校师生实施的身体上和心理上的暴力行为，对学校财物或师生财物实施的暴力行为，以及师生对社会人士实施的暴力行为。我国香港和台湾的一些研究则从狭义的角度入手，如 2004 年香港教育工作者联合会所做的校园暴力调查就主要针对学生之间的欺凌行为。可见，这样的界定将校园欺凌作为校园暴力的一种形式。

联合国教科文组织认为，校园欺凌不等同于校园暴力，校园暴力包含校园欺凌，而校园欺凌是最常见的一种校园暴力。校园欺凌是发生在校园内外、以学生为

---

① WHO Global Consultation on Violence and Health. Violence：A Public Health Priority[R]. Geneva, World Health Organization, 1996.

② Henry S. What is School Violence? An Integrated Definition[R]. The Annals of the American Academy of Political and Social Science, 2000(1).

③ 张旺. 美国校园暴力：现状、成因及措施[J]. 青年研究, 2002(11).

参与主体的一种攻击性行为，它既包括直接欺凌也包括间接欺凌。① 在此，应明确，校园欺凌的受害者是在校学生，具有持续性和反复性，而校园暴力的受害者既可能是学生，也可能是教师，不一定是持续、反复的行为。究其本质，校园欺凌和校园暴力都属于反社会的攻击性行为，都会对受攻击者造成伤害。随着近些年来全球暴力事件的普遍化、严重化，不能将校园暴力完全等同于"儿童欺负行为"(child aggressive behavior)或"欺凌"(bully)。后者多属于因双方力量的不平衡而表现出的"恃强凌弱"，实质上是暴力的前奏，如果不加以有效干预，校园欺凌可能发展成校园暴力。

此外，校园欺凌与学生欺凌也有区别。2020 年，我国新修订的《未成年人保护法》认为，学生欺凌是指发生在学生之间，一方蓄意或者恶意通过肢体、语言及网络等手段实施欺压、侮辱，造成另一方人身伤害、财产损失或者精神损害的行为。可见，我国《未成年人保护法》所定义的"学生欺凌"与"校园欺凌"并非等同概念。因为校园欺凌的施害者和受害者既可能是学生也可能是教职员工，另外施害者还可能是对上学途中的学生实施暴力的其他成员，而学生欺凌不涉及教职员工。

由于本书其他章节已涉及教师针对学生的身体和心理伤害的行为，如体罚、语言伤害等，因此在本章中，笔者将校园暴力的研究重点放在由校外不法分子对学生实施的或由在校学生实施的针对他人身体和心理、给他人身心或财产带来损害的暴力行为，特别是学生欺凌行为。这里，学生既可能是受害者，也可能是施害者，还可能既是受害者又是施害者。

### (二)校园暴力的表现形式

纵观近年来发生在中小学的校园暴力与欺凌案件，其表现形式呈现出多样化的

---

① 联合国教科文组织. 校园暴力与欺凌：全球现状报告[R]. 巴黎：联合国教科文组织，2017：9-48.

特点。为更清楚地剖析校园暴力与欺凌现象，我们可以从不同角度来对其进行划分。

按施暴主体来分，校园暴力主要表现为：①学生之间的暴力；②教师体罚学生，或学生对教师施暴；③校外人员对校内师生施暴，或校内学生对校外人员施暴。

按暴力的呈现形式，我们可以把各类校园暴力分为五种形式。①语言暴力，主要包括辱骂、歧视、起侮辱性外号、造谣污蔑、侮辱人格等一系列对人的精神达到某种严重程度的侵害行为。②肢体暴力，主要包括推、打、踢、撞及其他可导致疼痛、伤害、损伤的肉体攻击行为等一系列对人的身体及精神达到某种严重程度的侵害行为。其在校园暴力现象中最为普遍。③性暴力，表现为各种形式的性骚扰、性侵犯。④心理暴力，主要包括孤立、冷漠，对学生提出的问题与要求不予理睬，对学生的成长漠不关心等一系列对学生的精神造成某种严重程度的侵害行为。⑤网络暴力，此处主要是指由学生发表在网络上的并且具有诽谤性、诬蔑性、侵犯名誉、损害权益和煽动性这五个特点的言论、文字、图片、视频，并对他人的名誉、权益与精神造成损害的侵害行为。校园网络暴力是校园暴力在网络上的延伸，往往也伴随着侵权行为和违法犯罪行为。

按暴力的具体起因，校园暴力主要有以下几种表现形式。①索要财物型。此类事件比较多见，往往由一些上网成瘾的学生和辍学者向在校生索要上网费用或收取"保护费"等引起，多发生在校外。被索要的学生如果不给，索要者就拳脚相加，威逼利诱。学生受害时间较长，危害性很大。②以大欺小、以众欺寡型。此类事件，往往以高年级欺压低年级学生、男生骚扰女生居多。但近年来女生作为施暴者的事件数量呈上升趋势。③鸡毛蒜皮型。学生常常因鸡毛蒜皮的小纠纷，由口语辱骂升级到拳脚相加。此类事件，在同年级、同班、同宿舍的学生中较易发生。④"义气"

型。同学间因"义气"之争，用暴力手段争长短。此类事件，往往是由第二、第三种形式引发的，由个人与个人之间升级到群体之间。⑤以暴制暴型。不堪长期受辱，以暴制暴。⑥由教育管理引发的师生之间的暴力伤害等。

按暴力的规模来分，校园暴力主要包括：一是个体间的暴力攻击；二是群体性的一般性质的暴力冲突，如打群架、以众欺寡。

按暴力的严重程度和危害性来分，校园暴力主要包括两种类型：一般违法违规的校园暴力和校园暴力犯罪。前者违反了学校校规或《治安管理处罚条例》的规定；后者则触犯了《刑法》，要受到刑罚的处罚。

## 二、国内外校园暴力的现状、特征与危害

### （一）现状

无论是发达国家还是发展中国家，校园暴力事件（包括欺凌事件）在当前都层出不穷。近些年来，我国校园暴力事件也时有发生。一项在北京、上海、广东和江苏四省市进行的调研结果显示：2015年我国四省市青少年校园欺凌发生率为22.5%，其中频繁遭受欺凌的学生比例为10.5%；校园欺凌发生率最高的是故意损毁私人财物的欺凌，发生率为12.5%；位居其次的是嘲笑讥讽的言语欺凌，再者是故意孤立排斥的关系欺凌；发生率最低的是威胁形式的言语欺凌，为3.46%。① 自2016年以来，我国加大了对校园暴力与欺凌的综合防治，初见成效。根据我国最高人民检察院于2020年6月发布的《未成年人检察工作白皮书（2014—2019）》，自2017年纳入

---

① 陈纯槿，郅庭瑾. 校园欺凌的影响因素及其长效防治机制构建——基于2015青少年校园欺凌行为测量数据的分析[J]. 教育发展研究，2017(20).

统计范围以来，我国未成年人校园欺凌和暴力犯罪数量逐年下降，提起公诉案例由2017年的5926例下降至2019年的2914例，批准逮捕案例由2017年的4157例下降至2019年的1667例。[①]

就发达国家来看，美国常见的校园暴力主要为欺侮、枪击、性骚扰及网络暴力，近几年呈现集中化、低龄化、严重化趋势。2017年美国司法部和国家教育统计中心联合开展的调查结果显示，美国每5名中学生中就有一人曾经遭受校园欺凌，大学校园中的性侵案也增至10年前的3倍；虽然近10年来，美国校园欺凌现象有所遏制，但在12岁至18岁的初、高中生中，仍有21％的人表示在2015年遭遇校园欺凌，这一比例略低于世界平均水平。[②]2020年日本文部省发布的一份调查报告显示，2019财政年度全国共发生超过61.2万起校园欺凌事件，比前一财年多大约6.8万起。[③]

可见，近些年来，我国和全球的校园暴力与欺凌现象需要加大依法治理的力度。

## (二)特征

青少年是校园暴力的主体人群，其中"问题学生"和某些辍学者成了最主要的施暴者。这与青少年易冲动、遇事不冷静、做事常不考虑后果等以及"问题学生"的特质有关。

施暴者明显低龄化。校园暴力的施暴者和受害者的年龄越来越小。不少承办少年案件的法官指出，涉案学生的年龄越来越小，有的肇事者年龄仅仅八九岁。

---

① 最高人民检察院. 未成年人检察工作白皮书(2014—2019)[Z]. 2020-06-01.
② 两成美国中学生曾遭校园欺凌[N]. 汕头日报, 2017-05-18.
③ 日本校园欺凌事件数量再创新高[N]. 江南晚报, 2020-10-24.

暴力形式多样化，除躯体暴力外，言语暴力、性暴力、网络暴力呈上升趋势。言语暴力、情感忽视、网络暴力造成的学生心理不安全感相当普遍。

施暴地点多在空教室、体育馆、楼梯间、厕所内、运动场或其他偏僻场所，而且多在上学或放学时发生，网络也成为施暴常发的地方。

集体性群殴行为被视为校园暴力的重要特征。

团伙性。受影视中"帮派""行会"影响，一些学生在校园中拉帮结派、斗殴打群架，致使暴力活动规模化、组织化，暴力事件复杂化、预谋化和智能化程度上升。

暴力事件向恶性化、犯罪化发展。施暴者因丧失理智、一念之差而犯下大错。手段则比以往的小打小闹残忍，常导致严重伤害。

女生暴力事件逐渐增多。近几年来，女生暴力事件在全国范围内都有上升的趋势，大多出于嫉妒和报复，并且多以群殴的形式出现。

针对教师的暴力行为有所增加。这几年，针对教师进行的辱骂、殴打甚至杀害的案件开始增加。

此外，我国有学者在对国外校园暴力进行研究后指出，校园暴力还有一个重要的特点，就是它和人类许多行为不同。它并不伴随社会经济的发展、文明程度的提高而下降；恰恰相反，呈明显的普遍化、严重化趋势。以美国为例，第二次世界大战前最多见的学生违纪行为是不排队、嚼口香糖、发出噪声、乱丢纸屑等；进入20世纪80年代后，吸烟、酗酒、吸毒、少女妊娠、躯体暴力等开始泛滥；近年来频发的校园枪击事件更令世界震惊。例如，发生于2007年美国弗吉尼亚理工学院的恶性校园枪击案，死33人，伤20多人。在对枪支实施严格管理的欧洲和澳大利亚，发生在校园中的暴力行为的严重程度并不亚于美国。日本校园中以大欺小、动刀伤人的事件每年都在2000起以上。发生在非洲、东南亚一些学校中的帮派斗殴、侵犯女生、暴力伤害等事件也逐步上升。①

## (三)危害

通过这些年媒体报道的由于同学的长期勒索、敲诈、抢劫、欺侮而发生的学生出走、以暴制暴乃至于自杀的恶性事件不难看出，校园暴力的危害不容忽视。这种危害会不同程度地影响到学生的健康成长、学校正常的教学秩序、家庭的正常生活以及社会的稳定和谐。

### 1. 对受害者的影响

校园暴力对受害者的危害是严重的。根据马斯诺的需要层次理论，人的需要包括生理需要、安全需要、归属和爱的需要、尊重的需要和自我实现的需要。这几种需要的层次依次上升，人的高级需要在得到满足之前必须先满足或部分地满足基本需要。就校园暴力而言，受害者的安全需要受到威胁，身心受到伤害，极易产生挫折情境，丧失安全感，必然会影响到其归属和爱的需要、尊重的需要和自我实现的需要的满足。国内外的研究都已证实，校园暴力的后果不仅仅是不同程度的躯体损伤和残疾，更严重的暴力伤害往往表现为：心理上的创伤后应激障碍（post-traumatic stress disorder，PTSD）。PTSD 主要表现为：易怒、焦虑、沮丧，学习效率低，成绩下降，甚至拒绝上学；突然沉默寡言，孤僻古怪，人际关系紧张，焦虑—抑郁水平高，缺乏自尊和自信；因经常处于被欺凌的恐慌中，伴随紧张、烦恼、焦虑等情绪反应，可能会因无法承受压力而发生自伤、自残和自杀行为；或者长期受欺凌，可能导致受害者从小接受恃强凌弱的暴力意识，以至于他们有力量后去欺凌比自己弱小的人，甚至引发成年后虐待家人、儿女，或发生其他犯罪行为。这种身心

---

① 季成叶. 预防校园暴力：一项值得高度关注的公共卫生课题[J]. 中国学校卫生，2007(3).

伤害将会影响到学生的学业成绩、社会适应、人格发展等，从而影响其一生的幸福。此外，针对不同暴力所带来的危害的许多研究也显示，大部分语言暴力的受害者的性格都会越来越孤僻，极度自卑，有可能患社交恐惧症、抑郁症等，甚至自残。而校园凶杀、打架斗殴、抢东西、强索钱财、毁坏物品等一系列对学生身体及精神达到某种严重程度的暴力侵害行为，可能导致受害者反社会人格的形成，严重影响他们身心的健康发展；还很有可能使受害者残废，甚至死亡。对于孤立、侮辱人格等一系列给学生的精神造成某种严重程度的心理侵害的行为，其危害是潜在持久的，会严重挫伤学生的自尊心、自信心和进取心，使学生无法对自己建立正确的认知，无法树立正确的人生观和价值观，对社会、人性也无法建立正确的认知，影响到他们以后的社会适应与交往能力。

2. 对施暴者的影响

在校施暴学生的轻微的暴力行为如果不能及时得到纠正、消除，就会逐步升级。这些人很难获得社会（主要是学校和家庭）的认可。社会归属感长期得不到满足，也会影响其身心的健康发展，有可能导致其攻击性人格的形成，导致他们成人后走上犯罪道路。有学者研究发现，进入 20 世纪 90 年代以来，未成年人犯罪主体多是 10～12 岁开始有劣迹，13～14 岁走上违法犯罪道路，14～17 岁出现犯罪所谓高峰，18 岁以后成为罪犯主要组成部分。[1]

3. 恶劣的社会影响

校园暴力不仅破坏教学秩序，危害师生安全，而且使学生和家长对学校产生不信任感。同时，校园暴力也破坏了社会秩序，易使人们对法律失去信心。尽管我们一直在强调要对青少年加强法制教育，使青少年从小知法、守法，懂得用法律武器

---

[1]  祁红. 未成年人违法犯罪的早期预防与社会控制初探[J]. 中国特色社会主义研究，2000(S1).

保护自己，但是如果校园暴力行为得不到惩治，校园欺凌的现象得不到有效制止，学生受到严重侵害而感受不到法律的作用，那么不但受害者本人会对法律失去信心，他们的家人、同学等也会对法律失去信心。

## 三、国内外对校园暴力的研究

### (一)国外对校园暴力的研究

人类对暴力的研究，是从研究暴力产生的根源开始的，时间可以追溯到公元前。远在公元前3世纪末叶，柏拉图和苏格拉底就对人的自身侵犯和暴力行为进行了深入的研究与反思。他们认为，知识对暴力具有决定性的遏止作用。但他们的研究和反思，并没有清楚地回答暴力行为的产生是由人的本性决定的还是后天环境影响所致的。对此，近现代科学家坚持不懈地从不同角度进行了旷日持久的研究和孜孜不息的求索，如加尔的"颅相学"、欧美科学家提出的"基因缺陷"等，但这些研究结果都不能准确解释暴力发生的原因，因而遭到科学界的否定。也有研究者根据科学家的研究和大量暴力侵犯的典型个案，发现大脑中枢回路异常与暴力行为的产生有关。迄今为止，对生命科学与暴力关系的研究乃是当今科学研究尚待突破的重要课题。[1]

校园暴力的频繁发生，引起了研究者对校园暴力的关注。研究者对校园暴力的研究，是从对"校园欺负"的关注开始的。对学校里的欺负问题最早的探讨源于20世纪60年代末至70年代初期的瑞典。[2] 奥维斯(Olweus D)首次以实验数据为依据，

---

[1]　郑开诚，张芳德. 校园暴力溯源及其防治对策[J]. 四川教育学院学报，2002(2).

[2]　Heinemann P. Apartheid[J]. Liberal Debatt, 1969(2).

于 1970 年在瑞典首先发起了一项系统研究计划。① 之后欧美等发达国家也开始对校园暴力(或校园欺负)问题进行研究。世界上较早将校园暴力问题上升为国家政策层面的是挪威,当时挪威有三位在校学生因为暴力侵害而自杀,从而使校园暴力成为人们关注的热点问题之一。英国 1988 年出版发行了第一本有关此问题的学术论著——由泰特姆和雷恩(Tattum & Lane)合著的《学校中的欺侮行为》(*Bullying in Schools*)。校园暴力从此成为学术界和社会所关注的独立的重大课题领域。在日本,1984 年和 1985 年 16 位小学生集体自杀,涉嫌受到校园暴力伤害,由此校园暴力问题被视为重大的社会问题,学术界对此也进行了一系列的研究。在美国,相关的研究自 20 世纪 80 年代早期开始,也取得了比较明显的成效。国外对校园暴力的研究内容主要包括校园暴力的流行情况、侵害行为的强度、发生周期(或频率)、暴力实施行为的持续时间、发生地点、当事人的性别、侵害手段、侵害行为的特征、受害者情况、校园暴力的形式、防范策略等方面,并制订了一系列反欺负计划,如挪威的反欺负计划、英国的谢菲尔德计划、荷兰的反欺负运动、塞尔维亚的欺负干预计划等,开展反欺负运动,使校园暴力行为明显减少。

近些年来,联合国教科文组织也发布了有关校园暴力与欺凌的报告。2017 年,联合国教科文组织首次发布了《校园暴力与欺凌:全球现状报告》(*School violence and bullying: Global status report*)等报告,总结了应对校园暴力包括欺凌行为的最佳做法。② 2019 年,发布《数字背后:终止校园暴力与欺凌》(*Behind the numbers: Ending school violence and bullying*)报告,提供了关于校园暴力和欺凌的最新证据,其中包括校园暴力与欺凌在全球 144 个国家和区域的发生率与趋势、影响校园暴力

---

① Olweus D. Hackkycklingar och översittare: Forskning om skolmobbning[M]. Stockholm: Almisphere Press, 1973.

② 联合国教科文组织. 校园暴力与欺凌:全球现状报告[R]. 巴黎:联合国教科文组织,2017:9-48.

依法执教:从理念到行动  |

和欺凌的因素，以及校园暴力与欺凌的后果。[①] 同时，联合国将每年 11 月第一个星期四设立为"反对校园暴力和欺凌包括网络欺凌国际日"（International Day against Violence and Bullying at School Including Cyberbullying），并在 2020 年启动首个国际日。联合国呼吁所有会员国、联合国系统各组织、其他相关国际和地区组织以及民间社会，包括非政府组织、个人和其他利益有关方，宣传并协助开展"反对校园暴力和欺凌包括网络欺凌国际日"纪念活动。[②] 应对校园暴力与欺凌问题，得到全球的关注。

### (二)我国对校园暴力的研究

我国内地对校园暴力的研究也是从对校园欺负现象的研究开始的。目前学界在理论层面已经有了一些初步研究，这些研究一部分属于对国外校园欺负（或校园暴力）研究的介绍，如我国学者盖笑松、张旺、李雅君、张文新等，分别介绍了国外校园的反欺侮措施及校园暴力的现状、成因及措施等；一部分是对我国校园暴力现象的成因分析、对策研究。其中，我国学者张文新及其领导的课题组通过编制问卷、问卷调查、数据分析等实证研究方法，从社会学、心理学等角度对我国校园欺负问题进行了比较深入的研究，并取得了一系列的研究成果，出版了我国第一部关于学校欺负问题的专著——《中小学生的欺负问题与干预》。该专著较为系统地介绍了学校欺负的理论知识和学校欺负问题，特别是我国中小学中欺负问题发生的特点和规律，并结合我国实际提出了一套适合我国中小学实际的、具有操作性的学校欺负干预策略和方法。近几年来，我国学界对校园暴力与欺凌的研究更广泛、深入，

---

① United Nations Educational, Scientific and Cultural Organization. Behind the numbers: Ending school violence and bullying[R]. Paris: UNESCO, 2019: 16-70.
② 联合国教科文组织. 反对校园暴力和欺凌包括网络欺凌国际日[C]. 巴黎: 联合国教科文组织, 2019: 2-6.

成果也更丰硕，为我国防治校园暴力与欺凌提供了有力的理论支撑。

我国香港、台湾地区，与国际学界接轨，在 20 世纪 70 年代中期开始了对校园欺负(或校园暴力)现象的研究，从心理学、社会学、人口学等多角度出发，广泛涉及校园暴力的形式、影响因素、防范策略等内容。

在实践中，近几年我国相关部门陆续颁发了几份防治校园暴力与欺凌的政策性文件，如《关于开展校园欺凌专项治理的通知》(2016 年)、《加强中小学生欺凌综合治理方案》(2017 年)，同时，在对《刑法》《未成年人保护法》《预防未成年人犯罪法》等法律的修正内容里，新增了有关校园暴力与欺凌的内容，为切实有效地保障学生安全提供了法律依据。

## 四、对暴力行为的主要理论解释与启示

### (一)对暴力行为的主要理论解释

对校园暴力的理解，需要回到对暴力行为进行理论思考的层面上来。目前，国内外对暴力行为的理论解释主要从心理学、社会学和生物学的角度展开，主要有以下几种。

1. 社会学习理论

班杜拉(Bandura)等人的社会学习理论强调后天社会学习在暴力行为形成中的作用。该理论认为，人的学习具有主动观察与模仿性，观察学习和模仿是儿童获取运动与社会技能的主要方式。儿童的社会行为，包括攻击、欺负等反社会行为以及合作、助人等亲社会行为，都是直接学习、模仿和强化的结果。神经心理学的研究也表明，人类大脑中存在专门用于模仿的神经结构，这些神经结构有助于幼儿通过

观察模仿，快速掌握基本的社会行为。①

首先，社会学习理论强调榜样的作用。在儿童成长发展的过程中，其周围的人员，包括父母、教师、兄弟姐妹和同伴等的行为，为儿童直接学习和观察学习提供了榜样。同时，儿童还可以从外界社会（如影视、网络、游戏、短视频）获得丰富的榜样资源。儿童对榜样及其行为的认同度越高，则习得或重现榜样行为的概率就越大。由于儿童缺乏完善的认知能力和道德判断能力，如果缺乏正确的引导，就很容易造成不加选择的模仿和尝试。研究表明，易受影视暴力影响的青少年往往具有以下特点：对影视中故事情节的确信度高，相信暴力是解决问题的有效途径，对实施暴力的所谓"英雄"角色高度认同。偏爱暴力节目的青少年对暴力的赞许度高于不喜爱暴力节目的青少年，而赞许度与认可度通常是暴力倾向形成的前提。②

其次，社会学习理论认为，强化在儿童的行为获得、行为表现以及行为习惯的养成中起着重要作用，对所模仿行为的强化决定了行为出现的频率和持久性。强化包括正强化和负强化，如对儿童行为的奖励与惩罚，会直接强化或抑制该行为的出现。如果儿童的偶然攻击行为没有受到及时惩罚，儿童在此行为中尝到甜头，那么同样的或类似的攻击行为就可能会再次出现，久而久之形成攻击的心理定式。由此可知，对儿童的攻击行为给予及时教育甚至惩罚，是有必要的。

再次，儿童不仅从榜样中习得特定的行为，而且也学会了更一般、更复杂的用于处理、解释和应对某类情境的观念或规则。③ 通过外部强化、替代强化和自我强化，观察者对攻击行为的动作日益熟练，并很容易从记忆中提取出来，这意味着长

---

① Rizzolati G, Fadiga L, Gallese V, et al.. Premotor Cortex and the Recognition of Motor Actions[J]. Cogn Brain Res, 1996, 3(2).

② 王玲宁，张国良. 媒介暴力对青少年的影响[J]. 青年研究，2005(3).

③ Anderson A, Huesmann R. Human Aggression: A Social-cognitive View[M]//Handbook of Social Psychology. London: Sage Publications, 2003: 296-323.

期攻击行为习惯的养成。

此外，人们以往总认为模仿是有意识的行为，它包含了注意、保持、动作重现和动机等基本过程。但有学者①的研究表明，模仿行为往往是自动和无意识的，对榜样的模仿，对攻击行为的深层次信念、态度也可能产生于意识之外。由此可见，熟悉环境中频繁出现的暴力场景会潜移默化地影响青少年对暴力的态度。家里父母的争吵、打架，环境里的暴力行为以及影视中充满暴力性的描述等，都给了儿童以模仿的范例。

社会学习理论得到了广泛的支持，但是这种理论不能解释生活在同一环境里的人为什么行为模式并不相同；同样面对暴力示范，为什么一些人模仿，而另一些人并不模仿。类似这样的问题，社会学习理论并不能给出令人信服的回答。

2. 一般攻击模型

在对攻击行为社会学习理论、认知新联结等理论进行整合的基础上，有学者在《心理学年鉴》(*Annual Review of Psychology*)上提出了一般攻击模型(General Aggression Model，GAM)。②安德森和布什曼认为攻击行为的产生很大程度上基于人们记忆中与攻击相关的知识结构的学习、激活、应用。该模型强调，攻击行为是外部因素和个体内部因素共同作用的结果，其出现决定于个人内部变量(如敌意特质、对攻击行为的态度)和外部情境变量(如失败、挫折、暴力或激惹性事件和药物等)。个体内部状态的变化反映在认知(如敌意思想或攻击性脚本)，情绪(敌意感受或表现攻击行为的倾向)和生理唤醒(如心律、血压和内分泌等)三个方面，相互作用，彼此激活，决定了个体对攻击行为的评价、判断和攻击动机的形成。当个体遇到特

---

① Bargh A, Chartrand L. The Unbearable Automaticity of Being[J]. American Psychologist, 1999, 54(7): 462-479.

② Anderson C A, Bushman B J. Human Aggression[J]. Annual Review of Psychology, 2002, 53: 27-51.

定事件时(如挑衅)，情境输入变量(如玩游戏、受到侮辱、挫折、攻击性线索、痛苦和不舒适、药物、激励)和个人变量(如攻击性格、性别、态度、信念、价值观、长期目标、行为图式)首先影响个体当前内部心理状态(包括认知、情感和生理唤醒)，然后个体对该事件进行评估和决策，可能产生深思熟虑的攻击行为或者冲动性攻击行为。一般攻击模型理论较好地印证了暴力文化对青少年暴力行为的影响。暴力电子游戏通过激活游戏者的攻击认知，增加其生理唤醒和攻击情感来增加游戏者的攻击行为。[①]

与一般攻击模型理论相比，有学者从社会认知的角度解释攻击行为。道奇等人的社会信息加工模型[②]认为，儿童从面临某一社会线索到做出攻击性反应的加工过程分为五个认识过程，即评价—解释—寻找反应—决定反应—做出反应。如果儿童信息加工或社会认知能力低下，不能按顺序对输入的信息进行加工，或在某个环节上发生偏差，就可能对社会线索做出错误归因(如敌意归因)，进而导致攻击行为的发生。具体来讲，在信息加工过程中，高攻击者在评价时倾向于注意外界刺激中的攻击性线索；在解释上倾向于对他人的意图不明的激惹做敌意性归因；在寻找反应时，身体攻击性反应较多，而有效的、积极的反应较少；在决定与做出反应时，他们要么过于冲动，不对反应进行充分评价即付诸行动，要么对反应的评价有偏差，对攻击性反应模式持有积极的认识，从而将攻击性反应付诸实施。

3. 生物理论

与社会学习理论相反，以弗洛伊德、麦独孤、洛伦兹等人为代表的生物理论认为暴力行为是人本能中的天性。按照生物理论的观点，人的许多生物特质是与生俱来的，这些特质在决定行为方面扮演着重要的角色，本能特质影响着人类的社会行

---

① Anderson C A, Bushman B J. Human Aggression[J]. Annual Review of Psychology, 2002, 53.
② Dodge K, Frame C. Social Cognitive Biases and Deficits in Aggressive Boys[J]. Child Development, 1982(3).

为。生物理论强调两个方面的因素对人类行为的决定作用。一是本能。麦独孤和弗洛伊德等人曾经提出人有侵犯和冲动的本能，人类在战争中的仇杀就是这种本能的体现。劳伦滋也认为人类的侵犯性冲动生来就有，且无法改变。二是遗传差异。生物理论的另一重要内容就是强调遗传差异对行为差异的影响。比如，在研究侵犯行为的时候，有些心理学家就认为有些人因为遗传而较具攻击性。他们发现，与具有正常染色体的人相比，XYY染色体的人容易犯罪。另一种相关的生物理论则以其他生理因素，如荷尔蒙失去平衡或脑损伤解释攻击行为，认为激素分布不平衡以及大脑生理机制方面的原因造成了一些人侵犯行为的增加。现在随着认知神经科学的发展和大脑扫描技术的进步，一些心理学家开始关注这一方面的问题。总之，生物理论强调，所有行为，包括社会行为，可以用个体的生物本质，如遗传特性、本能及生理方面的原因加以解释。

本能论的解释缺乏科学性和说服力，攻击行为来自生物属性的说法不能解释这样的现象：既然攻击是不可避免的，为什么有的个体并不对他人实施攻击？有的民族并不对别的民族实施侵略？此外，人的行为完全受生物性支配，这种无视人的社会属性的说法有太大的缺陷，因此它受到了广泛的抨击，许多心理学家、社会学家并不承认它。

4. 挫折—攻击假说

挫折—攻击假说（Frustration-aggression Hypothesis）是于20世纪30年代由米勒与多拉德提出的一种攻击理论。在《挫折与攻击》一书中，米勒与多拉德认为攻击是挫折导致的结果，"攻击行为的发生总是预先假定了挫折的存在，反过来，挫折的存在总是导致某种形式的攻击"。挫折意指阻碍达到所希望的目标的任何条件，攻击行为的目的则在于以各种形式的破坏清除挫折的体验。米勒与多拉德根据实验结果，总结了挫折—攻击的两条原则：首先，攻击行为的产生与挫折感的强弱，与遭受挫折的次数、对攻击行为后果的预期有关；其次，受挫者在遭受挫折后采取何种攻击形式与文化教养有关。人总是力图使自己的行为同自己的身份相一致。

挫折—攻击理论强调了挫折与攻击行为之间的因果关系，这种由挫折而引发攻击行为的现象，的确在我们生活中有不少例子。但是这种理论假说受到了西方心理学界的广泛批评。许多学者以实验证据指出攻击并非挫折后的唯一反应，人们在遭受挫折后既可以表现为攻击，也可以表现为退让等其他种类的行为。由于米勒与多拉德没有摆脱行为主义方法论的局限性，没有注意到认知因素在人类行为表现中所起的作用，因而不可能对人类的行为做出完满的解释。

除了上述理论观点外，关于攻击行为的产生还有其他方面的理论解释，如埃里克森的同一性危机理论，该理论认为暴力行为的产生是青少年急剧增长的能量在生理与心理之间同一性危机状态下的适当释放。再如，帕特森的强制互动理论，该理论提出了一种说明家庭因素影响儿童攻击行为机制的模型。[①] 其主要观点是，在亲子互动过程中父母无意间对儿童的不良行为包括攻击行为进行了消极强化。其具体过程为，在孩子表现出令父母不满的行为时，父母进行制止，但孩子会反抗，在孩子的反抗之下父母就停止了制止和纠正的行为，转而向孩子屈服，孩子在父母放弃了原先的要求后也就停止了反抗，这对父母来讲似乎是强化。这样，亲子间就形成了强制性的互动模式，即父母和儿童相互间强化着不良的行为或管教模式，结果是双方对对方而言的消极行为（包括儿童的攻击）逐渐增多。

## (二)启示

人类的行为通常都是比较复杂的，对人类行为的理论解释往往只能体现真理的一个侧面，对攻击行为的理论解释也如此。对此，我们可以通过整合不同的理论，

---

① 张文新，纪林芹，等. 中小学生的欺负问题与干预[M]. 济南：山东人民出版社，2006：45.

结合一些研究者的分析和人的成长过程，来看看攻击行为的发生及其给我们带来的启示。

从本能的角度来看，本能理论虽然遭到很多人的批判，但是从发生攻击行为的人来看，还是能找得到一些遗传的影子的，即攻击行为有一定的生物性基础。人类作为动物的一种高级形式，为生存而保留的兽性、攻击性行为模式如荣格所说的"原始意象"①那样被曲向解读，以集体无意识的方式被代代相传。由于后天的环境与教育，这种攻击性不一定在每个人身上体现出来。

攻击行为的触发与后天的环境与教育关系密切。首先，童年时期的教养方式十分重要。过于严厉的家庭教养方式会使儿童的行为表现出两种倾向，一种是退缩倾向，另一种是暴力倾向。家长的暴力会给儿童示范，而过度的压抑会使儿童在能量积聚到某个临界值时通过爆发攻击行为来释放压抑。其次，少年时期社会性的示范和模仿会起到更大的作用。社会认知成为少年认识的主要内容，这个时候如果社会或者传媒对暴力进行大肆的、事无巨细的渲染，甚至是肯定性的宣传，那么必然会在潜移默化中对少年的行为方式产生影响，并可能引起很多人的模仿。最后，如果一个人的童年和少年时期是在暴力环境和暴力示范下度过的，那么攻击性行为就可能成为这个人成年后应对世界的基本行为。当一个人在遭遇挫折后，如果没能通过一定的渠道得到合理释放，那么挫折感就会积累起来，到一定程度就会爆发。这种爆发可能指向外部，表现为对外实施攻击；也可能指向内部，把攻击转向自身，表现为自我伤害。如果攻击行为是被他人的攻击所激起，这种攻击其实是一种防御，或者是过度的防御。一个具有主动的攻击倾向的人，如果他的攻击行为不是获取自身利益的一种手段，而只是一种行为习惯，那么在临床心理学上，这个人是具有人

---

① ［瑞士］荣格．荣格文集[M]．冯川，译．北京：改革出版社，1997：113-115.

格障碍的人。

所以总的来说，攻击行为的产生有一定的生物性基础，但后天的教养方式和环境因素起了重要的甚至是关键性作用。童年教养中的暴力环境会使一个人习得攻击的模式，社会性的暴力示范会使一个人在行为中选择攻击行为作为应对世界的方式，而挫折会使一个人在挫折感达到一定程度后爆发攻击行为。如果这几个方面集中到一个人的身上，那么这个人的精神就可能崩溃，他就可能爆发严重的攻击行为，甚至制造骇人听闻的凶案来释放他的心理能量。

上述的理论分析对我们在预防和控制暴力行为方面有许多启示：要预防和控制暴力行为必须重视环境和教育的作用，从幼儿时期开始，综合家庭、学校和社会的力量全程进行。首先，倡导健康的家庭教育方式。家庭教育要宽严适度，要以民主亲和的方式示范而不是以暴力的方式示范，并多鼓励与欣赏。其次，要净化社会环境，整治学校周边环境，遏制暴力文化传播，限制暴力形象在大众媒体中的出现频率，以减少少年在社会学习中对暴力的模仿。最后，学校、家长、社会三方协同努力，学校和社会要通过多种方式开展青少年心理与生理知识教育、法治教育等，学校要重视与家长的沟通与交流，指导青少年和成年人用积极的、合理的方式宣泄不良情绪，化解不断积聚着能量的攻击倾向，防止侵犯他人的行为和自我伤害的行为发生，进而促进社会全体成员的身心健康和发展。

## 五、校园暴力的成因分析

校园暴力发生的原因是多方面的，早在 2004 年 4 月，《海峡都市报》等部门曾就"校园暴力状况"进行过问卷调查，认为"促使校园暴力事件产生的因素"有：家庭背景（23%）、传媒渲染（22%）、社会暴力文化的影响（22%）、学生自身（17%）、校风

（13%）、个别教师辅导不当（3%）。① 关于校园暴力的成因，归纳起来，既有客观因素又有主观因素，既有个人因素又有外界因素，是由主客观因素、个体自身因素和外界多方面因素共同影响的结果。其中，个体自身的因素包括认知、情绪情感控制、社会交往等，外部因素则包括家庭、学校、社会等。在此需要说明的是，我们研究分析的是中小学生暴力行为，而不是普遍意义上的成年人暴力行为。

## （一）个人方面的原因（主观原因）

### 1. 青少年身心发展特点

研究发现，12～18 岁是校园暴力的重点年龄层。究其原因，与青少年身心发展的特点有关。青少年学生因具有以下生理、心理特征而特别容易成为校园暴力的主体。①好奇心强，缺乏独立评价能力，判断事物不客观，处理问题带情绪，易冲动，自控能力差，行为方式具有模仿性，极易接受外界各种不良因素的影响。②独立意识建立，叛逆心强，反抗权威意识强，体力充沛，精力旺盛，争强好胜，崇尚武力，希望充当伙伴崇拜的"老大"。在这种心理驱使下，他们易以暴力挑衅来获得成就感，满足虚荣心。另一些青少年则相反，心理脆弱，自我防护能力差，受暴力侵害时选择忍气吞声，助长校园暴力行为的滋生蔓延。③自我意识刚形成，易出现自我同一性和社会角色的矛盾冲突。压力一旦累积，不能得到纾解，则易把压力转向对他人和社会实施攻击。④同伴的影响力增加，有强烈的伙伴集团倾向，相同倾向的青少年特别容易结群在一起行动，一旦在不良头目带领下极易发展成为暴力团伙。⑤社会人际交往受挫。青少年特别关注人际关系，交往中扮演好自身角色，有助于建立良好、稳定的人际关系；缺乏交往技能，则难以和别人沟通，不能愉快相

---

① 原银. 关注校园暴力问题[J]. 发展研究，2006(7).

处，易出现孤独、彷徨等情绪问题。此时他们出现暴力倾向的可能性很高。特别是伴随着自尊的发展，他们在社会交往中一旦受挫，便封闭自己，因孤独感、嫉妒心理而诱发激情报复，甚至演变成故意杀人。现实中不乏这样的情形："问题学生"自认"低人一等"，对他人心怀嫉妒；破碎家庭子女缺少温暖环境，自卑心强等，容易将所有的挫折和批评（即使明知是善意的）都当成是对自己人格的"诋毁"，从而激发强烈的暴力行为动机。

需要指出的是，一些青少年由于心理不成熟、缺乏社会经验，容易在受到暴力侵害时简单地通过暴力反击、用以暴制暴的方式来保护自己，这无疑会造成校园暴力恶性膨胀及蔓延的不良后果。而更为严重的是，经常受到暴力侵袭的青少年学生极易加入不良群体以寻求庇护，由受害者转变为施暴者。

### 2. 人格倾向

除了青少年身心发展的特点外，研究者还专门对校园暴力的施暴者和受害者的人格倾向进行了研究。个体的人格倾向在很大程度上决定着其对待周围世界的基本行为方式。无论施暴者还是受害者，都可能具有某些相对稳定的人格倾向。研究发现，具有极强自尊心、嫉妒心和报复心，心理偏激，攻击性强的学生易产生欺凌行为；自卑、敏感、胆怯、懦弱、孤僻的个体则更可能成为受欺凌对象。[1]

奥维斯指出，欺负者应有某种程度的自我认同感和自信，有较高的自我评价和盲目的优越感，才能使欺负行为得以"现实化"。[2] 有研究者归纳出校园暴力的施暴学生通常有以下人格特征：①缺乏自我控制及自主负责的能力；②有极端的功利性，只要能够满足其物质、精神的需求，就会不择手段地实施暴力，同时在群体

---

① 章恩友，陈胜. 中小学校园欺凌现象的心理学思考[J]. 中国教育学刊，2016(11).
② Olweus D. Hackkycklingar och översittare：Forskning om skolmobbning[M]. Stockholm：Almqvist & Wiksell，1973.

中，自我表现欲望强烈，轻浮且缺乏挫折容忍力；③以自我为中心，完全没有体谅对方的立场和心理意识，罪恶感淡漠，没有负罪感、同情心，常带给他人困扰、麻烦等；⑤同学关系不良。我国学者张文新等人在对欺负者的研究发现，与一般儿童相比，欺负者通常具有以下人格特点：较高的神经质倾向，感情冷漠，情绪不稳定，容易冲动和生气，对外界刺激反应强烈。[①] 一方面，欺负者可能缺乏某种基本的自控能力，而使自身行为缺乏"理智性"，表现出"动作化"人格，通过动作直接表达内心的意愿，纾解内心的情绪和压力；另一方面，情绪性、敏感性可能是欺负行为的重要原因，它意味着个体对外界社会性刺激极为敏感，但又缺乏基本的应对能力，不能承受正常的环境压力或轻微的挫折，当社会冲突产生时，个体易为情绪和冲动所支配，试图凭借力量对比的优势武断而非理智地控制环境。

同时，研究者发现，暴力受害人往往属于这几种情形：①具有较低的自尊、较强的自卑感、懦弱内向、情绪不稳定等人格特征的人往往容易成为暴力受害人；②与施暴者性格相似，暴躁难以自制的人，通常易引发冲突，在受暴力伤害的学生中，此类人所占比例最大；③在某方面突出，如成绩优秀、家境优裕、外表漂亮等，又特别喜欢出风头而招人妒忌的学生，也易成为暴力的受害人。

3. 认知与情感能力缺陷

个体在认知与情感方面的缺陷，也会导致个体在面对社会外界刺激时表现出攻击行为。前文中道奇等人提出的社会信息加工模型研究表明，个体如果存在信息加工缺陷，缺乏移情能力，对自己实施攻击行为的能力肯定，具有对实施恰当的、亲社会行为的能力的消极认识以及关于攻击反应的结果的积极预期，这些都会促使他们表现出攻击行为。同时，认知能力的缺乏会限制儿童学习恰当的道德规范和行为

---

① 张文新，纪林芹，等. 中小学生的欺负问题与干预[M]. 济南：山东人民出版社，2006：50.

的能力，造成学业成绩不良，使其在校园生活中更多地体验到挫折与失败，这些都可能引发攻击性行为。

在情感能力方面，攻击者的情感态度与价值观都存在偏差。有些攻击者偏激地认为，要想不被人欺负，就必须去欺负和支配他人，或者通过欺负他人来获得同伴的崇拜。这些人往往对他人或社会持有不良的、冷漠的、不合规范的、对抗的认识与情绪，并缺乏内疚感。在缺乏道德水平与法治观念的情况下，受情境激发，也极可能引发攻击性行为。

此外，当前青少年的压力大，也可能导致他们通过暴力的方式来舒解压力。2003年世界儿童发展组织发布的一份调查备忘录里，明确列出学校生活带给青少年的20种不良压力，如学习压力、家长压力、人格贬低压力、经济比照压力、孤独的压力、家庭暴力压力、校园内帮派暴力压力等。该备忘录指出，每个学生几乎要同时承受平均12种不同的压力，有的会更多甚至是全部。这份备忘录自发布后受到包括我国在内的许多国家的重视，许多学校以此内容为基础，开始进行学生关爱工程，最大限度地减轻学生压力，以降低校园暴力事件的发生率。

### (二)外部因素(客观原因)

#### 1. 家庭因素

一个人性格与行为的养成，大多受家庭影响。家庭是青少年成长过程中最重要的社会单位，是个人社会化过程的开始，不仅承担着子女初级社会化职责，而且透过教养过程塑造行为规范，以完成社会控制。家庭对个人的影响构成个人社会化的重要一环，因此，家庭因素对青少年暴力倾向的影响是不可忽视的。家庭结构不完整、家庭关系不和谐、家庭教育不科学、家庭氛围不正常、家长行为不端正、家庭周边环境不健康，对未成年人的影响是巨大的。在此，我们着重分析以下几个方面的促成校园暴力的家庭因素。

(1)家庭结构的失衡

在我国，自20世纪80年代以来，传统的家庭结构发生变化，逐步演变成"四二一"模式，加之家长工作压力的加大和生活节奏加快，家庭矛盾与冲突增加。一些家庭结构存在着婚姻关系不完整，血缘关系不完整，如丧偶、离婚、夫妻分居、父母双亡等问题。家庭结构的失衡必然导致家庭亲职教育的弱化。传统家庭中男主外女主内模式被打破，一些核心家庭父母为了生计，双双奔波在外，缺少和孩子沟通的时间，父母角色弱化，无暇管教子女。失衡的家庭结构往往造成父母与子女间的亲密度较低，而父母之间或者父母与子女之间的矛盾度则较高。由此，一方面，子女感受不到家庭的温暖，易情绪不稳，缺少同情心，易产生反社会倾向；另一方面，因家庭关系紧张，父母的感情危机、家庭暴力等常常表露出来，子女的人格和行为易发生扭曲。"问题家庭"与家庭暴力的增多，不仅破坏了家庭稳定，而且造成青少年恐惧、焦虑、孤僻、无助和缺乏归属感，增强了青少年反社会行为。有学者曾对父母婚姻与青少年偏差行为的关系做过分析，得出"问题家庭"青少年比正常家庭青少年更常有抢夺别人东西、向别人借钱不还或强要金钱物品、依赖麻药毒品、酗酒、在外拉帮结派、不愿回家、逃学逃课、离家出走等偏差行为。

家庭结构失衡带来的家庭亲职教育功能弱化及子女人格不健康，使得社会不良风气与帮派组织对青少年影响增强，成为青少年走上违法犯罪道路的重要原因之一。

(2)家庭教养方式不良

在家庭中，父母的教育方式和教养态度对子女人格形成的影响尤为重大。一些父母虽然重视教育子女，但多沿袭传统的强制模式，或者父母教养方式不一致，结果不仅不能发挥家庭亲职教育功能，反而使子女无所适从，失去家庭归属感与温馨

　　　　　　　　　　　　　　依法执教：从理念到行动　｜

感，间接增加其反社会行为。有人曾把父母对子女的教养态度分为四个类型，即专制型、溺爱型、放任型和民主型，其中前三种态度已被大量事实证明是失败的家庭教育方式，它们均不利于子女健康人格的形成。张文新等人指出，那些父母对儿童高控制、较少鼓励孩子的自主、亲子间缺乏温情和交流、敌意与冲突较多、父母较多使用身体暴力、组织性较差的家庭中的孩子易成为欺凌者，而那些父母对孩子过分保护、较少鼓励孩子的自主、亲子关系密切但缺乏交流与沟通、亲子依恋属于矛盾型的家庭中的孩子易成为被欺凌者；对于既是欺凌者又是被欺凌者，其家庭的基本特点是亲和性较低，父母对子女缺乏正确的管教和温情，同时对子女的保护和否定均较多。①

(3)家长素质

家长素质与言传身教直接影响到孩子的成长。父母是孩子的第一任教师，家长的一言一行、一举一动对子女的成长都有着潜移默化的影响。当前一些家长缺乏教养知识与能力，虽与子女生活在一起，但并不了解当代青少年价值观与生活方式，不知如何教导孩子；一些家长自身缺少道德修养，或者人格存在缺陷，或者染有恶习，有的甚至有暴力违法犯罪行为的劣迹，这些都会潜移默化地直接影响到孩子。

研究者对在校园施暴学生的家庭进行调查后发现，在校园施暴学生的家庭大都有如下相同的特征：①父母忙于工作，亲子关系疏离；②父母较少参与、配合学校举办的亲子教育活动；③父母缺乏指导能力，对子女的管教丧失信心；④父母的管教方式不当，如过分的严厉或溺爱、父母的管教方式不一致，或父母对子女期望过高，使子女做不到而感到失望且失去信心；⑤不和谐的家庭气氛，使子女感觉家庭冷漠、缺乏关爱及安全感；⑥家庭暴力，家庭成员虐待情况较为严重；⑦父母染有

---

① 张文新，纪林芹，等. 中小学生的欺负问题与干预[M]. 济南：山东人民出版社，2006：53.

恶习或有犯罪行为，子女耳濡目染学到不良行为；⑧实质上或形式上的家庭破碎；⑨家庭的经济收入低于一般的家庭。①

笔者在调查中也发现，不少家庭因孩子是独生子女就对其溺爱、娇惯，或因夫妻双方工作忙对孩子放任自流、缺乏关爱，或因父母离异忽视对孩子的言传身教；有的家长则不注重学习现代家庭的知识与方法，与孩子缺少交流沟通，对孩子的内心变化知之甚少，或者简单粗暴地对待孩子，动不动就斥责、打骂。这种教育方式使孩子感到家庭的巨大压力而生活在紧张不安之中。他们一旦在校与同学发生矛盾，便会发泄出来，打架斗殴也就在所难免了。在对校园暴力个案的研究中，有不少像李某这样的情况：在李某小时候，其父母感情一直不好，矛盾重重，经常为一些鸡毛蒜皮的小事大打出手，整个家庭生活充满了"火药味"。李某自幼在家庭得不到父母的关心，享受不到家庭生活的温暖，学习无人照管，成绩直线下降，在校受批评，在家受冷落，日复一日，逐渐感到生活乏味。于是，他逐渐沾染上吸烟、打架斗殴等恶习，最终发展到暴力抢劫，被依法判刑。可见，家庭成员的素质、品格、家庭结构的状况、父母关系的好坏等都直接影响着青少年的言行和心理。

一个人的人格是否健康，其形成与家庭的教育有很大关系。如果家庭成员文化素质低下、道德品质败坏，父母的管教方法过严或者过于溺爱或者父母疏于管教，家庭气氛紧张、不和谐，孩子缺少关爱和安全感等情况，都会对孩子的健全人格培养产生不利影响。尤其值得强调的是，父母本身的心理健康对孩子的成长也极其重要。在研究中，我们发现许多父母的紧张、恐惧、冷漠或不安全感等，潜移默化地传染给了孩子，使他们在社会化的过程中也产生人格障碍，这也是校园暴力的诱因之一。

---

① 李大鹏. 解析校园暴力行为[J]. 思想理论教育，2004(Z1).

## 2. 学校因素

学校是传授知识和汲取文化的场所，是青少年从家庭走向社会的中间环节，对青少年的健康成长起着主导作用。一些学校在办学与管理上的失策、教师素质状况的差异等原因，使学校和青少年暴力事件的发生呈现出一定程度的因果关系。具体表现在：第一，在学校办学方针上，培养德、智、体、美、劳全面发展的人的教育目标在片面追求升学率的冲击下被弱化，"重智轻德"的应试教育依然在许多学校中占主导地位。一些学校忽视了对学生人生观、世界观、价值观的培养，忽视法治教育，淡化学生道德意识的培养。"重智轻德"是校园暴力现象日趋严重的重要原因之一。第二，一些教师简单、粗暴的教育方式和对学生的偏见、歧视、冷落等消极态度容易激起学生的反抗，刺激学生的偏激情绪，引发暴力行为。教师对待欺负的态度和行为，也影响着欺负行为的产生。① 第三，学校管理中的重罚轻教、以罚代教，对违纪学生动辄处分、劝退、开除等，这种将矛盾推向社会的做法，不仅会使学生对学校产生敌意及疏离感，而且可能促使这些本应接受学校教育的青少年到社会上违法犯罪。第四，学校自身缺乏有效的校园欺凌预防与应对机制，事前缺乏预防机制，事后处理的方式多以对欺凌者批评教育为主，而较少深究欺凌行为产生的原因，教师对于校园欺凌问题的认识和应对能力也普遍不足。同时，大多数学校对学生的心理健康教育重视程度不够，缺乏有效应对校园欺凌的包括课程和教师资源在内的教育资源。第五，学校对校园暴力的不当处理，容易造成暴力行为恶性循环。不少学校对学校存在的校园暴力讳疾忌医，私下处理或隐匿不处理，使学生和家长对学校产生不信任感，怀疑学校解决问题的能力，同时也会助长校园暴力行为的发生。

---

① 张文新，武建芬，程学超．儿童欺侮问题研究综述[J]．心理学动态，1997(3)．

我国一些学者对校园暴力中的学校因素进行了研究。李大鹏研究发现，当前一些学校的教育中存在这些问题①：①过于重视学业成绩，致使某些学生因成绩不良而成为"校园失意者"；②教师的权威过高且忽视了学生的自主性；③学校教育内容对学生缺乏足够的吸引力；④学校的德育实效性差，对学生生活指导方式缺乏系统性；⑤教师之间的联系欠佳，管教态度不一致，处理问题时未能协调而各行其是；⑥师生之间沟通不足；⑦学校导师制度不落实，教师无法有计划、系统地辅导和帮助有行为偏差的学生；⑧学校教师辅导管教能力和助人技巧不足，容易引发师生冲突事件；⑨现有的课程和教材无法照顾不同学生的需求，学校又无法提供适当的帮助，致使部分学生放弃学习，甚至寻求负向的认同；⑩学校与学生家长的沟通与联系不足，对学生管教的看法存有差距，致使产生家校纷争；⑪学校无法照顾学生的个别差异，且经常不适当地给学生分类，给他们"贴标签"。这些问题如果处理不当，不仅会影响学生的全面发展，而且会使一些学生因学业成绩不佳、表现不好出现反社会行为，从而引发校园暴力。

3. 社会因素

根据社会认知理论以及犯罪社会学的理论，青少年暴力行为是在社会中学习得来的，社会因素在更深层次上揭示校园暴力的根源。这主要表现在以下方面。①社会不良风气的影响。②暴力文化的影响。暴力文化对校园暴力的泛滥负有不可推卸的责任，其中，网络视频中的暴力性内容对青少年的攻击与暴力行为产生着重要作用。带有暴力倾向的网络游戏，网上的校园暴力视频、照片，影视作品，书刊对青少年暴力行为的形成也有很大影响。有关研究已表明，青少年看暴力节目时间越多，出现的攻击行为也越多。一些影像游戏带有很强的互动性，儿童青少年在虚拟

---

① 李大鹏. 解析校园暴力行为[J]. 思想理论教育，2004(Z1).

的游戏世界中直接参与打打杀杀的行为，通过打赢对方获得分数，久而久之会使他们习得攻击，形成暴力有用的信念和冷漠的性格。顾秀莲在向十届全国人大常委会第四次会议报告《未成年人保护法》和《预防未成年人保护法》的实施情况时表示，据一些未成年犯管教所反映，少年犯中有70％以上受到过不良文化的影响；暴力型和奸淫型少年犯中，90％以上看过凶杀、暴力、淫秽录像书刊。在暴力文化熏陶下的孩子，往往冷酷残忍，缺乏同情心和怜悯心。③在"亚文化"影响下，青少年赌博、酗酒、滥用药物等不良行为的发生呈上升趋势，游戏场所、歌厅、舞厅影响着青少年的学习生活。④惩罚与预防保护机制的贯彻落实不够。比如，对未成年人犯罪的惩罚力度相对不足，对受害者保护力度不足，暴力（尤其校园暴力）预警机制不足等。

除上述影响因素外，同伴影响也是其中一个不可忽略的因素。有学者认为，由于被欺凌者经常遭到攻击和面对消极评价，于是同伴会认为他是个无用的人，应受到攻击，这样就导致了群体欺凌，从而加重了对被欺凌者的伤害。① 张文新等人指出，中小学生在同伴群体中的地位、朋友关系以及欺凌发生时其他同伴的行为表现，对校园欺凌的发生与持续有着复杂的影响。② 而在媒体与网络上大量曝光的校园暴力事件也证明了这一观点，特别是暴力欺凌事件发生时，其他同伴的行为表现可能起着制止或者鼓励、促进暴力行为发生与持续的作用。

## 六、校园暴力与欺凌防治的国际经验

为控制和减少校园暴力与欺凌行为，许多国家的政府和教育机构采取措施开展

---

①   Olweus D. A Profile of Bullying at School[J]. Educational Leadership, 2003(5).
②   张文新，武建芬，程学超. 儿童欺侮问题研究综述[J]. 心理学动态, 1997(3).

了大规模的反欺凌运动，收到了较好的效果。在此，我们重点介绍挪威、英国、西班牙、美国的做法与经验。

### (一)挪威的奥维斯校园暴力预防计划(BPP)

奥维斯校园暴力预防计划(BPP)是由挪威伯根大学心理系的奥维斯领导的一项全国大规模的反欺凌运动研究，这是关于学校欺凌问题的系统研究。该计划在挪威实施后，暴力问题下降了不止50%，反社会行为也明显减少，班级的良好氛围显著增强，学生对学校生活的满意度明显提升。[①] 该计划以其基于学校、多层次、内容具体、可操作性强、效果明显等特点，在多个国家得到广泛推广与应用。

奥维斯校园暴力预防计划在实施过程中必须遵循四点基本原则：一是创设一个温暖的、有积极兴趣的以及成人参与的学校环境；二是严格规章制度，明确界定不被接受行为的界限；第三，不管何人违反了规章制度，都应一致地受到非敌意的、非体罚的制裁，这其中隐含了对学生校内和校外行为的一定程度的监督；第四，身边的成人应努力做正面的模范。

奥维斯校园暴力预防计划具体包括学校、班级和个体三个层次的策略。学校层面的具体措施有：在全校开展欺凌问题问卷调查，了解整个学校的欺凌发生现状；组建校园暴力预防委员会(简称校会)，专门处理校园的暴力问题；通过校会提醒教师对欺凌问题予以重视，并对全校教职员工进行培训，探讨干预策略；通过热线电话了解被欺凌者的心声；通过家长会与家长进行沟通，取得家长的支持；成立教师小组，安排教师在休息时间、午餐时间对可能发生的校园暴力事件进行有效的监

---

① Olweus D. A Profile of Bullying at School[J]. Educational Leadership, 2003(6).

依法执教：从理念到行动

督，以改善学校环境。这些措施对改善学校的物理环境和精神环境，唤起成人对欺凌的关注，形成反欺凌的学校氛围十分有效。班级层面的具体措施包括：班级要制定反欺凌的班规；定期开展班会讨论相关问题；通过角色扮演练习形成学生对被欺凌者的同情感；进行合作学习，建立班级成员之间互相帮助、互相支持的积极关系；积极主动与家长合作沟通等。该策略通过班级成员之间的积极互动创建团结友善的集体，从建立积极友善的班级文化范围的角度为被欺凌者提供积极的支持。在个体层面上的具体措施主要包括：与卷入欺凌事件的学生进行个别谈话，改变他们的错误认识和态度；必要时与家长取得联系；在此基础上设计针对欺凌他人者、被欺凌者个人的干预计划。学校将欺凌问题的相关材料编制成教师手册和家长手册，并对教师进行专门培训，由学校和教师自行选择所需要的策略对欺凌行为进行干预。

### (二)英国的谢菲尔德计划

英国从 20 世纪 90 年代开始在学校实施欺负干预方案，其中规模最大的是 1991—1993 年英国教育部在谢菲尔德地区实施的欺负干预计划。该计划旨在在学校建立一整套反欺负措施，为学校及有关人员提供有关反欺凌的指导，建立适合于更广泛领域的干预欺凌行为的材料和方法。干预计划以文件的形式清楚地表明了下列内容：何种行为是欺凌行为，如果有欺凌行为发生将会采取什么样的手段，应该通知哪些人，应该记录哪些内容，管理这项计划的效率是什么样的。同时，干预计划又对课程、操场建设和监督、学校训练及"同伴咨询"工作提出了具体详细的要求。谢菲尔德计划的欺凌干预效果十分明显，各种欺凌行为平均下降约 46%。[①]

---

① 张可，朱艳新. 国外中小学欺负行为的干预介绍[J]. 中国教师，2007(5).

英国的进一步研究显示，社区的参与与支持对学校欺凌干预效果有重要的影响。学校要减少欺凌行为，必须注意三个问题[①]：每个学校都需要意识到坚持反欺凌政策的重要性；有必要更多地注意受欺凌的女孩，尤其是受间接欺凌的女孩；要鼓励学生将欺凌问题报告出来，以促进反欺凌工作的开展。

### (三)荷兰的反欺凌运动[②]

荷兰的反欺凌运动具有全民性，其突出的特点在于家长联合协会参与到欺凌干预运动中来，与学校就欺凌问题达成家校联合协议。在大众媒体的积极参与下，家长、学校共同合作营造出一种反欺凌的社会氛围。在此背景下，参与反欺凌运动的学校首先被要求签署一份《反对欺凌国民教育议定书》，目的在于使学校、家长和学生明确其各自在反欺凌问题上的责任，通过共同努力解决儿童欺凌问题。具体的干预措施包括：①通过给予建议和进行社会技能训练的方式帮助受欺凌者；②通过社会技能训练或克服攻击行为的方法帮助欺凌者；③对"缄默的大众"进行动员；④向教师提供有关欺凌现象的背景知识，如欺凌的表现、原因、后果和处理方法；⑤向家长提供有关欺凌的知识；⑥根据学生的年龄和发展阶段提供给学生相应的知识。

荷兰还设计了一种用于欺凌测验的计算机程序，内容主要包括欺凌发生的程度、地点、时间以及教师的干预情况等。每个学生只需用大约3分钟时间就可以完成该测验。通过这种方式，教师能够了解欺凌在何时何地的发生频率最高，据此采取有针对性的措施。通过在一年中进行多次测验，教师可以随时查看采取的措施是否有效，欺凌的发生是否有所减少。

---

① 张可，朱艳新. 国外中小学欺负行为的干预介绍[J]. 中国教师，2007(5).
② 张文新，纪林芹，等. 中小学生的欺负问题与干预[M]. 济南：山东人民出版社，2006：35.

### (四)美国校园暴力的预防措施

校园暴力问题在美国业已成为渗入美国社会核心的国家问题，美国也是较早开始研究校园暴力的国家之一。

1. 法律措施与政策计划

美国十分重视通过立法来预防校园暴力，预防校园暴力的法规大多以宪法、州法、法令、官方政策声明和行政规定中的成文条款的形式出现。到 2003 年，教育周报年度报告显示，28 个州以及哥伦比亚区已经通过立法来加强对校园暴力行为的惩罚，32 个州和哥伦比亚区已经制定了欺凌弱小、伤害保护的学校方案或法案。从内容上看，其预防校园暴力的教育法规政策包含校车法、午餐法、预防法、安全法、经费法、授权法等；内容涵盖经费的发放与运用、申请的条件、程序、评审、评估以及对学校预防计划和发生暴力事件中的危机管理、各项措施的法律程序等各个方面。参照社会反击暴力威胁和犯罪的措施，各学校、学区也采取了不同的强制措施应对校园暴力，如决不容忍政策、校服政策、安全措施、校警和其他法律执行人员的执勤、预防与减少暴力方案、学校预防枪支政策等。

美国校园暴力法律法规具有一定针对性。例如，针对美国公立学校易发暴力的特征，美国通过制定法律规定和限制学校的规模、班级规模，减小生师比，增强教职工对校园暴力的早期预警反应，增加监视器和巡视人员；针对政府在遏制校园暴力方面的责任，美国通过立法规定政府目标和责任实现的方式，即建立安全学校模式、建立国家示范城市、与银行合作等。

美国校园暴力法律法规还对社会、家长的责任做了规定。法律执行部门、司法部门、健康部门、社会服务机构、社区中其他机构和组织、青少年法庭、慈善组织、宗教或私人组织等可以通过政府授权或者合同提供暴力预防的服务，进行校园暴力预防方案的制定、管理和评估。①

客观地说，美国通过制定和实施各种预防暴力的教育法规政策，在一定程度上缓解和抑制了校园暴力的发生，但在具体实施这些法律法规的过程中，可能使学生的隐私权、人身权、受教育权等权利在这些强制的预防暴力措施中受到侵犯。对部分可能侵害学生权利的政策法规予以限定和指导，以避免其侵害学生基本的宪法权利，成为人们的共识。

2. 学校措施

美国防治校园暴力的学校措施与奥维斯的做法十分相似，常用的措施包括以下方面。①加强教师培训。通过教师会议、培训、规章等形式，提高教师对校园暴力的重视程度和理解程度以及应对能力。②明确并知晓规定。通过纪律和着装制度化的形式向学生阐明学校对于纪律问题，如停学、开除、递交刑事审判等问题的处理标准，并以准则的形式发放到每位教师、家长和学生的手中。③加强对特殊时段、地段的监管。对易发生校园暴力的校内场所和时段，加强教师监督和保安人员警戒，许多学校还专门雇佣一些有经验的退休警察在校园里巡查。④加强与家长的联系。通过与家长的沟通，提高家长对子女进行良好管理的能力，并能使家长成为孩子的行为楷模。⑤建立专门的咨询服务中心或"危机中心"，为学生提供必要的咨询服务。提供咨询服务的人员可以是专业人士，也可以是经过严格培训后的有才能的学生。⑥重视同伴影响。建立同伴互助，发挥学生团体的作用。⑦提高学生的认知能力。改善课堂教学，明确学习要求并加强具体辅导，以有效地减少潜在的捣乱或暴力行为的诱发因素；开设防止欺凌课程，组织班级讨论，提高学生识别、应对欺负的能力。⑧丰富校园生活。比如，延长学生在校时间，鼓励学生参加一些有组织

---

① 宋雁慧. 美国公立学校暴力及其对策研究[J]. 比较教育研究，2005(2).

依法执教：从理念到行动 |

的团队活动。⑨制定危急情况管理政策。每所学校和每个学区都要制订一个可操作的危急情况管理计划，进行学校安全训练等。

3. 社区措施

社区在防治校园暴力的过程中所起的作用不可忽视。这些措施主要由社区或学区、校区的形式组织开展，常见的措施有：①探索建立家教制，即以家教或顾问父母式的指导和关怀来弥补一些家庭教育的空白，导师主要由一些有成就有爱心的人员参加；②提供打工或社会服务的机会，以使学生增强自律意识、责任感，懂得金钱的价值和获得良好教育的重要性等；③寻求改善社区环境，完善社区服务，为遇到情感、心理、生理等困难的学生提供全方位的健康、社会服务；④通过社会团体、基金会的财力支持和帮助，为困难中的青年及其家庭提供全方位的帮助等。

## 七、依法治理校园暴力与欺凌

近年来，面对校园暴力与欺凌现象，我国在加大对校园暴力与欺凌的研究的同时，也出台了相关政策及文件，修订了部分法律法规，以应对校园暴力与欺凌，实现对校园暴力与欺凌的依法治理。我国法律法规和政策文件关于校园暴力、校园欺凌等与校园安全相关的内容，主要从人权、未成年人保护等角度出发，进行了规定和要求。

### (一)防治校园暴力与欺凌的主要政策性文件

我国防治校园暴力与欺凌的主要政策性文件，主要是《关于开展校园欺凌专项治理的通知》(2016 年)和《加强中小学生欺凌综合治理方案》(2017 年)。

1.《关于开展校园欺凌专项治理的通知》

2016 年，国务院教育督导委员会办公室印发了《关于开展校园欺凌专项治理的通知》(以下简称《通知》)，旨在对校园欺凌现象进行专项治理，通过专题教育、人防、物防和技防建设等手段，从惩戒、教育、应对三个方面，严肃校规校纪，规范学生行为，促进学生身心健康，建设平安、和谐校园 。《通知》要求学校要集中对学生开展以校园欺凌治理为主题的专题教育，开展品德、心理健康和安全教育，邀请公安、司法等相关部门到校开展法制教育，组织教职工集中学习对校园欺凌事件预防和处理的相关政策、措施和方法等；要制定、完善校园欺凌的预防和处理制度、措施，建立校园欺凌事件应急处置预案，明确相关岗位教职工预防和处理校园欺凌的职责；要加强校园欺凌治理的人防、物防和技防建设，充分利用心理咨询室开展学生心理健康咨询和疏导，公布学生救助或校园欺凌治理的电话号码并明确负责人；要及时发现、调查处置校园欺凌事件，涉嫌违法犯罪的，要及时向公安部门报案并配合立案查处；要对专题教育情况、规章制度完善情况、加强预防工作情况、校园欺凌事件发生和处理情况等，进行全面自查、督查和总结，形成报告并逐级上报。

2.《加强中小学生欺凌综合治理方案》

为建立健全防治中小学生欺凌综合治理长效机制，有效预防中小学生欺凌行为发生，2017 年，教育部、中央综治办、最高人民法院、最高人民检察院、公安部、民政部、司法部、人力资源和社会保障部、共青团中央、全国妇联、中国残联十一部门共同印发了《加强中小学生欺凌综合治理方案》(以下简称《方案》)。《方案》指出，要按照教育为先、预防为主、保护为要、法治为基的原则，健全预防、处置学生欺凌的工作体制和规章制度，形成防治中小学生欺凌长效机制，确保把中小学生欺凌防治工作落到实处，把校园建设成最安全、最阳光的地方。《方案》明确了学生欺凌的界定，明确将语言及网络欺凌纳入校园欺凌范畴，提出了指导学校切实加强教育、组织展开家长培训、严格学校日常管理及定期展开排查四项措施。《方案》强调学生欺凌事件须依法依规处置，明确学生欺凌事件的处置以学校为主。学校发现欺凌事件线索后，应当按照应急处置预案和处理流程对事件及时进行调查处理，由学校学生欺凌治理委员会对事件是否属于学生欺凌行为进行认定。由县级防治学生欺凌工作部门处理学生欺凌事件的申诉请求，对确有必要的，要启动复查。涉法涉诉案件纳入相应法律程序办理。《方案》提出，针对不同情形的欺凌事件，有关部门要结合职能共同做好教育惩戒工作。情节轻微的一般欺凌事件，由学校对实施欺凌学生开展批评、教育；情节比较恶劣、对被欺凌学生身体和心理造成明显伤害的严重欺凌事件，学校在对实施欺凌学生开展批评、教育的同时，可请公安机关参与警示教育或对实施欺凌学生予以训诫；屡教不改或者情节恶劣的严重欺凌事件，必要时可将实施欺凌学生转送专门（工读）学校进行教育；涉及违反治安管理或者涉嫌犯罪的学生欺凌事件，处置以公安机关、人民法院、人民检察院为主。《方案》要求建立具有长效性、稳定性和约束力的防治学生欺凌工作机制，包括：一是完善培训机制，明确将防治学生欺凌专题培训纳入教育行政干部和校长、教师在职培训内容；二是建立考评机制，将本区域学生欺凌综合治理工作情况作为考评内容，纳入文明校园创建标准，纳入相关部门负责同志年度考评，纳入学校校长、行政管理人员、教师、班主任及相关岗位教职工学期和学年考评；三是建立问责处理机制，对职责落实不到位、学生欺凌问题突出的地区和单位要追究责任；四是健全依法治理机制，建立健全中小学校法制副校长或法制辅导员制度，推进学校完善规章制度、落实各项预防和处置措施。《方案》还明确了学生欺凌综合治理中，教育行政部门、综治部门、人民法院、人民检察院、公安机关、民政部门、司法行政部门、人力资源社会保障部门、共青团组织、妇联组织、残联组织和学校的职责，并强调要建立健全防治学生欺凌工作协调机制，形成多部门有效沟通、各负其责、齐抓共管的良好局面。

此外,《学生伤害事故处理办法》对校园暴力造成的学生伤害事故的救助、处理与赔偿等进行了规定。

### (二)防治校园暴力与欺凌的主要法律

2020 年 10 月修订、2021 年 6 月 1 日起施行的《未成年人保护法》,以及 2020 年 12 月修订、2021 年 6 月 1 日起施行的《预防未成年人犯罪法》,均对校园欺凌等学校安全问题进行了规定,将校园暴力与欺凌纳入了依法治理的轨道。此外,我国《刑法》对严重的、达到犯罪程度的校园欺凌行为也进行了相应的处罚规定。

1.《未成年人保护法》有关规定

针对校园欺凌,新修订的《未成年人保护法》从预防到处置都作出了规定。

在预防方面,第二十五条第二款规定:"学校应当建立未成年学生保护工作制度,健全学生行为规范,培养未成年学生遵纪守法的良好行为习惯。"第二十七条规定:"学校、幼儿园的教职员工应当尊重未成年人人格尊严,不得对未成年人实施体罚、变相体罚或者其他侮辱人格尊严的行为。"第二十九条规定:"学校应当关心、爱护未成年学生,不得因家庭、身体、心理、学习能力等情况歧视学生。对家庭困难、身心有障碍的学生,应当提供关爱;对行为异常、学习有困难的学生,应当耐心帮助。"第三十条规定:"学校应当根据未成年学生身心发展特点,进行社会生活指导、心理健康辅导、青春期教育和生命教育。"第三十五条规定:"学校、幼儿园应当建立安全管理制度,对未成年人进行安全教育,完善安保设施、配备安保人员,保障未成年人在校、在园期间的人身和财产安全。"

针对学生欺凌行为,第三十九条规定:"学校应当建立学生欺凌防控工作制度,对教职员工、学生等开展防治学生欺凌的教育和培训。学校对学生欺凌行为应当立即制止，通知实施欺凌和被欺凌未成年学生的父母或者其他监护人参与欺凌行为的认定和处理；对相关未成年学生及时给予心理辅导、教育和引导；对相关未成年学生的父母或者其他监护人给予必要的家庭教育指导。对实施欺凌的未成年学生，学校应当根据欺凌行为的性质和程度，依法加强管教。对严重的欺凌行为，学校不得隐瞒，应当及时向公安机关、教育行政部门报告，并配合相关部门依法处理。"

2.《预防未成年人犯罪法》有关规定

《预防未成年人犯罪法》比较全面地对预防未成年人犯罪的教育、对不良行为的干预、对严重不良行为的矫治、对重新犯罪的预防等进行了规定，指出对未成年人要坚持预防为主、提前干预，对未成年人的不良行为和严重不良行为及时进行分级预防、干预和矫治的原则，是防治校园暴力与欺凌的重要法律依据。

《预防未成年人犯罪法》明确界定了不良行为和严重不良行为的情形，第二十八条列举了不良行为的九种情形：①吸烟、饮酒；②多次旷课、逃学；③无故夜不归宿、离家出走；④沉迷网络；⑤与社会上具有不良习性的人交往，组织或者参加实施不良行为的团伙；⑥进入法律法规规定未成年人不宜进入的场所；⑦参与赌博、变相赌博，或者参加封建迷信、邪教等活动；⑧阅览、观看或者收听宣扬淫秽、色情、暴力、恐怖、极端等内容的读物、音像制品或者网络信息等；⑨其他不利于未成年人身心健康成长的不良行为。第二十九至三十七条规定了相关部门与责任人对具有不良行为的未成年人的教育、管理与保护的职责。

该法第三十八条列举了严重不良行为的九种情形：①结伙斗殴，追逐、拦截他人，强拿硬要或者任意损毁、占用公私财物等寻衅滋事行为；②非法携带枪支、弹药或者弩、匕首等国家规定的管制器具；③殴打、辱骂、恐吓，或者故意伤害他人身体；④盗窃、哄抢、抢夺或者故意损毁公私财物；⑤传播淫秽的读物、音像制品或者信息等；⑥卖淫、嫖娼，或者进行淫秽表演；⑦吸食、注射毒品，或者向他人提供毒品；⑧参与赌博赌资较大；⑨其他严重危害社会的行为。这些严重不良行为是未成年人实施的有《刑法》规定、因不满法定刑事责任年龄不予刑事处罚的行为，以及严重危害社会的行为。对实施了特定的有严重不良行为的未成年人，第三十九至四十九条规定了各相关部门与责任人的矫治措施与义务。例如，对有严重不良行为的未成年人，公安机关可以根据具体情况，采取矫治教育措施；未成年人的父母或者其他监护人应当积极配合矫治教育措施的实施，不得妨碍阻挠或者放任不管。

关于对学生欺凌的防控，该法第二十、第二十一条进行了专门规定。第二十条规定："教育行政部门应当会同有关部门建立学生欺凌防控制度。学校应当加强日常安全管理，完善学生欺凌发现和处置的工作流程，严格排查并及时消除可能导致学生欺凌行为的各种隐患。"第二十一条规定："教育行政部门鼓励和支持学校聘请社会工作者长期或者定期进驻学校，协助开展道德教育、法治教育、生命教育和心理健康教育，参与预防和处理学生欺凌等行为。"建立学生欺凌防控制度，完善学生欺凌发现和处置的工作流程，排查并消除学生欺凌隐患，支持学校聘请社工进驻学校等规定，都是预防和处理学生欺凌行为的有效措施。

3.《刑法》(2020年修正)有关规定

我国《刑法》对校园欺凌情节严重的、达到犯罪程度的，欺凌者应该承担相应的法律责任。《刑法》第十七条对刑事责任年龄进行了规定。根据规定，已满十六周岁的人犯罪，应当负刑事责任。已满十四周岁不满十六周岁的人，犯故意杀人、故意伤害致人重伤或者死亡、强奸、抢劫、贩卖毒品、放火、爆炸、投放危险物质罪的，应当负刑事责任。已满十二周岁不满十四周岁的人，犯故意杀人、故意伤害罪，致人死亡或者以特别残忍手段致人重伤造成严重残疾，情节恶劣，经最高人民检察院核准追诉的，应当负刑事责任。因不满十六周岁不予刑事处罚的，责令其父母或者其他监护人加以管教；在必要的时候，依法进行专门矫治教育。

校园欺凌者触犯《刑法》的行为，通常是故意伤害罪、故意杀人罪、过失致人死亡罪或侮辱罪等罪款。犯故意杀人罪的，处死刑、无期徒刑或者十年以上有期徒刑；情节较轻的，处三年以上十年以下有期徒刑。犯过失致人死亡罪的，处三年以上七年以下有期徒刑；情节较轻的，处三年以下有期徒刑。犯故意伤害罪的，处三年以下有期徒刑、拘役或者管制；致人重伤的，处三年以上十年以下有期徒刑；致人死亡或者以特别残忍手段致人重伤造成严重残疾的，处十年以上有期徒刑、无期徒刑或者死刑。若犯侮辱罪，情节严重的，处三年以下有期徒刑、拘役、管制或者剥夺政治权利。

针对旁观者对欺凌行为采取起哄、鼓励态度，或者加入欺凌行为，根据《民法典》第一千一百六十八条和第一千一百六十九条规定，此类旁观者将承担连带责任。

针对被欺凌者出于自卫对欺凌者造成伤害的法律责任，根据被欺凌者的自卫给欺凌者造成的伤害的严重程度，该自卫行为可能被判定为正当防卫或正当防卫过当。《刑法》第二十条规定，为了使国家、公共利益、本人或者他人的人身、财产和其他权利免受正在进行的不法侵害，而采取的制止不法侵害的行为，对不法侵害人造成损害的，属于正当防卫，不负刑事责任。对正在进行行凶、杀人、抢劫、强奸、绑架以及其他严重危及人身安全的暴力犯罪，采取防卫行为，造成不法侵害人伤亡的，不属于防卫过当，不负刑事责任。正当防卫明显超过必要限度造成重大损害的，应当负刑事责任，但是应当减轻或者免除处罚。因此，更大可能情形下，被欺凌者对欺凌者的自卫行为属于正当防卫行为。

## (三)防治校园欺凌的课程开设与实施

通过开设校园欺凌防治相关课程，面向学生开展应对校园欺凌的全面认知课程和自我保护课程，提高学生应对校园欺凌事件的能力，是应对校园欺凌的必不可少的措施。校园欺凌作为校园暴力的常见形式之一，可以从安全保护意识培养、法制观念建立、心理健康教育等角度进行教育。在我国各部委发布的相关教育类文件中，《中国青少年健康教育核心信息及释义(2018版)》强调了青少年接受和参与全面性教育的重要性，《中小学公共安全教育指导纲要》从事件预防和自我保护的角度强调了针对校园欺凌行为开展安全教育的必要性，《中小学法制教育指导纲要》从法律角度强调了法制教育的必要性，《中小学健康教育规范》《义务教育体育与健康课程标准》《学生心理健康教育指南》《中小学心理健康教育指导纲要》《普通高中体育与健康课程标准》《普通高等学校健康教育指导纲要》从心理健康、情绪调节和社会适应等角度强调了心理健康教育的重要性，这些都是全面性教育中的重要内容。全面性教育中的生活技能教育、价值观教育、社会规范教育、性别与权利教育、性倾向多元教育、道德情绪教育等，有助于学生形成科学的生活认知和积极的人生态度，有助于学生树立平等、尊重、包容、多元的价值观，从而使学生尊重、接纳各类人与事，可以有效减少校园欺凌现象的发生。

实施有针对性的防欺凌教育。防欺凌教育可以针对不同教育对象，有不同的侧重点。例如，针对欺凌者，应使其认识到欺凌是一种违法行为，是对他人人权的侵犯，要了解欺凌者欺凌行为产生的原因，有针对性地开展心理健康教育、法治教育，指导其采取非攻击性方式进行同伴交往或社会交往；针对被欺凌者，应使其认识到每个人都有责任公开反对骚扰和欺凌，要教给学生多种应对骚扰和欺凌的方法，以及在不同情境中如何识别值得信赖的成年人或有关机构，以使得其能安全应对同伴间的欺凌或暴力，并学会寻求帮助；针对旁观者，应使学生认识到公开反对骚扰和欺凌是每个人的责任，不能给欺凌行为煽风点火，坚决不做欺凌的帮凶，在保证自身安全情况下，有责任制止欺凌行为的恶化，并向受害者提供帮助。

依法执教：从理念到行动

## (四)构建校园暴力与欺凌防治三级预防体系

在防治校园暴力的措施中,学校—家庭—社区的三联屏障的建立,被证明是十分有效的措施。世界卫生组织专家根据"社会生态学理论"倡导建立了一套预防校园暴力模式。干预通常分步实施:①全面了解青少年个体的健康危险行为(包括暴力倾向)表现;②利用该模式分析家庭、学校、社会等环境中的危险因素及其相互作用;③从三级预防角度出发,针对这些危险因素分别制定预防措施。而干预的核心就是建立学校—家庭—社区三联屏障。

所谓三级预防,是根据暴力发生的不同阶段,即暴力发生之前、处理暴力发生即刻以及暴力发生后的恢复三个阶段,学校、家庭、社区采取的针对性干预措施。这些措施比较系统、全面,可操作性强,并且有效,比较适合我国实际情况。三级预防的主要措施是我国学者季成叶先生的研究成果①,下面笔者对此做简要介绍。

1. 一级预防

一级预防即在暴力发生之前采取的预防措施,是一种针对所有学生而采取的普遍预防措施,目的是控制心理—社会病因,防患于未然,主要包括三个方面。

(1)学校方面

首先,学校要加强对教师和家长的宣传与培训。其次,学校应为全体学生或某些年级的学生开设预防校园暴力的学校健康教育课程,内容应由以下四部分组成。①认知暴力,包括暴力的表现形式、危害性,理解校园暴力和其他青少年健康危险行为之间的相互关系;有针对性地开展普法教育,帮助青少年树立牢固的法律意识。②安全教育,重点在于提高学生的自我防范和保护能力,培养个体独立应对突

---

① 季成叶. 预防校园暴力:一项值得高度关注的公共卫生课题[J]. 中国学校卫生,2007(3).

发事件的能力。③人际交流技能和移情训练，如人际交往中的积极态度、控制情绪和解决矛盾冲突的技巧，如何正确和异性交往，学会倾听、沟通与交流，对学生进行移情训练等。④生活技能教育，包括了解自己，提升自我认识能力、调节情绪和缓解压力能力；锻炼解决问题的能力，发挥创造力，包括批判思考和创造性思考；学会说"不"，培养责任感，懂得保护自己等。

(2)家长方面

家长在防治"校园暴力"方面责任重大。家长应提高自身素质，创设温馨的家庭环境，多和子女相处，充分沟通，满足亲子情感需要，让孩子从小建立安全感；和学校积极沟通，了解孩子在校学习生活情况；重视对子女进行是非、品德、纪律等教育；帮助和指导孩子正确处理同学之间的矛盾和争执，培养孩子鉴别自身言行的正确与错误，进行自我反省，增强自身言行的约束力，形成宽容、理解的良好品质；培养孩子独立地分析和处理所遭受的外来侵害的能力；理性对待家庭危机，杜绝家庭暴力。

(3)社区方面

要联合社会团体，形成威慑力，努力控制媒介暴力的消极影响，清理校园周边的歌舞厅、网吧、迪吧等青少年易聚集的商业单位，营造良好环境；推广积极向上的社区活动，鼓励社会团体和组织提供丰富多彩的文体活动；经常提醒家长注意引导孩子观看的影视、网络内容，避免接触渲染暴力的内容；联合多种力量，保障社区治安安全等。

2. 二级预防

二级预防是针对暴力的高危人群(有一种或几种暴力危险因素)的预防措施，或已显示出暴力行为的人群的预防措施，使校园暴力事件在发生前能被及时发现隐患和苗头，通过干预，及早将其消除在萌芽状态，同时将所造成的伤害降低到最低限度的全过程。但是，并非所有青少年在出现故意发动的校园暴力事件前都有预示性表现。父母、教师和与他们密切相处的伙伴只要具备一定知识，就能从以下表现中发现一些早期性警告信号。[①] ①过去有攻击、违纪行为史，此时重现以往异常情绪，如沉默、社交障碍、孤立、拒绝、受迫害感等。②注意力、学习效率、学习成绩急剧下降。③无法控制愤怒情绪，如在胡乱涂鸦和图画中显示暴力；对些许小事反应异常强烈；破坏财产；寻找武器；有强烈自杀意念和企图等。④原本具有的健康危险行为超常规表现。女生常见者如吸烟、吸毒、无自尊、与父母冲突、离家出走，男生常见者如酗酒、吸烟、药物滥用、逃学和打架。无论男生女生，吸烟、酗酒、打架等的频率与暴力伤害之间存在明显的剂量—反应关系。因此，二级预防应以学校和家庭为重点范围展开，采取以下步骤：①对学校相关人员进行危机干预培训，提高校园暴力预防意识；②发现、识别早期警告信号，对可能出现的暴力倾向进行预测评估；③学校建立干预小组，并和家长充分沟通；④对高危青少年进行心理矫治，提供指向性干预。

3. 三级预防

三级预防指暴力事件发生后立即采取行动，帮助受害者在暴力发生后的恢复过程中采取长期护理措施如康复、社会回归及为减轻暴力造成的损伤和长期残疾所做的各种努力，力争将伤害损失降低到最低限度。三级预防措施包括以下方面。①启动应急机制，确保学生远离危险；从公安、司法机构获得及时支援；建立有效联络系统，落实个人的危机干预责任；进行院前急救、急诊和治疗。②正确处理惨案余波。例如，帮助父母理解孩子对所受暴力的反应，消除恐惧反应；必要时接受精神卫生咨询；协助性侵犯受害者接受检查，防治性传播性疾病；指导受害者寻

---

① 季成叶. 预防校园暴力：一项值得高度关注的公共卫生课题[J]. 中国学校卫生,2007(3).

求公安、司法等后续帮助。③根据受害者状况，提供必要的护理、康复服务，尽力减轻暴力导致的损伤和残疾。④帮助师生接纳改造后的施暴者（包括来自少年劳教机构的）回校，真正实现社会回归。

通过上述对三级预防体系的介绍，不难发现，尽管我国对校园暴力与欺凌的治理强调实施家庭、学校、社会的综合治理，我国法律法规也明确规定了家庭、学校、社会等各自的职责，但是对在我国如何真正实现学校—家庭—社区三联屏障的联防作用，特别是如何建设社区、充分发挥社区的作用以及如何提高家长的素质方面，我国还有许多工作要做。这不仅关系到预防和控制校园暴力的问题，而且涉及一个和谐的、全面的法治社会的建立。

# 第七章

# 教师权益的依法保护

　　"百年大计，教育为本。教育大计，教师为本。"自古以来，教师就身兼推动社会的文明进步和培养下一代的重任，教师被人赞誉为"太阳底下最崇高的职业"。中国古代思想家荀子也曾说："国将兴，必将贵师重傅。"我国拥有一支世界上人数最多、分布最广、人员构成最复杂、素质差异大的中小学教师队伍。教育部发布的《2018年全国教育事业发展统计公报》显示，我国共有各级各类学校51.88万所，专任教师1672.85万人，其中，学前教育专任教师258.14万人，义务教育专任教师973.09万人。这一规模庞大的教师队伍是实施"科教兴国"战略的重要保证。习近平总书记对教师寄予厚望，认为教师是"立教之本、兴教之源"，教师的工作是"塑造灵魂、塑造生命、塑造人的工作"，鼓励教师要做"四有"好老师。这对教师的师德水平与专业素养提出了很高的要求。与此同时，教师作为推动依法治教的重要力量，作为依法执教的直接实施者，必须明确自身作为教师所享受的权利以及必须履行的义务。然而，目前在我国，还存在适合教师的救济途径狭窄、监督渠道不完善等一系列问题。在现实中，教师的合法权益遭受侵害的案件依然存在，这些都影响了教师的积极性、职业安全感以及依法执教的自觉性。基于教师地位的重要性和教师的现实处境，切实保障教师的合法权利，具有极为重要的作用和意义。鉴于此，本书重点讨论教师的权利，附带论述教师的义务。

## 一、教师法律地位与教师权利的界定

要保障教师的合法权益，首先需要明确教师在各种法律关系中的法律地位，科学定位教师的法律身份。我国对教师法律身份的界定一开始是比较模糊的。改革开放前，教师与许多职业从业人员一起并称为国家干部，一种以国家编制为确认标准而划定的依法从事国家公务的人员群体。1993年10月1日实施的《国家公务员暂行条例》将国家公务员界定为各级国家机关中除工勤人员以外的工作人员。据此界定，教师不属于国家公务员之列。而同年10月31日颁布的《教师法》也未将教师的法律身份定位为公务员，而是将其定位为"履行教育教学职责的专业人员"。这只是对教师职业身份的定位，并不能完全等同于教师的法律地位。关于教师的职业身份，1966年联合国教科文组织《关于教师地位之建议书》中指出："教师工作应被视为专门职业，这种职业是一种要求教师具备经过严格并持续不断的研究才能获得并维持专业知识和专业技能的公共业务。"[①]可见，我国关于教师职业身份的定位与联合国教科文组织的主张相一致。但与此同时，《关于教师地位之建议书》进一步指出："所谓'教师'，涵括所有担负起学童教育之在校人员；教师'地位'（status）一词，意指其立场及受重视程度，系经由对教师所发挥之功能，所表现之能力，工作态度，以及自其他专业团体获得之报酬与其他实质上奖励的重要性予以评估，所引证的结果。"我国也有学者认为："教师的法律地位就是通过立法确定的教师的职业地位。

---

① 联合国教科文组织．关于教师地位之建议书[Z]．1966-10-05．

从广义上来看，教师的法律地位应涵盖教师的政治地位、经济地位和职业声望等方面的内容……教师法律地位主要通过教师的权利与义务体现出来。"①因此，不能将教师的职业身份与法律地位完全等同。1993年通过的《教师法》，从法律上确定了教师的专业身份和专业使命："教师是履行教育教学职责的专业人员，承担教书育人，培养社会主义事业建设者和接班人、提高民族素质的使命。教师应当忠诚于人民的教育事业。"但这一规定还是无法明晰教师的法律地位，教师的专业身份和职业使命只是确定教师法律地位的内在决定因素。教师法律地位的模糊必然影响教师权利的界定与落实。

教师的权利与义务是教师法律地位的外在表现。从广义上讲，教师权利包括两个层次，一方面是指教师作为国家公民，享有宪法规定的经济上、政治上和精神上的政治与社会生活的基本权利；另一方面是教师作为专业人员，为完成教育教学任务，依法所享有的专业权利，即教师职业权利，也是狭义的教师权利。教师所享有的和其他公民一样在经济上、政治上和精神上等的基本权利，是其享有职业权利的基础和保障。教师义务是指教师依法应当承担的各种职责。在此，本部分只从教师职业性质的角度来探讨教师的权利与义务，而教师作为普通公民所享有的权利和义务不在此讨论。

## 二、教师权利的内容

狭义的教师权利，是指教师在教育教学活动中依法享有的权益，是国家对教师能够做出或不做出一定行为，以及要求他人相应做出或不做出的一定行为的许可或

---

① 黄崴. 教育法学[M]. 广州：广东高等教育出版社，2002：184.

保障。根据《教师法》第七条以及《教育法》的规定，教师具有以下权利。

## (一)教育教学自主权

《教师法》第七条第一款指出教师拥有"进行教育教学活动，开展教育教学改革和实验"的权利。这是教师为履行教育教学职责必须具备的基本权利。其基本含义主要包括：①教师有权依据其所在学校的教学计划、教育工作量等具体要求，结合自身教学特点自主地组织课堂教学；②有权依照教学大纲的要求确定其教学内容、进度，不断完善教学内容；③有权针对不同的教育教学对象，在教育教学的形式、方法、具体内容等方面依据教学大纲自主地进行改革和实验。教师的教育教学自主权是提高教师教育教学质量和工作效率的重要保证，也是发挥教师创造性的重要途径。社会、行政部门以及学校应当尊重教师的教育教学自主权，非依法规定，任何组织和个人都不得干涉和剥夺教师的这一基本权利。

**【案例】学校是否侵犯了教师的教育教学自主权？**[①]

李某从某成人师范院校专科毕业后，被分配到一所职业高中任教。学校按他所学的工业与民用建筑专业，安排他教二年级工民建专业班的建筑制图课。一年后，由于各方面的原因，学校停办了该专业。为了妥善安排该专业的教师，学校决定由这些教师根据自己的情况，自由选择担任非所学专业的科目的教学。李某选择教授电子技术专业的机械制图课。教授该课程以后，其所教的班级的学生对他意见很大，强烈要求学校调换教师。学校经过调查发现，李某所学的建筑制图与机电类专业的机械制图有很大区别，但他又没有做好课前准备，不备课或备课很简单，致使教学效果不佳。教研组多次找他谈话，还组织有关教师听他的课，但李某认为这是

---

① 案例来源：褚宏启. 中小学法律问题分析(理论篇)[M]. 北京：红旗出版社，2003：60.

教研组长有意抓他的"辫子"，不接受对他教学工作的检查。在成绩评定时，李某把一些对他有意见的学生的成绩评低，甚至有意把个别学生的成绩评不及格。这种行为很快被学校发现，于是学校根据这种情况，经研究，认为李某不再适宜担任该学科的教学工作，但又没有合适的科目给他担任，决定调他到总务处负责学校的治安、文件收发工作。李某不服，认为自己是教师，理应担任教学工作，学校的决定侵犯了他的教育教学权利。于是，他向市教育局提出申诉。教育局经过调查，认为学校没有侵犯李某的权利。教育局根据李某的实际问题，将李某调离该校，到另一所职业中学工作。

在本案例中，学校不让李某担任教学工作而改任其他工作，是基于李某在专业知识、能力、品德等方面的缺陷而无法履行作为专业教师的法定职责这一情形所依法实施的学校行政管理行为。因此，学校并没有侵害李某的教育教学权。

### (二)学术自由权

教师具有从事科学研究、学术交流，参加专业的学术团体，在学术活动中充分发表意见的权利。这是教师作为教育教学专业人员所享有的一项基本权利。一般来说，教师学术自由权的行使包括教学和科研两大方面。教学方面包括课程内容编辑权、教学方法选择权和课堂上个人观点的自由表达权。科研方面则包括从事科学研究，参加专业的学术团体及其学术交流活动，并在学术交流中自由地表达个人观点的权利。学术自由权是对教师专业权利的一种制度性保障，必须予以切实保障。但需要注意的是，教师学术自由权的行使，以不得违背国家法律、法规、政策和良好的社会风尚为前提。

**【案例】读书是为了"挣大钱"**①

下面是湖南省株洲市某中学原教师尹某入学教育课教案中的部分内容：

读书干什么？考大学干什么？总之，你为了什么？我要明确地告诉你——读书考大学是为了自己，不是为了别人。读书增强了自己的本领，将来能让自己找到一个好的工作，挣下大把的钱，从而有一个美好的生活，所以我强调读书是为了自己。

本案例是一个非常有代表性也引发了广泛争议的案例。作为教师，尹某有在学术研究中发表自己的观点、开展学术争鸣的自由，但这种自由必须是在国家法律允许的范围内进行的与教学工作相关的活动的自由，而不是无限的自由。特别是在面对人生观、价值观正处于形成时期的中小学生时，教师更应注意在教育教学活动中，按课程标准或教学基本要求进行讲授，不应任意发表与讲授内容无关且有损学生身心发展的个人看法。本案例中尹某的做法违背了教师教书育人的根本宗旨，违背了宪法和法律，给学生造成了一定的负面影响。

### (三)指导管理评价权

《教师法》第七条第三款指出教师具有"指导学生的学习和发展，评定学生的品行和学业成绩"的权利。这一权利是与教师在教学过程当中应该居于主导地位这一教育理念相适应的，它是教师教育教学活动中的一个基本权利。主要内容包括：①教师有权根据学生的具体情况，因材施教，指导学生的学习和发展；②教师有权严格要求学生，有权对学生的思想品德、学习、文体活动、劳动等方面给予客观公正的评价；③教师有权运用正确的指导思想和科学的方法，促使学生的个性和能力

---

① 案例来源：解立军.学校法律顾问[M].北京：开明出版社，2003：143.

依法执教：从理念到行动

得到充分的发展。

对学生来说，教师除了是教育者之外还是一个管理者，对学生进行指导评价和管理既是教师的权利也是其义务。对学生进行指导评价和管理是一项专业性很强的工作，因此应该给予教师自由决定的权利，任何组织和个人都不应该非法干预教师行使这一权利。但在现实中，教师教育管理权利的正当行使受到了限制和约束。首先，社会过度介入学校教育。作为社会舆论代言人的新闻媒体，可以依法对教师的行为进行监督和评判，但有些媒体对教师的教学管理的评判只是一种表层的、肤浅的甚至是非理性的认识与评价。有些媒体为了迎合某些群体的需要和兴趣，缺乏深入的调查和分析，对教师行为随意曝光，给教师造成了很大压力。媒体过度地、不恰当地报道，会误导社会公众盲目参与学校教育评价，使原本正常有序的学校教育受到一些不必要的社会干扰。其次，一些家长对子女的偏袒和溺爱，导致部分学生越来越难管。最后，近年来一些学校在管理中采用"学生评教"方式，一些学生利用评价教师的权利，对不给自己理想分数的教师打击报复，以致一些教师往往屈从于这些压力，迎合学生的要求和口味，降低对学生的要求。一些学校的管理者在对教师进行教学活动的考核评价时，以一种简单的、僵硬的、程式化的具体环节来要求教师。这些都可能使得一些教师改变甚至放弃自己的教育理想。

### (四)获取报酬待遇权

《教师法》第七条第四款明确规定，教师拥有"按时获取工资报酬，享受国家规定的福利待遇以及寒暑假期的带薪休假"的权利。它包括以下一些基本内容：①教师有权要求所在学校和地方教育行政主管部门依法按时、足额发放教师的劳动报酬，包括基础工资、职务工资、课时报酬、资金及教龄津贴、班主任津贴以及其他津贴在内的工资性收入；②教师有权享受国家规定的各种福利待遇，包括医疗、住房、离职、退休等方面的各种待遇和优惠，并在寒暑假带薪休假。这些都是宪法规定的公民享有劳动的权利、劳动获取报酬的权利以及劳动者有休息的权利的具体化。教师获取工资报酬是他们维持正常生活，以及进行教学和科研活动的前提条件，也是教师的基本物质保障权利。

**【案例】拖欠教师工资补贴近 4.8 亿元，截留困难学生补助，被国务院通报**[①]

据报道，根据群众在国务院"互联网＋督查"平台上反映的问题线索，国办督查室派员赴贵州省某县进行了明察暗访，发现该县自 2015 年起即拖欠教师工资补贴，截至 2020 年 8 月 20 日，共计拖欠教师绩效工资、生活补贴、五险一金等费用 47961 万元，挪用上级拨付的教育专项经费 34194 万元。同时发现该县截留困难学生生活补助。贵州省委、省政府对督查发现的教师工资拖欠问题高度重视，责令该县认真核查、切实整改，对违规行为立即纠正、严肃问责，同时举一反三，对类似问题开展全面清查。国办督查室将密切跟踪有关工作进展情况，督促推动问题整改到位。

从本案例可以看出，近年来，党中央、国务院加大了全面依法行政力度，出台了一系列政策措施，健全教师工资保障机制，实现教师工资稳步增长。从督查情况看，某县长期拖欠教师工资补贴，违规挤占挪用教育经费，严重侵害了教师合法权益，影响了教师队伍的稳定。国务院对此进行通报，是警示各地区、各部门要引以为戒，举一反三，要依法全面落实教育优先发展战略，在财政资金投入上优先保障教育，完善绩效工资总量核定办法和分配办法，保证教师工资按时、足额发放，保证教师工资水平逐步提高，切实维护教师合法权益，不断提高教师待遇，真正让教师成为令人羡慕的职业。

---

① 案例来源：大方县拖欠教师工资补贴 4.8 亿元[N]. 十堰晚报，2020-09-07.

## （五）民主管理权

《教师法》第七条第五款规定，教师拥有"对学校教育教学、管理工作和教育行政部门的工作提出意见和建议，通过教职工代表大会或者其他形式，参与学校的民主管理"的权利。它是宪法所规定的"中华人民共和国公民对于任何国家机关和工作人员，有提出批评和建议的权利"的具体体现。教师有权通过教职工代表大会、工会等组织形式以及其他适当方式，参与学校民主管理，讨论学校改革、发展等方面的重大事项，保障自身的民主权利和切身利益，推进学校的民主建设。教师民主管理权的行使可以通过参与讨论、提出批评和建议以及监督等方式进行。例如，听取校长的工作报告，讨论学校年度工作计划、发展计划、改革方案、教职工队伍建设等重大问题；讨论职工奖惩办法以及其他有关教职工的一些福利事项；监督学校管理工作等。

保障教师的民主管理权，是学校依法治校的重要体现。通过参与学校重大问题的决策，行使民主监督的权利，有利于充分调动和发挥教职工主人翁的积极性，并通过各种途径维护教职工的合法权益，从而推动学校朝着健康、稳定方向发展。

要保障教师的民主管理权，建立健全学校的民主管理制度十分重要。当前一些学校的民主管理制度还存在许多问题。比如，教代会制度不健全，职能没有充分发挥；校务公开不健全，流于形式；工会得不到重视，难以发挥作用等。这些都必然会影响到教师民主管理权的充分行使。

**【案例】特级教师因爱提意见被"逐"出校门**[①]

高老师在某县一中任教长达 25 年，先后获评市先进教师、特级教师等。1997 年 7

---

① 案例来源：李祥，曾瑜. 教育政策法律：理论与实践[M]. 成都：西南交通大学出版社，2019：139-140.

月，因他对学校乱收费不满，向有关部门提意见，如实反映了学校存在的问题，学校领导一气之下将其解聘。当天，高老师到县教委，县教委工作人员说："一中是校长负责制，不用你，我们也没办法。"

本案例是一起因教师行使民主管理权而遭学校校长解聘的民事纠纷案。高老师对学校乱收费不满，向有关部门提意见，如实反映学校存在的问题，这是宪法、《教师法》赋予教师的民主管理权，任何人不得非法干涉和非法剥夺。校长以此为借口解聘教师，严重侵犯教师的民主管理权。县教委对校长负责制的理解也是错误的。校长负责制不是"校长一个人说了算"，不是"校长一人专制"。校长负责制的基本内涵是校长负责、校务委员会审议、教代会民主管理与监督、党组织保证监督四位一体。但在一些中小学中，教职员工的民主管理意识十分薄弱，教代会形同虚设，教师的民主管理权利常常被忽视，侵犯教师权益的事情也时有发生。

### (六)进修培训权

《教师法》第七条第六款有明确的规定，教师拥有"参加进修或者其他方式的培训"的权利。教师的进修培训权主要有以下几个方面的内容。①教师有权参加进修和接受其他多种形式的培训。②教育行政部门和学校及其他教育机构应当采取各种形式、多种渠道保证教师培训进修权的实现。例如，运用现代远程教育网络，为教师提供继续教育、终身学习的机会。③教师行使这一权利，必须保证完成本职工作，有组织、有安排地进行，不得影响学校正常的教育教学工作。

教师的进修培训体现了教师发展的需要。在社会不断发展进步的今天，新知识、新技术不断涌现，合格教师的标准也在不断提高。教师只有不断学习，把学习贯穿其终身，才能不断地更新知识、调整知识结构，使自身得到发展，以适合社会发展的需要，提高自己的专业素质和教育教学技能，从而不断地提高教育教学的质

依法执教：从理念到行动

量。在"十二五"以前，由于受教师编制以及教师培训经费的影响，教师进修培训权的实现受到较大制约。抽样调查显示，59.3％的校长反映目前没有固定的教师培训经费来源，不能满足教师专业发展的培训需求；65.7％的教师反映个人承担了半数以上的培训费用，个人负担过重。[①] "十三五"以来，随着教育经费的不断增长，教师进修培训权得到较好的保障，教师素质得到普遍提高。

**【案例】学校侵犯了陈某的教师进修培训权了吗？**

陈某是某中学的二级教师，工作十多年了，一直没有参加过进修或其他方式的培训。2014年9月，学校有一次教师进修机会，于是陈某向学校提出要去进修。学校以没人替他上课为由，不同意他的请求。陈某认为校长故意和自己作对，于是与学校发生了纠纷，经常缺课。学校扣发陈某9月的工资及奖金3000多元。陈某认为处理不公，向区教育委员会提出申诉。

本案例中陈某参加进修培训的要求是正当的，但在未获得学校批准后经常缺课的做法却是错误的，不仅违纪，也侵犯了学生的受教育权，所以学校应该对其缺课的行为进行处置。但处罚教师不是学校管理的目的，学校更应该在教育管理中"以人为本"，依法满足教师进修学习的合理要求，实在有困难时也应该做好教师的思想工作，而不是简单地一罚了之。教师也应该和学校管理者协商沟通，顾全大局，不可意气用事。

此外，根据我国相关法律法规，教师还享有以下待遇。①教师的平均工资水平应当不低于或者高于国家公务员的平均工资水平，并适当提高，中小学教师和职业学校教师享受教龄津贴和其他津贴。②地方各级人民政府对教师以及具有中专以上学历的毕业生到少数民族地区和边远地区从事教育教学工作的应当予以补助。③地

---

① 国家教育督导报告2008(摘要)——关注义务教育教师[N]. 中国教育报, 2008-12-05.

方各级人民政府对城市教师住房的建设、租赁、出售实行优先、优惠。县乡两级人民政府应当为农村中小学教师解决住房提供方便。④教师的医疗同当地国家公务员享受同等的待遇；定期对教师进行身体健康检查，并因地制宜安排教师进行休养。⑤教师退休或者退职后，享受国家规定的退休或者退职待遇。⑥教师在教育教学、培养人才、科学研究、教学改革、学校建设、社会服务、勤工俭学等方面成绩优异的，由所在学校予以表彰、奖励。⑦地方各级人民政府及其有关部门对有突出贡献的教师应当予以表彰、奖励。

近年来，各级政府依法采取措施，努力改善教师的福利待遇，我国教师实现了工资待遇和社会地位的提升，教师有了实实在在的获得感。数据显示，在 20 世纪 80 年代前，我国教师平均工资在国民经济各行业排倒数后三位；1990 年到 1999 年，教师在国民经济 15 个行业中排名一直在第 10~13 位，教师平均工资基本维持在社会平均工资水平，且大部分年份低于全国职工年平均收入。目前，我国教师平均工资在全国 19 大行业中排名第 7 位，处于中上等水平。① 教师待遇不断提升，体现了国家对教师队伍建设的重视。习近平总书记在 2018 年全国教育大会上强调，"随着办学条件不断改善，教育投入要更多向教师倾斜，不断提高教师待遇"②。2015 年 8 月国务院发布的《国务院关于加快发展民族教育的决定》明确指出，改善教师福利待遇，绩效工资分配向农村教学点、村小学、乡镇学校教师、双语教师和内地民族班教师倾斜，切实落实提高农村中小学教师待遇的政策措施，实施好集中连片特困地区乡村教师生活补助政策。同时，国家制订了"特岗计划""公费师范生计划""乡村教师支持计划"等专项计划，出台了一系列法规和政策，保证了教师待遇

---

① 高莉. 待遇提升让教师更有获得感[N]. 中国教育报，2019-09-13.
② 习近平出席全国教育大会并发表重要讲话[EB/OL].（2018-09-15）[2021-09-20]. http://www.gov.cn/xin-wen/2018-09/10/content_5320835.htm.

依法执教：从理念到行动

政策有法可依、有章可循。在落实过程中，各地仍然面临着一些问题和困难，如中小学教师工资缺乏稳定增长机制，区域间城乡教师工资待遇存在差别，一些地区教师与公务员的绩效工资差距依然存在。

除了上述《教师法》规定的六项具体权利以及教师待遇外，作为一名公民，教师还应享有一个公民所应具有的广泛的基本权利。比如，人身权和人格权、劳动权、法律救济权等，这些内容也是当前教师权益保护的热点内容，本书将在下文中予以较详细的论述。

## 三、特别关注：教师聘任制和教师人身权的保护

### （一）教师聘任制中的教师权益保护

#### 1. 教师聘任制的概念及法律依据

近些年来，学校内部改革对教师权益影响最大的莫过于以教师聘任制为核心的人事制度改革。教师聘任制度是指聘任双方在平等自愿的基础上，由学校或县级以上教育行政部门根据教育教学需要设置工作岗位，聘请具有教师资格的公民担任相应教师职务的一项制度。[①] 教师只有与学校或者其他教育机构签订了聘用合同，才能够从事教育教学活动，相关教师的权利义务才能变为现实的权利义务。实行教师聘任制度，不仅能适应社会主义市场经济发展和教育改革的需要，而且在教师管理制度上是一项重大改革。它对在学校中建立竞争激励机制，破除教师职务终身制，强调履行岗位职责，强调职责权利相统一的用人机制以及优化教师队伍结构，不断

---

① 国家教委师范教育司. 教育法导读[M]. 北京：北京师范大学出版社，1996：123.

提高办学效益和办学水平，具有重要意义。

　　在推行教师聘任制之前，我国教师人事制度一直实行的是任命制，即由教育行政机关根据需要向各级学校委任教师，主管教师的调动。这种任用形式削减了学校用人的自主权和教师选择学校的权利，带来教师流动不畅、竞争意识缺乏，不适应教育改革和发展的需要。在这种背景下，1993年2月发布的《中国教育改革与发展纲要》明确指出："积极推进以人事制度和分配改革为重点的学校内部管理体制改革。在合理定编的基础上，对教职工实行岗位责任制和聘任制。"1995年9月颁布实施的《教育法》明确规定，学校及其他教育机构"有权聘任教师及其他职工，实施奖励或者处分"。1993年10月通过的《教师法》第十七条明确规定："学校和其他教育机构应当逐步实行教师聘任制。教师的聘任应当遵循双方地位平等的原则，由学校和教师签订聘任合同，明确规定双方的权利、义务和责任。实施教师聘任制的步骤、方法由国务院教育行政部门制定。"这为我国教师聘任制的实施提供了法律依据。长期以来，教师聘任制施行的规范基本限于上述法律中的有关聘任制的抽象、原则性的规定，缺乏比较细致的规范性文件。1998年教育部发布的《面向21世纪教育振兴行动计划》指出："实行教师聘任制和全员聘用制，加强考核，竞争上岗。"2003年《国务院关于进一步加强农村教育工作的决定》确定农村中小学教职工定岗、定员和分流工作的实施办法由各省（自治区、直辖市）制定等。这些规定使教师聘任制在实际中缺乏可操作性，"教师聘任仍然在模糊的理论背景和缺乏法制保障的情况下进行"①。直至2015年8月，人力资源社会保障部、教育部印发的《关于深化中小学教师职称制度改革的指导意见》的通知中指出，中小学教师职称制度要"实现与事业单位岗位聘用制度的有效衔接"，要求"全面实行中小学教师聘用制度和岗位

---

① 康丽. 教师聘任需要理论支持和制度保障[N]. 中国教师报，2005-09-28.

管理制度，发挥学校在用人上的主体作用，实现中小学教师职务聘任和岗位聘用的统一。要建立健全考核制度，加强聘后管理，在岗位聘用中实现人员能上能下"。同时，确定了评聘工作的基本程序，"要健全完善评聘监督机制，充分发挥有关纪检监察部门和广大教师的监督作用，确保评聘程序公正规范，评聘过程公开透明。评聘工作按照个人申报、考核推荐、专家评审、学校聘用的基本程序进行"。中小学教师聘任制开始有章可循。

2. 教师聘任制实施过程中存在的问题

2015 年《关于深化中小学教师职称制度改革的指导意见》的颁布与实施，使中小学教师聘任制步入有法可依、有章可循的轨道。由于客观存在的诸多因素的影响和制约，在教师聘任制的现实运行过程中依然出现了教师合法权益被侵害的现象，主要体现在聘任的主体与程序、聘任合同的订立与解除、聘任纠纷的化解等方面。

(1)教师聘任制中聘任主体与聘任程序不合法

根据《教师法》的规定，聘任教师的主体是学校，但在有些地方或学校，行使聘任教师权力的却不是学校。有些地方或学校将聘任教师的权力层层下放：由校长聘任副职和中层领导，报有关部门任命后，组成校务委员会研究聘任年级组长，年级组长提出拟任班主任人选，报请校长同意后，聘请班主任；班主任会同年级组长，聘任任课教师；各处室主任聘任处室工作人员。有的地方是通过打分来实施聘任制的。比如，某校从 2000 年开始对教师实行量化考核，其中学生打分占综合评价的40%，其余 60%从科研、教学成绩、教学业绩等方面进行衡量，末位教师被淘汰。诸如此类的措施违背了聘任制的科学性、严肃性，必然会在实施过程中因主观或以权谋私、打击报复等而失去聘任制的积极作用。聘任主体不明确，势必影响争议的解决；而程序不合法，必然影响到教师实体性权利的实现。

（2）教师聘任合同的订立与解除存在许多问题

教师聘任合同的订立与解除存在的问题综合起来，主要表现在以下方面。

在观念认识上，一些学校和教师双方合同意识淡薄，法制观念不强，对教师聘任合同的重要性认识不够，造成有一些学校和教师认为签订聘任合同只是走过场、摆形式，根本没有从法律角度和维权方面去认识聘任合同的重要性。

在订立合同的程序上，不符合法定程序。订立教师聘任合同的基本程序是：公布—填报—协商—确定—签字等一系列过程，即学校将聘任方案公布，教师根据方案填写应聘意见书，学校根据教师的意见书提出聘任意见，教师和学校就聘任合同内容协商，双方协商同意后签字。但是在实际推行过程中许多学校根本没有聘任方案，教师意见书更无从谈起，只是在每一学期末例行公事地给每人发一纸聘书，教师只要按其要求填写完毕就算完成了聘任工作，最终使合同徒具形式。

在合同订立的原则上，未遵循平等、自愿的原则。《教师法》规定，双方地位平等的原则是教师聘任制应坚持的一项基本原则，在实施教师聘任中，学校与教师之间的关系以共同意愿为前提，以平等互利为原则，通过签订聘用合同明确双方的权利、义务和责任。在实际操作过程中，学校很难摆脱或主动放弃其行政管辖职权而采取平等的方式，学校处在对教师的控制和支配地位，许多学校的聘任合同演变成为学校单方面约束教师的"紧箍咒"，与教师毫无协商可言或协商余地很小，聘任或解聘基本上是由校方一方说了算，教师的选择权和要求基本得不到尊重，在就业竞争激烈的压力下，一些教师即使合法权益受到损害，也不敢公开反抗。

合同的内容过于简单，权利和义务不明确。根据《劳动法》等法律的规定，劳动合同应当采用书面形式。教师聘任合同至少应该包括以下几方面的内容：①学校和教师等当事人双方的基本情况；②聘任合同的期限；③被聘用教师的工作内容或岗位职责；④学校为教师提供的工作条件；⑤教师的劳动报酬及其他福利待遇；⑥合同变更、中止、终止、解除与延续等情况；⑦有关争议处理；⑧违约责任等事项。但在实际操作过程中，教师聘任合同的内容往往写得比较含糊、简单，学校与教师双方的权利和义务不够明确、不对等，在合同中只是单方面地对教师提出若干要求，强调教师应承担的义务。而对教师享有的权利内容却不做过多规定，甚至空白，更重要的是没有详细阐明双方产生争议后的解决途径，给教师日后维权造成了很大的困难。

在聘任合同的解除方面，随意性大，缺乏有效监督。根据《劳动法》第二十五条、《教师法》第三十七条规定，教师有下列情形之一，学校、其他教育机构或者教育行政部门可以解除聘用合同：①在试用期间被证明不符合录用条件的；②严重违反劳动纪律或者学校规章制度，如体罚学生经教育不改的，品行不良、侮辱学生，影响恶劣的；③严重失职，营私舞弊，给学校利益造成重大损害的，如故意不完成教育教学任务给教育教学工作造成损失的；④被依法追究刑事责任的。同时还规定，下列情况下，用人单位不能与受聘人解除聘任合同：①患职业病或者因工受伤并被确认丧失或部分丧失劳动能力的；②患病或负伤，在规定医疗期内及现有医疗条件下难以治愈的；③女职工在孕期、产期或哺乳期内，其聘任合同的期限应延续至医疗期或者孕期、产期、哺乳期满为止；④法律、行政法规规定的其他情形。

而在现实中，有些学校随意解聘教师。由于缺乏有效监督，一些教育行政部门领导或校长容易从自身利益出发，假借聘任滥用手中的权力，使合格教师被辞退。比如，有些教师因为不响应学校号召的各种名目的集资、收费，就要面临被解聘的风险；有的地方为了防止学生流失，强行规定学生流失的责任在教师，在考核中，把教师的综合评定与学生流失数挂钩，不合格的教师就会被解聘；一些学校为提高升学率，要求教师无条件补课。

（3）在聘任纠纷争议的解决方面，解决途径不畅

聘任制实施过程中存在的以上问题，必然会带来诸多纠纷，而对纠纷的解决、对教师权益的救济途径也存在许多问题。虽然《教师法》规定了教师的申诉制度，但在具体操作上还存在着处理机构不明确、程序不确定等方面的问题。加之教师自身法治素养不高，在发生聘用合同纠纷时不知道如何寻求救济，教师法律地位的模糊导致司法救济难以实行，经常会陷入劳动仲裁不受理、行政诉讼走不通等困境，从而导致教师权益遭到侵害却求告无门。

3. 完善教师聘任制的几点建议

根据以上列举的教师聘任制中存在的问题，要维护教师的合法权益，对教师在聘任过程中的合法权益进行法律保护，关键在于相关法律法规与制度的健全与落实。

（1）健全相关的法律法规，保证教师聘任制的科学性和合理性

首先，尽快制定和颁布专门的可操作的教师聘任制的办法条例。为了使教师聘任制有章可循、有法可依，教育行政部门应尽快出台与推行教师聘任制相配套的法律法规。其次，建立健全解决教师聘任争议的仲裁机构或者通过修订《中华人民共和国劳动争议仲裁条例》，将教师聘任争议列入劳动争议仲裁委员会的受理范围，通过劳动争议仲裁委员会解决教师聘任纠纷。最后，完善与教师聘任制相关的教育法律救济制度。健全的教育法律救济应当包括司法的和非司法的两方面的内容，改变司法救济不宜介入教育行政领域的旧俗，使教师的合法权益能够得到有效的司法保障。

（2）加强对学校聘任权的制约与监督机制，确保教师聘任过程的公正、公平、公开

可以根据情况采取多种方式监督学校聘任权的行使，这些监督包括外部监督和

　　　　　　　　　　　　　　　　依法执教：从理念到行动

内部监督。外部监督主要包括行政监督和司法监督：行政监督主要表现在各级教育行政部门依法对学校与教师签订、履行聘任合同的情况进行监督检查并提出整改建议；司法监督则是当学校与教师之间发生聘任纠纷时，允许司法权的合理介入，由司法部门对学校聘任权行使的合法性进行审查。内部监督主要包括党组织监督、教代会监督等。

(3)加强学校工会建设，发挥其维权作用

工会应是教师利益的代表者。为了更好地发挥教育工会的作用，可改变目前以学校为基础的教育工会组织形式，在适当的范围内变单位性教育工会组织为县级及以上行政区域内的社会性教育工会组织，使得教育工会能够并敢于为教师说话，成为教师权益的真正代表。在实行教师聘任制过程中，工会要全程参与，时刻维护职工利益。在可能的情况下，工会应为权益受到侵害的教师寻求法律保护。

(4)增强学校管理人员与教师的法律意识，使其了解聘任合同的意义

学校管理人员应彻底抛弃行政管理的"权力"观念，正确行使解聘权，做到依法订立合同，依合同办事；教师也要重视聘任合同的作用，对于学校的不合理解聘懂得依据合同和法律保护自己的合法权益。

## (二)教师人身权的保护

人身权是宪法赋予公民的一项基本权利。它包含了广泛的内容，其中生命健康权是其重要的组成部分。鉴于目前教师人身权遭受侵害的现实情况，在此我们着重讨论教师生命健康权的保护。

1. 学生对教师生命健康权的侵害

近几年来，学生对教师权利的侵害案件时有发生。我们来看近些年网络和报刊上公布的几起针对教师的案件。

事件一：2005 年 11 月 11 日，温州市某中学校长在家访过程中，被丧失理智的家长割伤，当场死亡。

事件二：2006 年 3 月 31 日，某小学三年级语文教师邱老师因学生张某未完成作业教育了他。4 月 1 日，张某父亲协同 4 名凶徒，在邱老师家门口将她和她的丈夫暴打一顿。结果，邱老师因颅内血肿，不治身亡。

事件三：2013 年 9 月 14 日，江西省某高中一位高三班主任在办公室备课时，被其学生杀害。犯罪嫌疑人雷某潜逃至上海浦东后向警方自首。

············

从上述案件来看，事件发生的原因多是学生的违纪行为，如偷窃、抽烟、沉迷网络、作业没完成等，在遭到教师的教育或制止后，学生或者其亲属对教师的生命实施侵害。

2. 教师遭受校园暴力如何维权

教师在遭受来自学生或家长的人身伤害时，可通过寻求学校保护、社会保护以及司法保护等多种途径来维护自身的人身权利。《中华人民共和国民事诉讼法》(2017 年修正)第十五条规定："机关、社会团体、企业事业单位对损害国家、集体或者个人民事权益的行为，可以支持受损害的单位或者个人向人民法院起诉。"学校对损害教师权益的行为，可支持受害人向法院起诉。学校工会应支持并帮助教师维护其合法权利。教师还可以通过各种途径寻求社会保护，如利用新闻媒体、网络等，通过社会舆论产生道义影响，增强社会保护教师权益的法律意识。除了加强学校保护、社会保护外，教师还可主动寻求司法保护。根据《教育法》第八十三条规定，侵犯教师的合法权益造成损失、损害的，应当依法承担民事责任。《教师法》第三十五条规定："侮辱、殴打教师的，根据不同情况，分别给予行政处分或者行政处罚；造成损害的，责令赔偿损失；情节严重，构成犯罪的，依法追究刑事责任。"

依法执教：从理念到行动 |

因此，教师在遭受校园暴力侵害后，可根据情形依法提起民事诉讼和刑事诉讼。

民事诉讼在保护教师人身权方面，可依据《民法典》请求法院责令侵权人赔偿医疗费、因误工减少的收入等费用；造成教师的姓名权、肖像权、名誉权、荣誉权受到损害的，应当由法院责令侵害人停止侵害、恢复名誉、消除影响、赔礼道歉，并应赔偿相应的精神损失。

刑事诉讼的受案范围主要是涉及有关涉嫌犯罪以及犯罪的案件。凡是侵犯教师的合法权益，情节严重，构成犯罪的，可依法提起刑事诉讼，追究责任人的刑事责任。根据我国《刑法》规定，年满十六周岁的人对教师实施暴力造成其轻伤或其人身自由受到限制或者年满十四周岁未满十六周岁的人对教师实施暴力造成重伤或死亡的，构成犯罪的，应依法追究其刑事责任。在现实中，会出现学生在犯罪后因未达到刑事责任能力年龄而免予刑事追究的情形，在针对教师的校园暴力案件中也经常发生类似情况，但教师依然可以依法提起民事诉讼，要求赔偿。

为更好地保护自身权利，教师还可以充分利用《刑法》中的有关条款，来最大限度地保护自身权益不受非法侵害。比如，在紧急情况下，教师可以对校园暴力实施法律规定的紧急避险以最大限度地保护较大的合法权益。


## 四、教师权益保护的法律救济

教师权益保护中一个十分重要的内容就是当教师权益受到不法侵害时，法律所设定的救济途径。"无救济就无权利"，教师权利的实现必须借助法律的保障。教育法律救济是指教师认为其权益受到损害时，请求解决或补偿的渠道或方式。

### (一)教师权益保护的法律救济途径

行政方式、调解和人事争议仲裁方式、诉讼方式等是教师法律救济的主要三种方式。

#### 1. 行政方式

我国有关法律规定了申诉、行政复议等形式的行政救济方式。下面我们对教师申诉制度、教育行政复议以及教育行政赔偿几种教育法律救济途径加以分析和说明。

#### (1)教师申诉制度

教师申诉制度是指教师在其合法权益受到损害时，对学校或其他教育机构及有关政府部门作出的处理不服时，依法向主管的行政机关申诉理由，请求处理或重新处理的权利救济制度。[①]它是教师权益保护的基本制度，是非诉讼意义上的行政申诉制度。《教师法》第三十九条对此作出了明确的解释："教师对学校或者其他教育机构侵犯其合法权益的，或者对学校或者其他教育机构作出的处理不服的，可以向教育行政部门提出申诉，教育行政部门应当在接到申诉的三十日内，作出处理。教师认为当地人民政府有关行政部门侵犯其根据本法规定享有的权利的，可以向同级人民政府或者上一级人民政府有关部门提出申诉，同级人民政府或者上一级人民政府有关部门应当作出处理。"

据此，我们在理解教师申诉制度时要把握以下几点。①申诉权的行使主体。教师的申诉权一般由合法权益受到侵害的教师本人直接行使，特殊情况下也可委托他人行使。被申诉方只能是学校、其他教育机构或政府行政部门，而非个人。教师若

---

① 郑良信. 教育法学通论[M]. 南宁：广西教育出版社，2000：452.

对学校或其他教育机构的负责人的申诉，则按一般的信访制度处理。②申诉范围。教师提出申诉的范围没有特别条件的限制，教师只要在主观上认为学校以及其他教育机构、行政部门侵犯了《教育法》《教师法》规定的教师合法权益，或者对学校或者其他教育机构、行政部门的处理不服，都可以提出申诉而不受其他条件的限制。这里的教师合法权益，主要包括《教师法》规定的教师在职务聘任、教学科研、安排工作任务、民主管理、培训进修、考核奖惩、工资福利待遇、退休、被非法开除、除名、停止社保费缴纳、终止教师社保关系等。③申诉受理机关。教师申诉的受理机关因被申诉方的不同而不同。如果被申诉方是学校或其他教育机构，受理的机关为教育行政部门；如果被申诉方是当地政府的其他行政部门，受理的机关为同级人民政府或上一级人民政府；如果被申诉方是当地人民政府，受理的机关是上级人民政府。④申诉人对行政部门逾期未作处理的，或者久拖不决，其申诉内容涉及人身权、财产权以及其他属于行政复议、行政诉讼等受案范围的，申诉人可以依法提起行政复议或行政诉讼。

(2)教育行政复议

教育行政复议是指教育管理相对人认为教育行政机关作出的具体行政行为侵犯其合法权益，向作出该行为的上一级教育行政机关或其他法定机关提出申请，请求依法给予补救的法律救济制度。① 其主要内容包括以下方面。①主体。教育行政复议中的申请人只限于行政相对人，即对具体行政行为不服的教育管理相对人，而教育行政复议的对象也只限于作出了令行政相对人不服或侵害了相对人权益行为的行政机关。②范围。教育行政复议的受案范围包括：一是对教育行政处罚行为不服的，如对拘留、罚款、吊销办学许可证和执照、责令停学、没收学校财产等行政处

---

① 郑良信.教育法学通论[M].南宁：广西教育出版社，2000：455-456.

罚不服的；二是对教育行政强制措施行为不服的，如对限制人身自由或者对财产的查封、扣押、冻结等行政强制措施不服的；三是行政机关不作为违法的，如没有依法足额拨付教育经费的等；四是对教育行政的侵权行为，如侵犯其他人身权、财产权的；等等。③期限。行政复议申请期限可以在被复议的具体行政行为作出之日起60日内提出，法律规定的申请期限超过60日的除外，但延期不可超过30天。④除法律规定终结的复议外，申请人对复议决定不服的，可以在收到复议决定之日起15日内，或者法律、法规规定的其他期限内向人民法院起诉。教育行政复议是教师的一项程序性权利，不得被非法剥夺。

**【案例】**

申请人林某对被申请人杭州市萧山区教育局作出的不予教育行政许可决定书不服，向行政复议机关杭州市萧山区人民政府申请行政复议。

申请人林某认为，申请人申请材料齐全，符合法定形式，办学条件符合要求，应当予以许可；高考复读具有现实的需求，申请人举办面向高考复读生民办学校的商业风险由申请人承担，被申请人杭州市萧山区教育局在行政许可层面不应以申请人的商业风险大为由作为不予行政许可的理由。

被申请人杭州市萧山区教育局认为，申请人林某申请的高考复读班教学行政许可不符合当地教育发展的需要。近年来，本区的高中录取率均在95%以上，且从2008年开始本区开设高考复读班的民办学校已无生存市场、早已退出市场，同时申请人办学场所所在的街道也无该类学校的教育规划布局，经被申请人多方调查并经集体研究，认为该次申请不符合当地教育发展需求，故作出不予许可决定。

行政复议机关杭州市萧山区人民政府经审理查明，申请人于2018年7月9日向被申请人提交行政许可申请，请求举办一家办学层次为"16周岁以上成人或非成人文化课培训"的民办学校，主要招收高考复读学生。2019年9月26日被申请人作出

《不予教育行政许可决定书》，认为申请人举办培训学校有符合规定的场所和教学管理人员，有必备的办学资金，但进行高考复读班教学，不符合当地教育发展的需求，违反《中华人民共和国民办教育促进法》第十一条的规定，依照《中华人民共和国行政许可法》第三十八条和《中华人民共和国民办教育促进法》第十八条的规定，决定不予许可。

复议机关认为，被申请人以申请人申请设立学校不符合当地教育发展要求为由不予许可，依据不足，故被申请人的不予许可的理由不能成立。根据《中华人民共和国行政复议法》第二十八条第一款第（三）项、《中华人民共和国行政复议法实施条例》第四十五条之规定，决定撤销被申请人作出的《不予教育行政许可决定书》，并责令被申请人在收到本复议决定书之日起三个月内重新作出决定。①

本案例是涉及民办教育行政许可的典型案例。审理的关键是申请人的申请是否合法。《中华人民共和国行政许可法》第三十八条规定："申请人的申请符合法定条件、标准的，行政机关应当依法作出准予行政许可的书面决定。行政机关依法作出不予行政许可的书面决定的，应当说明理由，并告知申请人享有依法申请行政复议或者提起行政诉讼的权利。"可见，行政机关办理许可案件，无论是准予许可还是不予许可，均应当严格依照法律的规定。本案例中，被申请人在明显缺乏法律依据和事实依据的情况下，以案涉许可申请不符合当地教育发展需求为由作出不予许可决定，违反了行政许可的合法性原则。同时，实施行政许可应当遵循公平性原则。《中华人民共和国行政许可法》第五条规定："设定和实施行政许可，应当遵循公开、公平、公正、非歧视的原则。"本案例中，被申请人在审查案涉行政许可的过程中，在无法律依据的情况下，区别对待高考复读学校与其他民办学校，亦违反了行政许

① 案例来源：席巧玲. 行政复议典型案例（十七）[Z]. 杭州市司法局，2020-04-13.

可的公平性原则。本案通过行政复议程序对案涉行政许可行为是否合法适当进行审查，通过撤销不合理的不予许可决定，不但为民营经济提供强有力的法治保障，而且为推动公平竞争的营商环境提供了新的有效路径。

(3)教育行政赔偿

教育行政赔偿是指教育行政机关及其工作人员在执行职务过程中，侵犯了教师的合法权益并造成损害，依照法律规定，由国家承担损害赔偿责任的制度。教师提出教育行政赔偿的途径有两条：一是单独提出教育行政赔偿请求；二是在行政复议、行政诉讼中一并提出。教师提出教育行政赔偿的范围，主要是依据《国家赔偿法》第三、第四条的具体规定。依《国家赔偿法》及有关司法解释的规定，国家教育行政机关及其工作人员对违法行使职权的具体行政行为给教师造成损害的，应承担赔偿责任，而对与行使职权无关的个人行为造成的损害和因教师自己的行为导致的损害及法律规定的其他免责情形不予赔偿。教育行政赔偿要坚持行政先行处理原则，即教师要求索赔的，应先向教育赔偿义务机关提出。如果逾期未赔偿或对赔偿额有异议，可向法院起诉。就承担赔偿责任的方式而言，教育行政赔偿的主要方式是金钱给付，有时也辅之以其他补偿性方式。

2. 调解和人事争议仲裁

调解是指各方当事人通过第三方的劝说诱导，在自愿的基础上达成协议，解决争议的一种方法。根据2003年人事部、教育部印发的《关于深化中小学人事制度改革的实施意见》的相关规定，教职工与学校在履行聘用(聘任)合同时发生争议的，应由教师人事争议调解委员会先行调解。教师人事争议调解委员会一般设在当地的教育行政部门内。教师与学校发生纠纷后，教师申请调解的，应当向教育行政部门提出书面申请，教师人事争议调解委员会应当在查明事实的基础上，依据法律法规进行调解，帮助当事人达成协议。达成一致协议的，双方当事人在调解协议书上签字，加盖教育行政部门印章。调解不成的，教育行政部门应当及时终止调解。

人事争议仲裁是指仲裁机构对人事争议进行调解或裁决的行政司法活动，是将行政权力与司法权力相结合而采用的一种解决人事争议纠纷的方式。根据 1997 年实施的《人事争议处理暂行规定》和 2002 年国务院办公厅转发的人事部《关于在事业单位试行人员聘用制度的意见》的相关规定，事业单位与工作人员之间因辞职、辞退以及履行聘任合同或聘用合同而发生争议的，可以向当地人事争议仲裁委员会申请仲裁。因此，教师与学校发生人事纠纷后，可以向当地人事争议仲裁委员会申请仲裁。教师不服人事仲裁委员会作出的裁决的，可以在收到裁决书的 15 日内向人民法院起诉，人民法院会依法处理教师与学校发生的人事纠纷。

**【案例】**

于某是某学校教师，有十年的教龄。一日上午，于某接到三位校领导的通知，学校要实行岗位聘用制，因为她在一个学期的综合考查中成绩低，不能在一线教学岗位继续工作，她可以选择离开，或者做服务工作。于某无法接受这一安排，她向校方提出查看综合考查的排序名单，但被拒绝。在与学校多次交涉未果的情况下，于某打电话到劳动部门咨询，却被告知劳动部门不受理事业单位的用人争议。后经律师指点，于某向区人事争议仲裁委员会申请人事争议仲裁。

3. 诉讼方式

教师权益保护的诉讼方式主要包括民事诉讼、刑事诉讼和行政诉讼。

(1)民事诉讼

民事诉讼主要适用于解决平等主体之间发生的财产权和人身权纠纷。与教师处于平等主体地位的行为人（自然人、法人）侵害教师的民事权利，人民法院根据受害教师的诉求，依照民事法律规范，判令侵权人承担相应的民事责任。对教师权益保护的民事诉讼方式，除《教师法》本身确认的教师享有的特定民事权益外，还包括大量的民事法律规范所确认的教师作为一般民事主体所享有的各种民事权益。需要指出的是，教师和学校因人事问题产生的纠纷，教师应先申请人事仲裁，如果对裁定不服，可以提起诉讼，否则，教师不能直接向人民法院提起诉讼。

（2）刑事诉讼

侵害教师合法权益的行为情节严重、构成犯罪的，由公检法三机关依法分别行使侦察、起诉、审判的职能，追究行为人的刑事责任，这就是通过刑事诉讼程序对教师合法权益的保护。《教师法》规定对侵害教师合法权益应当追究刑事责任的行为主要有：侮辱殴打教师，情节严重，构成犯罪的；国家工作人员对教师打击报复，构成犯罪的；挪用教育经费，拖欠教师工资的直接责任人员行为情节严重，构成犯罪的，也应当追究刑事责任。

（3）行政诉讼

教育行政诉讼是指教育行政管理相对人认为教育行政机关的具体行政行为侵犯其合法权益，依法向人民法院提出诉讼，请求依法给予补救的法律救济制度。① 教育行政诉讼既不同于申诉、行政复议，也不同于民事诉讼、刑事诉讼，它有其自身的特点。①在教育行政诉讼中，法院是解决侵权纠纷诉讼活动的机构，目的是通过运用司法权力来控制行政权力的膨胀或滥用。这使得教育行政诉讼不同于申诉和行政复议。②教育行政诉讼只能由教育行政相对人提起，不能由教育行政机关提起，教育行政机关只有上诉权，没有反诉权。③教育行政诉讼的标的是教育法律规定的具体教育行政行为，而不是民事行为或其他抽象的行政行为，如制定的教育政策法规。根据《行政诉讼法》，教育行政诉讼的受案范围主要包括：对行政处罚不服的；

---

① 郑良信. 教育法学通论[M]. 南宁：广西教育出版社，2000：459.

对行政强制措施不服的；认为行政机关侵犯法律规定的自主权的；认为符合法定条件申请行政机关颁发许可证和执照，行政机关拒绝颁发或者不予答复的；认为行政机关没有依法发给抚恤金的；认为行政机关违法要求履行义务的；认为行政机关侵犯其人身权、财产权的；等等。④在行政诉讼中，作为被告的行政机关负有举证责任，并且不得采取调解作为审理程序和结案方式。

**【案例】教师王某为何状告区教委**

起诉人王某系某中学体育教师，被起诉人为某区教委。起诉案由和事实是：原告王某称她 2010 年从体育学院毕业后即被分配到某中学任体育教师，工作期间成绩优秀并多次获奖。2014 年 9 月在学校体检中被查出肝脏指标呈澳抗阳性，学校领导即让其尽量少在学校逗留，以免传染给同学和同事。为此学校特意把原来的课程全部安排在上午，其中一个上午竟安排 3 节体育课。由于过度劳累，2015 年 2 月 19 日王某不慎扭伤，大夫要求她卧床休息并开具假条。2015 年 3 月 5 日，王某待身体稍好，到校上课时，校长竟以不称职为由解聘她，并拒绝安排其授课。此后王某多次找校长要求解决问题，补发工资及其他待遇，但校长一直不予理会。原告认为学校无正当理由口头解聘教师，拒不补发工资及其他待遇，这违反了《教师法》第七条及第三十七条的有关规定，于是向区教委申诉。但区教委却迟迟不予答复，违反了《教师法》规定的在收到教师申诉书三十日内必须予以处理的条款，所以王某以区教委拒不履行职责、不予答复为由，向区人民法院行政庭起诉。

本案例表明，如果教师认为学校侵犯了其合法权益，教师可作为申诉人向有关教育主管部门提起申诉，而如果教育行政部门在法定时限内不予受理，教师有权向人民法院提起行政诉讼。在本案例中，教师王某状告区教委的理由就是区教委的法定不作为行为，即没有在《教师法》规定的期限内对其申诉作出处理，区教委没有履行其法定义务。教师拥有法定的申诉权、起诉权，这些权利是保障教师其他实际权利的重要权利，只要教师认为行政主体或学校侵犯了其合法权益，皆可运用这些权利通过法律救济途径向有关国家机关申诉、起诉。

**(二)影响教师权益保障的主要因素与对策建议**

一些教师的权益无法得到较好保障，其原因主要有：①教师权益保障的法律法规体系不完善；②存在有法不依现象，政府部门、教育管理部门、学校侵犯教师合法权益现象时有发生；③申诉、复议、诉讼等救济途径和机制不完善；④教师缺乏维权意识，一些教师不知道自己应享有的法律权利，不知道自己的权利遭到侵犯后如何救济；⑤学校内部管理机制不健全，学校领导的权力缺乏有效监督与制约，工会未能在保障教师权益方面发挥其应有的作用等。

针对教师权益保护中存在的问题，要切实保护教师权益，当前亟须做好以下工作。

首先，不断完善教师权益保障法律体系，使教师权益保障做到有法可依。现行的教师权益保障法律法规体系还需要通过立法、司法解释、法规配套、废止过时法规等各种途径，完善教师权益保障法律法规体系，使其立法系统化、规范化、配套化，并具有较强的可操作性，使得教师合法权益保障有法可依。

其次，加强教师权利保障的执法监督，建立和完善责任追究制度。教师合法权益保障离不开责任追究，离不开监督，这是有法必依、执法必严、违法必究在教师权益保护方面的体现。目前，在教育执法监督方面，一方面，应建立对教师管理过程中执法的合法性进行监察和监督的机制；另一方面，可成立类似"教师联合会"这样的机构，代表教师与权力部门就教师的各种权利进行谈判和讨论。将教育监督执法部门和非官方的教师组织两个部分结合起来，作为保护教师权利的专门机构，经常进行调查、监督和反馈，有利于切实保障好教师的权利。

最后，完善维权机制，提高维权意识。要建立和完善教师维权机制：一是救济机制，如申诉机制、复议机制、诉讼机制，为教师在合法权益遭到侵犯后提供救济途径和办法；二是民主管理参与机制，如完善职工代表大会、教职工代表大会、教师委员会，使教师有合法平等的参与权；完善校务公开机制，使教师有知情权、监督权和参与权等；三是工会维权机制，这是行政管理外的维权机制，如建立和完善劳动争议调解委员会，建立正常信访机制等，使教师合法权益遭到侵犯后在行政体制外，还有获得帮助的机会。① 此外，还要通过各种途径加强法制宣传，提高教师维权意识和学校依法治校、行政部门依法行政的意识和能力。教师要明确哪些权益是法律赋予的，以及自己合法权益遭到侵犯后如何救济等。

## 五、教师义务及法律责任

### (一)《教师法》规定的义务

教师义务是指教师依法应当承担的各种职责。根据《教师法》第八条规定，教师应当履行下列义务：①遵守宪法、法律和职业道德，为人师表；②贯彻国家的教育方针，遵守规章制度，执行学校的教学计划，履行教师聘约，完成教育教学工作任务；③对学生进行宪法所确定的基本原则的教育和爱国主义、民族团结的教育，法制教育以及思想品德、文化、科学技术教育，组织、带领学生开展有益的社会活动；④关心、爱护全体学生，尊重学生人格，促进学生在品德、智力、体质等方面全面发展；⑤制止有害于学生的行为或者其他侵犯学生合法权益的行为，批评和抵

---

① 杜德鱼，钟学忠，谷爱仙．关于教师合法权益保障问题的若干法律思考[J]．陕西师范大学学报(哲学社会科学版)，2003(S1).

制有害于学生健康成长的现象；⑥不断提高思想政治觉悟和教育教学业务水平。

当前，存在着一些教师职业道德低下、滥用教师权利、侵害学生权利、没有很好地履行作为教师所应尽义务的现象。关于这部分内容，已在本书的第三、第四章中有过详细论述，在此不再赘述。

教师如果未依法履行法定义务，违反有关的法律法规，就必须承担相应的法律责任。《教师法》第三十七条规定，一般来说，教师有下列三种情形之一的，由所在学校、其他教育机构或者教育行政部门给予行政处分或者解聘：①故意不完成教育教学任务给教育教学工作造成损失的；②体罚学生，经教育不改的；③品行不良、侮辱学生，影响恶劣的。其中，教师有②③所列情形之一，情节严重，构成犯罪的，依法追究刑事责任。

### (二)有关教师职业道德规范的主要规定

为加强教师职业道德修养，规范教师职业行为，教育部出台了《中小学教师职业道德规范(2008 年修订)》、《新时代中小学教师职业行为十项准则》(2018 年)、《中小学教师违反职业道德行为处理办法(2018 年修订)》等一系列规范性法律文件，这些规定是《教师法》相关条文的具体化，对教师的职业道德起指导作用，是教师依法执教必须遵守的基本行为准则。本书第二章已对《中小学教师职业道德规范(2008 年修订)》和《中小学教师违反职业道德行为处理办法(2018 年修订)》做了比较详细的介绍，此处不再赘述。

这里需要特别强调的是，《中小学教师违反职业道德行为处理办法(2018 年修订)》列举了近十多年来出现的比较突出的、影响恶劣的违反职业道德行为，这些行为主要是：①在教育教学活动中及其他场合有损害党中央权威、违背党的路线方针政策的言行；②通过课堂、论坛、讲座、信息网络及其他渠道发表、转发错误观点，或编造散布虚假信息、不良信息；③违反教学纪律，敷衍教学，或擅自从事影响教育教学本职工作的兼职兼薪行为；④在教育教学活动中遇突发事件、面临危险时，不顾学生安危，擅离职守，自行逃离；⑤与学生发生不正当关系，有任何形式的猥亵、性骚扰行为；⑥在招生、考试、推优、保送及绩效考核、岗位聘用、职称评聘、评优评奖等工作中徇私舞弊、弄虚作假；⑦索要、收受学生及家长财物或参加由学生及家长付费的宴请、旅游、娱乐休闲等活动，向学生推销图书报刊、教辅材料、社会保险或利用家长资源谋取私利；⑧组织、参与有偿补课，或为校外培训机构和他人介绍生源、提供相关信息。针对这些行为，该办法规定了具体的处罚措施，明确了对教师处理的权限决定，以及处理的程序和受到处理的法律后果，对进一步推进教师依法执教具有重要的现实意义。

# 参考文献

[1]劳凯声．变革社会中的教育权与受教育权：教育法学基本问题研究[M]．北京：教育科学出版社，2003.

[2]沈宗灵．法理学[M]．北京：北京大学出版社，2000.

[3]褚宏启．中小学法律问题分析(理论篇)[M]．北京：红旗出版社，2003.

[4]韩大元．中国宪法事例研究(一)[M]．北京：法律出版社，2005.

[5]卢珺．教育法律纠纷案例与实务[M]．北京：清华大学出版社，2018.

[6]林发新．人权法论[M]．厦门：厦门大学出版社，2011.

[7]石连海．最新教师法治教育读本[M]．北京：中国法制出版社，2016.

[8]郭明瑞．民法学[M]．北京：北京大学出版社，2001.

[9]武亚莉．以案说法：青少年必备法律知识读本[M]．郑州：黄河水利出版社，2014.

[10]中共中央宣传部．习近平新时代中国特色社会主义思想三十讲[M]．北京：学习出版社，2018.

[11]王树彬，赵大华．学生伤害事故处理办法实用手册[M]．长春：吉林人民出版社，2003.

[12]张新宝．侵权责任法原理[M]．北京：中国人民大学出版社，2005.

依法执教：从理念到行动 |

[13]张文新,纪林芹,等.中小学生的欺负问题与干预[M].济南:山东人民出版社,2006.

[14][法]孟德斯鸠.论法的精神(上、下)[M].张雁深,译.北京:商务印书馆,1961.

[15]李晓燕.我国教师的权利与义务及其实现保障机制研究[M].广州:广东教育出版社,2001.

[16]杨汉平.教师与学校权益法律保护[M].北京:西苑出版社,2001.

[17]夏勇.走向权利的时代[M].北京:中国政法大学出版社,2000.

[18]王国征.民事诉讼法学[M].北京:北京大学出版社,2002.

[19]李克,宋才发.学校保护[M].北京:人民法院出版社,2005.

[20]解立军.学校法律顾问[M].北京:开明出版社,2003.

[21]马雷军.校园法律指南[M].北京:中国经济出版社,2005.

[22]周伟.宪法基本权利司法救济研究[M].北京:中国人民公安大学出版社,2003.

[23]曹诗权.未成年人监护制度研究[M].北京:中国政法大学出版社,2004.

[24]祝铭山.学生伤害赔偿纠纷[M].北京:中国法制出版社,2004.

[25]方益权.学生伤害事故赔偿:以相关司法解释和法规规章为中心[M].北京:人民法院出版社,2005.

[26]教育部政策研究与法制建设司.学生伤害事故处理办法释义及实用指南[M].北京:中国青年出版社,2002.

[27][瑞士]Krug G,Dahlberg L,Mercy A,et al..世界暴力与卫生报告[M].唐晓昱,译.北京:人民卫生出版社,2002.

[28]孙霄兵,翟刚学.中国教育法治的历史回顾与未来展望[J].中国教育科学,2017(1).

[29]申素平,周航,郝盼盼.改革开放40年我国教育法治建设的回顾与展望[J].教育研究,2018(8).

[30]王定华.以现代法治精神统领义务教育治理[J].教育研究,2015(1).

[31]管华 . 教育法治四十年：回顾与展望[J]. 法学评论，2018(4).

[32]孙绵涛，郭玲 . 新时代教育法治建设的新探索[J]. 复旦教育论坛，2018(1).

[33]徐汉明 . 法治的核心是宪法和法律的实施[J]. 中国法学，2013(1).

[34]宋惠昌 . 法治精神：现代社会的政治信仰[J]. 理论视野，2017(5).

[35]申素平，段斌斌，贾楠 . 新时代我国教育法治建设面临的问题与对策[J]. 复旦教育论坛，2018(1).

[36]王柏民 . 论教师依法执教[J]. 河南师范大学学报(哲学社会科学版)，2001(3).

[37]杨光富 . 美英韩泰四国教育体罚现象透视[J]. 当代教育科学，2003(9).

[38]王辉 . 对国外中小学学生惩戒的方式探析[J]. 教学与管理，2001(23).

[39]徐伟康 . 中小学生伤害事故赔偿分担机制探索[J]. 教学与管理，2007(22).

[40]陈世平，乐国安 . 中小学生校园欺负行为的调查研究[J]. 心理科学，2002(3).

[42]褚宏启 . 未成年学生人身伤害问题研究[J]. 北京师范大学学报(人文社会科学版)，2002(1).

[43]尹力 . 试论学校与学生的法律关系[J]. 北京师范大学学报(人文社会科学版)，2002(2).

[44]许杰 . 美国公立学校学生伤害事故中过失侵权的责任认定[J]. 比较教育研究，2004(5).

[45]汪宇峰 . 校园暴力成因分析及教育对策[J]. 当代青年研究，1999(4).

[46]张旺 . 美国校园暴力：现状、成因及措施[J]. 青年研究，2002(11).

[47]季成叶 . 预防校园暴力：一项值得高度关注的公共卫生课题[J]. 中国学校卫生，2007(3).

[48]原银 . 关注校园暴力问题[J]. 发展研究，2006(7).

[49]张可，朱艳新 . 国外中小学欺负行为的干预介绍[J]. 中国教师，2007(5).

[50]宋雁慧 . 美国公立学校暴力及其对策研究[J]. 比较教育研究，2005(2).

[51]纪林芹，张文娟，张文新 . 学校欺负与同伴背景的关系[J]. 华南师范大学学报(社会科学版)，2004(5).

[52]李树峰.国外学校的"零忍受"策略简介[J].外国中小学教育,2005(9).

[53]盖笑松.国外校园的反欺侮措施[J].宁波大学学报(教育科学版),2000(4).

[54]张文新,谷传华,王美萍,等.中小学生欺负问题中的性别差异的研究[J].心理科学,2000(4).

[55]马征民.青少年攻击行为的分析与对策[J].班主任之友,2004(2).

[56]郑开诚,张芳德.校园暴力溯源及其防治对策[J].四川教育学院学报,2002(2).

[57]康丽.教师聘任需要理论支持和制度保障[N].中国教师报,2005-09-28.

[58]杜德鱼,钟学忠,谷爱仙.关于教师合法权益保障问题的若干法律思考[J].陕西师范大学学报(哲学社会科学版),2003(S1).

[59]吴开华,覃伟桥.论教师聘任制的法律性质[J].教育评论,2002(5).

[60]朱应平.教师权益法律救济研究[J].行政法学研究,2000(4).

[61]李凤堂.教师聘任制问题的法律探析[J].天津市教科院学报,2003(4).

[62]杨春茂.当前教师聘任工作重点要明确六个问题[J].人民教育,2004(18).

[63]王美玲.学校行使解聘权的法律问题[J].现代中小学教育,2004(2).

[64]WHO Global Consultation on Violence and Health. Violence: A Public Health Priority[R]. Geneva, World Health Organization, 1996.

[65]Henry S. What is School Violence? An Integrated Definition[J]. The Annals of the American Academy of Political and Social Science, 2000(1).

[66]Olweus D. Hackkycklingar och översittare: Forskning om skolmobbning[M]. Stockholm: Almisphere Press, 1973.

[67]Olweus D. A Profile of Bullying at School[J]. Educational Leadership, 2003(6).

[68]Olweus D. Bullying at School: What We Know and What We Can Do[M]. Oxford: Blackwell, 1993.